本书为教育部人文社会科学研究一般项目"初期现代汉语'日化'现象研究——以清末近代报刊为考察对象（1898-1911）"（项目号：18YJC740007）的研究成果。

现代汉语『日化』现象研究
以鲁迅译著为例

The Japanization of Modern Chinese Language
A Case Study of Lu Xun's Translation Works

陈彪　著

中国社会科学出版社

图书在版编目(CIP)数据

现代汉语"日化"现象研究：以鲁迅译著为例／陈彪著．—北京：中国社会科学出版社，2023.4
ISBN 978-7-5227-1855-2

Ⅰ.①现… Ⅱ.①陈… Ⅲ.①现代汉语-研究 Ⅳ.①H109.4

中国国家版本馆 CIP 数据核字(2023)第 087519 号

出 版 人	赵剑英
责任编辑	慈明亮
责任校对	季 静
责任印制	戴 宽

出 版	中国社会科学出版社
社 址	北京鼓楼西大街甲 158 号
邮 编	100720
网 址	http://www.csspw.cn
发 行 部	010-84083685
门 市 部	010-84029450
经 销	新华书店及其他书店

印刷装订	三河市华骏印务包装有限公司
版 次	2023 年 4 月第 1 版
印 次	2023 年 4 月第 1 次印刷

开 本	710×1000 1/16
印 张	16.25
插 页	2
字 数	277 千字
定 价	89.00 元

前　言

　　现代汉语"欧化"现象研究已有丰硕的成果，然而从语言事实上来看，除却"欧化"现象，现代汉语中还存在众多"日化"现象。很多"日化"现象是早于"欧化"现象的，不少"欧化"现象其实是"日化"，或者说，是通过"日化"的渠道进入汉语的，现代汉语是在"欧化""日化"的交汇合流中形成的。然而目前针对现代汉语"日化"现象的研究为数不多，且多局限在词汇层面。本书从对比语言学角度出发，以文本对比为基础，结合清末及民国时期汉语发展变化的实际，较为系统地考察鲁迅翻译文本中的"日化"现象，特别是词汇层面之外的"日化"句法现象，以期为现代汉语发展进程研究、鲁迅研究提供有益的借鉴。

　　本书分为五大部分。

　　第一部分为引论，笔者将明确"日化"的定义，指出近代以来汉语存在"日化"现象的事实，分析"日化"现象研究缺位的原因；阐明选择鲁迅译著作为研究对象的理由，对迄今为止的鲁译研究成果、鲁迅"日化"现象研究成果进行总结，指出学界存在不重视鲁译研究、忽视鲁迅翻译的日文底本的问题；明确本论的研究目的、研究方法。

　　第二部分为"日化"现象研究之词汇篇。本篇分为两章，着重考察了鲁迅翻译文本中的"日化"词汇现象。

　　第一章为鲁迅译文中的"日化"词汇概观。对鲁迅翻译文本中日源汉日同形词的数量分布、学科分布及典型词汇进行了考察。

　　第二章为"日化"词汇个案研究。考察了"可能""必要"两个现代汉语常用词汇的来源及在鲁迅译文中的使用情况。

　　第三部分为"日化"现象研究之句式篇。本篇分为四章，着重考察了鲁迅翻译文本中七个典型的"日化"句式。

　　第一章为对"关于……""对于……"两个"日化"句式的研究，分别考察了"关于……""对于……"的来源及其在鲁迅翻译文本中的使用情况。"关于……""对于……"往往被解释为"欧化"，然而二者的直接来源是"欧化的日语"。

　　第二章为对"在……之下""……和……和……""是……（的）"三个分隔型句式的研究。"在……之下"夹带抽象名词表示条件、状态的用法虽是"欧化"，但是从"日化"的渠道进入汉语的；而"……和……和……"这种多项并列连词构成的句式，则是古日语中早就存在的用法；现代汉语中"是"字句及"是……的"句式的增多一方面与"欧化"有关，另一方面也与近代日语中判断句增多、「のだ」形式结尾句增多密切相关。后两种句式在鲁迅译文中出现得较为频繁。

　　第三章为对由人称代词前加定语结构构成的句式"……的我/你/他（们）"的研究。人称代词前加定语的用法与其说来自于"欧化"，不如说成"日化"更恰当，鲁迅是现代意义上使用这一句式的第一人。

　　第四章为对由复合结构助词构成的句式"底的/底地/的地/地的……"的研究。现代汉语中复合结构助词的出现与"欧化的日语"密切相关，但并非是形式上的照搬，而是来源鲁迅在"欧化的日语"基础上的创造。

　　第四部分为结语。笔者对本书做出宏观上的概括，并着重阐述了三点启示，明确今后的研究方向。

　　第五部分是附录。在这一部分，笔者以拼音为序列举了鲁迅译作中出现的所有日源汉日同形词，以供研究者参考、鉴别。

　　需要指出的是，现代汉语"日化"现象研究是个庞大的课题，非一人之力可以功成。拙作选取鲁迅译著作为研究对象，是出于选取一个最适合的"抓手"的需要，若要完整地勾勒现代汉语"日化"现象的发展过程，需要对现代汉语的语法及句式进行全面细致的排查，这既需要更多学人的参与，亦要借力于语料库检索技术、大数据信息搜集分析技术的发展。若拙作的出版可为现代汉语形成研究提供一点思路上的借鉴，则不胜荣幸。

凡　例

1. 本书"词汇篇"涉及大量日源汉日同形词，由于抽取词汇均源自日文文本，为体现词语的"日源"特征，故以"日汉字"方式录入，不转换为简体汉字。

2. 本书从中日双方近代报纸杂志抽取了大量例句，出于资料引用严谨性的考虑，字形及标点符号等皆遵照原样录入。

3. 例句下划线无特殊说明的，皆为笔者所加。

4. 译文无特殊说明皆由笔者自译。

目　　录

词 汇 篇

句　式　篇

引　论

第一节　"欧化"遮蔽下的"日化"现象

一　"日化"概念的提出

语言处在不断的运动、变化、发展之中。语言演变的原因纷繁复杂，从大处来讲，可分为内因与外因两类。前者指的是语言结构要素之间的相互影响，可称为语言的内部演化；后者指社会的发展变化造成不同族群之间产生语言接触，从而改变一种语言的正常发展轨道（伍铁平，2006：203；石毓智，2015：957）。语言接触对汉语发展变化的影响不容忽视。从商周至清末民初，汉语在一次次与异质语言的交流与碰撞中，不断得到充实和完善。而语言接触又可分成两种类型：直接语言接触与间接语言接触（胡明扬，2007：4）。前者指使用不同语言的人群直接通过口语交际形成碰撞，后者指使用不同语言的人群以文字为媒介产生间接的接触。南北朝时期、元清两朝，汉语与少数民族语言的碰撞，就是典型的直接语言接触，而东汉以来的佛经翻译活动，则是间接语言接触的例证。近代以来，我国受到了来自西方世界的全方位冲击，汉语又经历了一次典型的间接语言接触过程，印欧语的某些特征通过翻译进入到汉语的书写系统中，导致汉语书面语在短时间内出现了较大的变化。面对清末民初出现的这一次间接语言接触热潮，学界已进行了广泛深入的研究，概括来说，那就是"现代汉语欧化现象研究"。所谓"欧化"，广义上指的是现代汉语在印欧语影响下产生或发展起来的语言现象，包括欧化词汇与欧化语法（王力，1984：433）；狭义上则仅指现代汉语由于印欧语影响而产生的欧化语法

（叶蜚声、徐通锵，1997：204）。比较有代表性的现代汉语"欧化"现象研究成果有：王力的《中国语法理论》（1984）、《中国现代语法》（1985）、《汉语语法史》（1989），以及北京师范学院中文系汉语教研组的《五四以来汉语书面语言的变迁和发展》（1959）、谢耀基的《现代汉语欧化语法概论》（1990）、贺阳的《现代汉语欧化语法现象研究》（2008）、朱一凡的《翻译与现代汉语的变迁（1905—1936）》（2011）、李颖玉的《基于语料库的欧化翻译研究》（2012）等。

　　然而，在承认欧化研究成果的基础上，我们实际忽略了中西交流的一个重要侧面：汉语中的"日化"现象。现代汉语中的欧化现象，有不少并非来自印欧语言，而是经历了一个"二传手"的过程，这个"二传手"，就是中国的近邻——日本。和翻译印欧语文本难免会产生"欧化"现象一样，翻译日语文本也难免会产生"日化"现象。据香港学者谭汝谦的统计，中译日文书的数量，1896—1911 年有 958 种，1912—1937 年有 1759 种（谭汝谦，1980：41），如果再加上由于种种原因未被统计在内的，数目将更为可观。数量如此庞大的译本，对汉语的影响是不容小觑的。事实上也是如此，至少从目前的研究成果来看，现代汉语中存在大量日语借词已成为学术界的共识。然而，仅仅把关注点放在日语借词上，无疑有损于研究的广度与深度，我们需要一个明确的与"欧化"现象相对的、平等的概念，来统括汉日语交流中产生的种种语言现象，从而促进相关研究的发展。

　　因此，笔者在此提出现代汉语"日化"的概念。"日化"是指：

　　　　现代汉语在发展进程中受到日语影响而产生的语言现象，既包括直接借用日语汉字词而产生的"日化"词汇，也包括通过移植或模仿日语语法结构而产生的"日化"语法现象。

　　提出"日化"现象的概念，是与我国清末民初的语言交流史实相符合的。有关"日化"现象的研究，一直处在"欧化"现象研究的遮蔽之下，亟待改观。

二　"欧化""日化"之辨

　　学界普遍认为，近世以降，特别是"五四"白话文运动兴起后，中国通过翻译引入了印欧语系的表达方式，引入了新的文学形式，给古老的汉语输入了新鲜的血液，现代汉语是在这样的背景下逐渐孕育成熟的。然而，我们若将视线略微放宽，站在亚洲国家现代化的角度审视汉语的现代化历程便会发现，将西方异质语言的一些因子引入本国语言（抑或说本国语言面临异质语言的冲击）的现象并非中国独有，而是普遍存在。顾百里说："不仅仅是汉语，有不少亚洲国家的语言在近来的几个世纪都受到了西方文明与西方语言的入侵。如柬埔寨语、越南语、日语，都出现了新兴的语法形式——主语的增多，新的被动式用法，从句位置的变化、句子的长度及复杂程度增加等等。"（顾百里，1985：147）如果注意一下近邻日本的现代日语及现代文学的形成进程，我们会发现，中日两国存在相当类似的轨迹，甚至可以说，中国在实现语言及文学近代化的进程中，受日本影响极大。通过表1、表2，我们可以比较一下中国与日本在"言文一致"发展进程及现代文学（文艺）发展进程中的步伐：

表 1　　　　　　　　　　中日"言文一致"发展进程大事表①

关键事实	中国	日本
"言文一致"思想萌芽	1868 年，黄遵宪提出"我手写我口"；1898 年，裘廷梁提出"崇白话而废文言"。	前岛密在《汉字御废止之议》（1866）中主张使用"简易文字"；福泽谕吉在《西洋事情》（1866）、《劝学篇》（1872）中尝试平俗易懂的表达方式。
形成代表性的过渡文体	1899 年起，梁启超发动"诗界革命""小说界革命""文界革命"，借鉴日本政治小说、科学小说、冒险小说，形成独特的"新民体"。	1896 年起，森田思轩大量翻译西方侦探小说、冒险小说，形成汉文、和文、欧文混杂的"周密文体"。
言文一致运动全面兴起	1915 年，陈独秀创办《新青年》；1917 年，胡适在《新青年》第二卷第五期发表《文学改良刍议》，提倡新文学；胡适、鲁迅、刘半农、李大钊等人实践白话文创作。	1883 年，矢野龙溪在《经国美谈》的序篇《文体论》中主张将各种文体合并，形成"新文体"；1885 年，坪内逍遥发表《小说神髓》，主张小说改良；1887 年，二叶亭四迷发表《浮云》，尝试"言文一致"。

① 本表主要的参考资料有：罗志田《国家与学术：清季民初关于"国学"的思想论争》，生活·读书·新知三联书店 2003 年版；徐时仪《汉语白话发展史》，北京大学出版社 2007 年版；刘进才《语言运动与中国现代文学》，中华书局 2007 年版；曹万生《中国现代汉语文学史》，中国人民大学出版社 2007 年版；木坂基『近代文章の成立に関する基礎的研究』，風間書房 1976 年版；森岡健二『近代語の成立：文体篇』，明治書院 1991 年版；山本正秀『近代文体発生の史的研究』，岩波書店 1965 年版。

续表

关键事实	中国	日本
"言文一致"与"国语"普及相结合	1902 年，吴汝纶从日本考察学制归来，主张推行国语；1919 年，"国语统一筹备会"建立，白话文运动与国语运动合流。	1894 年，上田万年发表题为"国语与国家"的演讲，主张摆脱汉文影响，创造日本国语；1906 年，日本政府开始以东京口语为标准编辑国语课本。

表 2　　　　　　中日现代文学（文艺）发展进程大事表①

关键事实	中国	日本
产生文学本位意识	1906 年，王国维在《文学小言》中指出，"一切学问皆能以利禄劝，独哲学与文学不然"，文学家不应以"政治及社会之兴味为兴味"。	1885 年，坪内逍遥在《小说神髓》一文中主张"小说是艺术，不能提供实用"。
现代戏剧兴起	1906 年，曾孝谷、李叔同、陆镜若、欧阳予倩等在东京成立春柳社，开创中国新剧。	1888 年，角藤定宪发起"壮士剧"，1891 年川上音二郎发起"书生剧"，成为日本新剧的起点。
现代文学兴起标志	1918 年，鲁迅发表中国第一篇现代白话小说《狂人日记》。	1887 年，二叶亭四迷发表小说《浮云》，被誉为日本近代小说的开山之作。
私小说创作	1921 年，郭沫若、郁达夫在东京成立创造社，模仿日本文坛"私小说"的写作方式。	1907 年，田山花袋创作《蒲团》，开创私小说写作风潮。
诗歌创作	1921—1924 年，郭沫若等人模仿日本的俳句，创作短至一二行、多至三四行的抒情短诗，被称为"小诗"。	俳句为日本的诗歌形式之一，进化自日本近代之前的"俳谐"，采用"五七五"17 音节的韵律格式。
早期电影	田汉留日回国后于 1926 年成立"南国电影社"，沿袭日本谷崎润一郎的"造梦说"。	1917 年，谷崎润一郎提出"电影是人类用机器制造出来的梦"的艺术观。
新感觉派	1928 年，刘呐鸥在上海创办《无轨列车》，穆时英、施蛰存等纷纷效仿，尝试日本新感觉派的艺术追求。	1924 年，横光利一、川端康成、片冈铁兵等人创办《文艺时代》，标志新感觉派形成。

---

①　本表的主要参考文献有王晓平《近代中日文学交流史稿》，湖南文艺出版社 1987 年版；靳明全《中国现代文学兴起发展中的日本影响因素》，中国社会科学出版社 2004 年版；王向远《中日现代文学比较论》，湖南教育出版社 1998 年版；黄爱华《中国早期话剧与日本》，岳麓书社 2001 年版。

关键事实	中国	日本
左翼文学	1928 年，林伯修翻译藏原惟人著作，引入了日本的"新写实主义"；1931 年，左联执委会通过决议，号召无产阶级文学的大众化；1933 年 11 月，周扬在《现代》发表文章，将"社会主义现实主义"介绍到中国。	1927 年，藏原惟人发表《到新写实主义之路》，提倡"新写实主义"；1930 年，日本无产阶级作家同盟通过《关于艺术大众化的决议》，强调无产阶级文学的大众化；1933 年，上田进发表《苏联文学的新口号》、外村史郎出版《社会主义的现实主义的问题》一书，呼吁进行无产阶级文学的现实主义创作。

　　从表 1 来看，中国的"言文一致"运动都是在日本身后呈跟随之势。不仅如此，中国"言文一致"进程中的关键人物，几乎撇不开与日本的关系，黄遵宪、梁启超、王国维、陈独秀、鲁迅等人都有留日经历，他们在目睹日本的文字改革后积极借鉴，是非常合乎常理的。"言文一致"一词在中日两国通用这一点，便是对两国文字改革密切联系的最恰当的注脚。另一方面，文字的改革自然离不开文学及其他艺术的革新。表 2 列举的仅是中国现代文学及文艺发展过程中的一些典型事件，中方的关键人物也好，改革内容也罢，如表所示，同样撇不开日本的影响。中国文艺界特别是文学界，与日本文学界的紧密关系并不仅仅是时间先后那么简单，而是"具有惊人的相关性和相似性"（王向远，1998：5）。亲历了中国现代文学变革的周作人在《谈虎集·日本与中国》一文中说："我们翻看明治文学史，不禁恍然若失，如见一幅幅的推背图，预示中国将来三十年的运势。白话文，译书体文，新诗，文艺思想的流派，小说与通俗小说，新旧剧的混合与划分，种种过去的史迹，都是在我们眼前滚来滚去的火热的问题。"（周作人，2002a：315）① 除了纯文学，社会科学类书籍的翻译也在新文化运动后形成了高潮。1896—1911 年，中国译日本书的社会科学类

---

　　① 除了周作人，指出中国文学发展与日本渊源关系学者还有不少，如郭沫若也曾指出："中国文坛大半是日本留学生建筑成的。创造社的主要作家是日本留学生，语丝派的也是一样。此外有些从欧美归来的彗星和国内奋起的新人，他们的努力和他们的建树，总还没有前两派的势力浩大，而且多半受前两派的影响。就因为这样，中国的新文艺是深受了日本的洗礼的。"参见郭沫若《文艺论集续集》，人民文学出版社 1979 年版，第 49 页。又如实藤惠秀所言："现在中国文坛，已有'不懂日本文学，即非文坛人'之概。因此并非日本留学生的作家，成名以后，也多'游日一次'。"参见实藤惠秀《日本文化给中国的影响》，张铭三、钱翔乙译，新申报馆 1944 年版，第 36 页。

为 374 部，1911—1937 年，中国译日本书的社会科学类有 1006 部（王奇生，2008：56），堪称"暴涨"。值得特别注意的是，日本方面研究马克思主义的重要著作，基本被翻译成了中文①，对马克思主义在中国的传播造成了深远影响。

可见，在日本接受、消化西方文学概念及思潮的同时，中国也在借鉴、学习日本，日本不仅起到了桥梁作用，更是中国文坛及思想界的直接学习对象。

中日两国的文字改革及文学革新，都无可避免地涉及翻译西书这一环节。从时间上来看，中日两国对西书的翻译活动起步都不晚，19 世纪中期之后的半个世纪，中国所译西书还曾流传到日本，成为日本翻译西语词汇的重要借鉴②，但日本自明治维新（1868 年）后就开始了大规模的翻译西书活动，势头远超中国。经过持续不懈的努力，日本在明治、大正年间取得了丰厚的翻译积累。鲁迅在致唐弢的信中曾提到日本翻译界的盛况："日本的翻译界，是很丰富的，他们适宜的人才多，读者也不少，所以著名的作品，几乎都找到译本，我想，除德国外，肯介绍别国作品的，恐怕要算日本了。"［鲁迅，2005（XIII）：184］在翻译西书的影响下，日语的传统结构出现了松动，"汉文脉"逐渐减少，"欧文脉"不断得到强化，日本原有的文体结构发生了变化。矢野龙溪在《经国美谈》自序《文体论》中说：

> 吾邦之文体今有四种。一曰汉文体。一曰和文体。一曰欧文直译
> 体。一曰俗语俚言体。四者各有长短。概而言之，适宜悲壮典雅场合
> 者，汉文体也。适于优柔温和者，和文体也。适于缜密精确场合者，

---

① 在马克思主义著作翻译热潮中，日本的马克思主义传播者诸如杉山荣、高畠素之、山川均、堺利彦等人的作品都被一译再译，河上肇的作品多达二十多部都被译成中文。详情参见谭汝谦《中国译日本书综合目录》，中文大学出版社 1980 年版，第 64 页。另，除却马克思主义著作翻译，中国无产阶级文学的兴起也直接受到了日本的影响。胡秋原评曾评价道："中国近年来汹涌澎湃的革命文学潮流，其源流并不是来自北方的俄国，而是'同文'的日本。……在中国突起勃兴的革命文艺，它的模特儿完全是日本，所以实际上仅是日本无产阶级文学的一个支流。"参见胡秋原《日本无产文学之过去及现在》，《语丝》第 5 卷第 34 期，1929 年 11 月。

② 如魏源的《海国图志》（1847）、徐继畬的《瀛寰志略》（1848）以及在华传教士编撰的《大英国志》（1861）、《万国公法》（1864）等书在中国出版后传至日本，成为日本了解西方翻译西书的重要参考，很多现代汉语中被认为是日语借词的词汇，实际上存在从中国传到日本、再由日本传回中国的"逆输入"现象。详情参见［意］马西尼《现代汉语词汇的形成：十九世纪汉语外来词研究》，黄河清译，汉语大词典出版社 1997 年版，第 98—103 页。

欧文直译体也。适于滑稽曲折场合者，俗语俚言体也。

（山本正秀，1978：189）

　　文中的汉文体、和文体、俗语俚言体都是日本近代以前流行的文体。而"欧文直译体"，则是通过翻译西书而形成的欧文脉，也就是"欧化"。据森冈健二统计，明治年间的日语存在的文体有 30 种之多①，而欧文直译体能在种类繁多的文体中牢牢占据一席之地，可见翻译对日语的影响是相当大的。对明治时期的日语，鲁迅在《关于翻译的通信》中说："他们的文章里，欧化的语法是极平常的了，和梁启超做《和文汉读法》时代，大不相同。"［鲁迅，2005（Ⅳ）：391］而中国的大规模翻译日书的热潮，就是在这样的背景下展开的——由此我们通过研究证明，现在所谓的"欧化"，有一部分的直接来源恐怕并非是西书，而是日书。无论是转译由日本人译为日语的欧美作品，还是直接翻译的日本人自己的作品，大多都如鲁迅所言，难免含有"欧化的句法"。我们可以通过中日双方的"欧化"研究成果来具体观察中日两国语言"欧化"的相似性。贺阳在《现代汉语欧化语法现象研究》（2008）中的研究，涉及以下现代汉语中的欧化现象，总结如下（括号中为例子或说明）：

　　1. 动词、形容词的欧化现象：
　　①N 的 V 结构（父亲的教训）
　　②NV 结构（空气污染）
　　③PP 的 V 结构（对于电脑的迷恋）

　　2. 代词的欧化现象：
　　①第三人称代词的性的分化（他 & 她）

---

　　①　30 种文体分别为和文体、雅文体、苏文体、俗语俚言体、雅俗折衷体、崇敬体、假名体、汉文体、汉文直译体、汉文变态体、译文体、对译体、翻译体、欧文直译体、军记体、稗史体、净琉璃体、法令体、书简体、讲述体、讲义笔录体、演讲体、讲释体、新闻杂志体、杂文体、演说体、谈话体、会话体。可以看出，此 30 种文体存在相互交杂的情况，如汉文体与汉文直译体、汉文变态体、译文体与翻译体、欧文直译体等。且分类标准并不统一，有的是依据词汇、语法、修辞等语言架构的特点，如汉文体、和文体、欧文直译体等；有的依据为文章的不同使用场合，如军记体、稗史体、法令体、演说体等。森冈健二：『欧文训读の研究：欧文脉の形成』，明治书院 1999 年版，第 2 页。

②指物第三人称代词使用频率增加（它）

③指物第三人称代词产生复数形式（它们）

④指物第三人称代词做主语现象增加

⑤人称代词受定语修饰（聪明的我）

3. 区别词、数量词的欧化现象：

①区别词增多（非谓形容词）

②复合量词产生（人次、架次）

③"一+量词"用法增多（一个、一种）

④"之一"用法增多

4. 介词的欧化现象：

①复合介词的使用（关于、对于）

②"在 N 的 V 之下"

③"就……而论"

④"在"用于句首

⑤"当"使用频率增加

5. 连词、助词欧化现象：

①连词使用频率增加（和、与）

②主从连词使用频率增加（因为、但是、如果）

③"和"的用法发展（可连接非名词性词语）

④"如果"的用法发展（非假设用法）

⑤"de"在书面上分化（的底地）

⑥"地"使用范围扩大（双音节形容词+地）

⑦"着"使用范围扩大（抽象动词+着）

⑧动态动词的平列使用（创造了并创造着）

⑨"们"使用范围扩大（非人伦指认名词+们）

6. 共用格式的欧化现象：

①多动共一宾（保护和改善生态环境）

②重动共一宾（不犯或少犯错误）

③多助共一动（必须而且能够坚持下去）

7. 被字句的欧化现象：
①语义色彩的变化（可用于中性、积极语义）
②使用频率增加

8. 语序的欧化现象：
①并列连词"和"、选择连词"或"出现在最后两项并列词语之间
②主从复句中的从句位置可前可后

除此之外，我们参考王力（1984：433—502，1985：334—373，1989：329—338）及北京师范学院中文系汉语教研组（1959）的研究，还可以补充以下欧化现象：

①复音词的创造
②构词成分的词缀化现象
③主语和系词增加
④句子的延长
⑤定语修饰语的复杂化
⑥标点符号的欧化
⑦包孕句的增多

日本方面，山本正秀（1971）、木坂基（1982：118—122，1987：124—128）、乾亮一（1974：12—47）、森冈健二（1999）等都对日语的"欧化"表现进行了研究，大致列举如下（括号中为具体示例或说明）：

①翻译新词（利用汉字造词能力，创造「社会」「哲学」等大量汉字词）
②复音词增加（即多音节词增加，以双音节、三音节词为代表）
③接头·接尾词发达（如「非～」「真～」「～化」「～性」等）
④翻译形容词副词的比较级造成的一系列欧化现象［如「すれ

ばするほど」「最も~なものの一つ」「…以下（以上）の何者でもない」等表达方式]

⑤翻译介词造成的一系列欧化现象（如用「…から」对译'from'，「…として」对译'as'，「…において」对译'in'，「…について」对译'about'或'on'，「によって」对译'by'，「に対して」对译'to'，「を通して」对译'through'，「…に関して」对译'about'等）

⑥翻译不定式、反身代词、同源动词造成的一系列欧化现象（如「なすべき事」「自分自身を満足させる」「幸福な死を死ぬ」等表达方式）

⑦人称代词的性别分化及复数形式（如「彼」「彼女」「彼ら」等词）

⑧接续词的新用法（如「代助は然し自分の手を引き込めなかつた」一句，「然し」的位置后移）

⑨主语及宾语的明示（如「私は銃と帯剣をすてた。米軍に会つても私に戦ふ気はないことを私はすでに確かめてゐた。」在这两句中，多处「私」本可省略）

⑩非生物名词、抽象名词作主语（如「死が殺到した」一句，「死」作主语为新用法）

⑪非生物名词、抽象名词的具象化及拟人化（如「一つの愉快」「植物ども」中，「一つ」本不可修饰「愉快」，「ども」本不可接在「植物」后）

⑫形式名词作主语（如「彼が幾多の困難を克服して、栄誉を獲得したということは、いうまでもないのである。」一句，其中的「ことは」为形式名词作主语）

⑬定语复杂化（如「この冬以来父の病気に就いて先生から色々の注意を受けた私」这一长定语结构，「私」前皆为修饰成分）

⑭表示动态进行的「しつつある」（如「変動しつつある世界情勢　移り変わりつつある世相」一句）

⑮表未来义的「であろう」（如「これが政治的暗殺であることが明らかにされたとき、わが国の政治的、社会的情勢に不幸な変化が起こってくるだろうことが予想される。」一句，其中的「だろ

う」为表未来义的新用法）

⑯表假定的「まるで・・・であるかのように」（如「お米の言葉には、魔物でもあるかのように、風を恐れる調子があった。」一句，其中「でもあるかのように」为新用法）

⑰纯粹的被动表现（如「成功は努力によって達成された。」一句，其中「達成された」为纯粹被动表现，并无贬义）

⑱共用谓语现象（如「私の此注意を父は愉快そうに然し極めて軽く受けた。」一句，其中「愉快そうに」、「軽く」共同衔接谓语「受けた」）

⑲感叹句中的主语后置（如「だが、何といふ怠惰な学生で私はあったか!」一句，作主语的「私」位于句末）

⑳从句成分后置（如「あなたも御承知でせう、兄弟の間に恋を成立した例のないのを。」一句，后半句为从句）

㉑关系代词、关系副词引导从句（如「かう言ふ種類の動詞や助動詞は、われわれの国語が文章の構成上に持つてゐる欠点や短所を補ふところの利器であります。」一句中的「ところ」）

㉒名词、动词的同义替代用法（如以下对话：「どこで俺のことを聞いたね。」「多分…牛木さんからです。「あゝ。」と恭吾は明るい声を響かせた。」「さうか? 先生がね。」と云つて、「でくの棒め。」と、伴子が聞いて驚いた言葉を使つた。）

㉓主从复合句的从句后置现象（如「寂しい海だ。北国の海よりももっともっとと寂しい海だ。何故なら、此処ではせめて一時なりとも美しく輝く落日の色彩を見ることができないから…」一句中,「何故なら・・・から」为从句后置）

㉔插入成分（如「僕はある人、誰だったか忘れたが、に手紙が書けない言い訳をしたら…」中的「誰だったか忘れたが」为典型插入语）

㉕常用短语的直译（如「…に注意を払う」「…の感情を害する」「ある意味では」等表达方式）

㉖标点符号的丰富（如现代日语中通用的「、」「。」「!」「?」等标点符号的形成和普及）

　　虽然中日各位学者的表述体系及表述方式不尽相同，但我们依然能观察到很多类似的欧化现象。比如复音节词汇的增多、接头接尾词（或称词缀）的发达、主语的明示、介词的大量使用、被动句的新用法、定语成分的复杂化、人称代词的性别区分、主从复合句的语序变化、句子的延长、标点符号的丰富等。从形式上来看，汉语里的很多双音节词汇及接头接尾词能在日语里找到直接对应，二者的关联是较为明确的，这也是被中日近代词汇交涉研究所证明了的；而诸如介词的大量使用、被动句的新用法、定语成分的复杂化、句子的延长等，虽没有太多相关研究，但形式非常类似，不免让人有所疑惑：现代汉语中的"欧化"因素，是否如同现有的大部分"欧化"研究成果所展现的那样，绝大多数是在汉语同西方语言的直接接触中产生的，而同日语并无瓜葛？在贺阳的《现代汉语欧化语法现象研究》（2008）中，引自鲁迅、郭沫若、夏衍等留日作家的例句比比皆是，这很难让人直接跳过日语来谈"欧化"的问题。熊月之说："汉语复音词的增多，表达方式的演进，白话文的兴起，无一不与日译新词的引进有着密切的关系。"（熊月之，2011：554）这个结论无疑是有道理的，但汉语"表达方式的演进""白话文的兴起"，恐怕不仅是日译新词的功劳，从日文借鉴而来的语法、修辞、甚至标点符号，很可能都参与了中国白话文的发展进程。日本在翻译西书时惯用"训读法"，西方的语法结构先被转化为夹杂汉字的日语语法结构、然后再被略作改动移植到汉语中，是非常有可能的。比如，在介词的"欧化"上，日语中有「に対して」「に関して」的表达方式，汉语中则有"对于""关于"，恐怕并不是巧合。对现代汉语的"欧化"现象，陈力卫曾发表过如下意见：

　　　　所谓汉语欧化现象有多少是直接来自西语的，还有多少是经过日文传递的，当然还有哪些实际上是直接来自日文的？这三种渠道应该分别阐述才好，特别是后两种，早应引起我们的注意。京都大学教授高田时雄在《西洋近代文明与中华世界》一书的语言史部分的引言中就特意指出：欧洲语言的影响不限于中文，明治以后的日文也同样受其影响，中日语言间文体上的比较研究应予以加强。（陈力卫，2019：244）

　　从对西书的翻译上讲，很多重要著作是中国人转译了日译本进而在中国产生影响的；影响中国近代化进程的知识分子，有很多是有日本留学或游历经历的；从中国现代文学的产生来讲，中国是在不停借鉴日本的新文学成果的；从"言文一致"的形成过程来讲，中国是跟随了日语的改革脚步的；从两国的"欧化"研究的对比来看，有很多表达是极为类似的——考虑到如此众多的中国同日本在现代化进程中的交集，笔者认为：传统的"欧化"概念未免过于笼统，为一步厘清现代汉语形成过程中的外来因子及其影响，我们需要提出"日化"的概念，站在"日化"的角度重新审视近代以来的中日语言文字交流活动。

至此，我们要明确一下判断"日化"的标准：

1. 该表达方式确实在文言文及旧白话中未曾出现，或出现频率很低，或用法不同，而在清末民初大量出现抑或出现了新用法。

2. 该表达方式确实与日语有直接关联。这里的"直接关联"包含两种可能：一是指某种表达方式来源于日语的传统组织规律；二是指某种表达方式虽具有印欧语系的表达特征（欧化），但是受到日语的浸染与变形后通过中译日书率先影响了汉语。

为确保这两个标准的有效性，我们将充分利用语料库和现有语言学界的研究成果。具而言之，首先利用现已丰富的语料库资源，以统计的方式确认某一表现形式是否为新兴表达方式及是否直接源自日语。既要在文言语料及旧白话语料中进行查找排除，亦要使用汉日语平行语料库来直观地观察汉语译文与日语原文的表达方式异同。此外，还会使用日语语料库进行纵向检索，以便确定日语中的欧化因素（有关使用语料库的具体信息，详见后文研究方法所述）。

其次，参考现有的语言学界的研究成果。具体来讲，可参考中国白话文形成过程的研究成果，可参考张中行的《文言和白话》（2001）、徐时仪的《汉语白话发展史》（2007）、罗秀美的《近代白话书写现象研究》（2005）、连燕堂的《从古文到白话：近代文界革命与文体流变》（2000）、卢惠惠的《古代白话小说句式运用研究》（2007）等，从中寻找"日化"线索；同时还需参考日本语言学家讨论日语特点的专著及权威的语法辞书，如金田一春彦的『日本語』（1988）、『日本語の特質』（1991），大野晋的『日本語の文法を考える』（1978）、『日本語はどこからきたのか―ことばと文明のつながりを考える』（1999）、『日本語の教室』（2002），佐久間鼎的『日本語の特質』（1995）、井上史雄的『日本語ウ

ォッチング』（1998），一色マサ子的『日本語と英語—翻訳のために』（1977），大江三郎的『日英語の比較研究』（1972），広頼幸生的『日英語对比—指定と照応と否定』（1997），楳垣实的『日英比較表現諭』（1975），最所フミ的『英語と日本語—発想と表現の比較』（1977），北原保雄等编纂的『日本国語大辞典（第二版）』（2003）等，确认日语的核心特征；此外，可参考日本语言学家及翻译研究家有关翻译对近代日语形成产生影响的专著，如森冈健二的『欧文訓読の研究：欧文脈の形成』（1999），柳父章的『翻訳語成立事情』（1982）、『日本語をどう書くか』（1981），吉武好孝的『明治・大正の翻訳史』（1959），丸山真男、加藤周一的『翻訳と日本の近代』（1998）等，查找日语中已存在的欧化因素；还可参考我国目前已比较成熟的欧化研究成果，如王力的《中国语法理论》（1984）、《中国现代语法》（1985）、《汉语语法史》（1989），以及北京师范学院中文系汉语教研组的《五四以来汉语书面语言的变迁和发展》（1959），贺阳的《现代汉语欧化语法现象研究》（2008），朱一凡的《翻译与现代汉语的变迁（1905—1936）》（2011），李颖玉的《基于语料库的欧化翻译研究》（2012）等，探讨相关欧化表达方式"借道"日语的可能性。

三　"日化"现象研究缺位的原因

"日化"现象既然在历史上确实广泛存在，为何长期以来得不到学界重视？笔者认为，有诸多因素导致了"日化"研究缺位的现象，其中包括"同文"之说的蛊惑、权威的误导等。

（一）"同文"之说的蛊惑

这是"日化"现象长期得不到重视的主要原因。曾国藩、黄遵宪、王韬都表达过类似观点。① 1898年，张之洞更以此为由主张派遣留学生赴日："至游学之国，西洋不如东洋……东文近于中文，易通晓；西学甚繁，凡西学不切要者东人已删节而酌改之，中、东情势风俗相近，易仿

---

① 1870年，曾国藩在《筹办夷务始末》中说："日本自诩为强大之邦，同文之国。"从文意上看，当时的日本对与中国"同文"也颇为认同。黄遵宪在《日本杂事诗》中说："迩以泰西诸国弛禁成盟，念两大同在亚细亚，同类同文，当倚如辅车。"王韬在为《日本杂事诗》作序时说道："我中朝素为同文之国，且相距非遥，商贾之操贸迁术前往者实繁有徒。"详见姚天强《中日"同文同种"论探究》，《哈尔滨学院学报》2012年第7期。

行，事半功倍，无过于此。"（张之洞，1998：117）说中日两国的"同文"，更多指的是两国都使用汉字这一点。不可否认，此说是有一定道理的。首先，日文的书写系统是在借用与借鉴汉字的基础建立起来的，平安时代初期以前，日本的书面记录完全凭借汉字进行，而后日本又利用汉字的草书和楷书偏旁创造了平假名、片假名，建立了自己的书写系统（玉村文郎，1992：162）；其次，从清末民初（特别是清末）的翻译来看，当时我国热衷翻译的政治小说、冒险小说的日语底本多是"和汉混淆体"或"汉文直译体"，都属于"汉文调"，文字十之七八为汉字，其他为用假名表示的日语助词（山本正秀，1971：22），经过一定时间的学习，确实能一定程度上了解日文大意。梁启超能发明"和文汉读法"并广受欢迎，和当时的日文文体多为汉文体有很大关系。但本质上讲，黄遵宪、张之洞、梁启超这些中国近代化的先驱知识分子对日语的了解更多流于表面，加之当时翻译日本书籍的目的更多游离在语言本体、文学本体之外，他们并无法真正揭示汉日两语的区别。首先，从语言学的角度来看，汉日语的关系并没有想象中的那样亲密。从语言形态上来看，汉语是典型的SVO型语言，动词在前宾语在后，而日语为SOV型语言，同汉语正好相反；其次，从语法结构上来看，汉语属孤立语，句子的构建主要依靠词语按照时间顺序的排列，不存在动词的形态变化，而日语属黏着语，句子的构建需借助于格助词与助动词，存在动词的变形；再者，从语言认知模式上来讲，汉语同英语一样属于「する」（"动作"）型语言，较多使用动词谓语句，动态性强；而日语则属于「なる」（"成为"）型语言，较多使用名词谓语句，静态性强（池上嘉彦，1981：249—283）。对于汉日语的这些"大不同"，接触日语稍有时日便会有所感受。1900年，梁启超曾著《和文汉读法》一书，自创了习得日语的"简便之法"，认为"慧者一句，鲁者两月，无不可以手一卷而味津津矣"[1]，但经过多年的翻译活动后，梁氏进行了这样的"自我批评"："真通东文，固非易易。……其书仅以一日夜之力成之，漏略草率殊多，且其时不解日本文法，讹伪可笑者尤不少，惟以示一二亲友，不敢问世也。后鄙人西游，学生诸君竟以灾梨枣，今数重版矣，而一复读，尚觉汗颜。"[2] 至于"汗颜"的缘由，自然是梁启超已经意识到日语同汉语并非那么类似。精通日语的周作人进行

---

[1]　参见梁启超《东籍月旦》，《新民丛报》第9号，1902年6月。
[2]　参见梁启超《问答》，《新民丛报》第15号，1902年9月。

了更专业的解释："本来日本语与中国语在系统上毫无关系，只因日本采用中国文化，也就借了汉字过去，至今沿用，或训读或音读，作为实字，至于拼音及表示虚字则早已改用假名，汉字与假名的多少又因文章而异。……日本普通文中所谓虚字，即天尔乎波等助词与表示能所等助动词，固然全用了假名，就是动词形容词的语尾也无不以假名写之，这差不多已包含了文法上重要部分，汉字的本领便只在表明各个的名词动词形容词的意义而已。其实也还只有当作名词用的汉字可以说是自己完全的，若动词形容词必须将语根语尾合了起来才成一个完整的意思，所以这里汉字的地位并不很重要，好像裸体的小孩连上下身是个整个，这只是一件小汗衫而已，我们中国人习惯于用本国的汉字，多少又还留下认方块字的影响，以为每一个字就是整个，便容易误会日本好讲废话，语尾原是不必要的废物，可以干脆割掉丢开了事。"（周作人，2002b：181—182）周作人提到"虚字"与"语尾"变化，其实都是日语作为黏着语的特征，这与作为典型孤立语、字本位特征明显的汉语是大有区别的。汉字之于汉语，是主干是灵魂，汉字之于日语，只不过是"一件小汗衫"。

此外，在使用汉字方面，中日也存在一些"小不同"。首先，在日本古代，为了表达一些独特的概念，创造了一些"国字"，这是汉语中没有的。在 1990 年飞田良文、菅原义三主编的『国字辞典』中，收录的国字有 1553 个之多，而日常常用的则为 200 个左右（陈红，2002：33）。如「働」「躾」「峠」「凪」「芴」「麿」「畑」等字，都是日本运用会意造字法自行创造的。其次，在双音节词方面，对清末民初的国人来讲，无论是古代日本运用造词法创造的词语，还是近代以来出现的大量中日同形语（多为日本翻译西书创造的新词，后通过翻译进入现代汉语），都属于新鲜事物，接受时并非完全没有违和感。1903 年，晚清政府命张百熙、荣庆、张之洞拟定《学务纲要》，其中有如下记述："日本各种名词，其古雅确当者固多，然其与中国文辞不相宜者，亦复不少。……如团体、国魂、膨胀、舞台、代表等字，固欠雅驯。即牺牲、社会、影响、机关、组织、冲突、运动等字，虽皆中国所习见，而取义与中国旧解迥然不同，迂曲难晓；又如报告、困难、配当、观念等字，意虽可解，然并非必需此字。"[1] 此段文字中所引用的日本

---

① 张百熙等：《学务纲要》，《东方杂志》1904 年第 3 期，转引自北京师联教育科学研究所编《"中体西用"思想与教育论著选读》第 4 辑第 9 卷，中国环境科学出版社 2006 年版，第133—134 页。

名词，大部分已在现代汉语中广泛使用，但在晚清语境中尚存窒碍，可见一斑。同时，我们也可以在中国的赴日留学生的留学日记中窥得中国人初次接触日语新词时的兴奋心情："日本日常所用的重要名词，如：公司称会社，股份称株式，史彼机（Speech）称演说。又如……史梯姆（Steam）本译为'蒸气'，但查福泽谕吉的字典，则为「汽」字。……「勉强」（勤奋）「捧身」①（牺牲）等词，很有趣。对于这样的词，我也想写出一编来。"（实藤惠秀，1971：188）总之，由于中日两国"同文"之说广为流传，汉日语在语言体系的"大不同"与在汉字使用上的"小不同"都被掩盖了，面对一个印象上偏于"同质"的语言，"日化"的说法就很难引起注意了。谢六逸在《日本文学史·序》中也指出："中国人在同文同种的错误观念之下，有多数人还在轻视日本的文学与语言。他们以日人的'汉诗汉文'代表日本自古迄今的文学；拿'三个月小成，六个月大成'偷懒心理来蔑视日本的语言文字，否认日本固有的文学与他们经历变革的语言。这些错误，是有纠正的必要的。"（谢六逸，1929：1）诚哉斯言。

（二）权威的误导

这里所说的"误导"，包括两方面的含义。

首先是新文化运动权威的带头作用。据袁进（2007：123）考证，在19世纪中叶，西方传教士自译的西方文学作品中已出现了西方小说的叙述特点。但"欧化"这一概念得到广泛认可，则要到白话文运动的领袖进行提倡之后。首先提出汉语"欧化"路线的是傅斯年。在1919年发表的《怎样做白话文》一文中，傅斯年说道："要是想成独到的白话文，超于说话的白话文，有创造精神的白话文，与西洋文同流的白话文，还要在乞灵说话以外，再找出一宗高等凭藉物。这高等凭藉物是什么，照我回答，就是直用西洋文的款式文法，词法，句法，章法，词枝（Figure of Speech）……一切修词学上的方法，造成一种超于现在的国语，欧化的国语，因而成就一种欧化国语的文学。"②"欧化"主张的提出得到一大批知

---

①　此处括号为引文原文标注，并非笔者所加。「捧身」一词在各类日语词典（如『日本国语大辞典』『広辞苑』『大辞林』等）中并无收录，但日语中有「身を捧げる」这一短语，既"牺牲"之意。故此处「捧身」一词或为该留学生由于初学日语不甚精通而自造的缩略语。

②　傅斯年：《怎样做白话文》，《新潮》第1卷第2号，1919年2月。

识分子的赞同。钱玄同表示傅的言论"极为精当"①，胡适则认为"只有欧化的白话方才能适应新时代的新需要"（胡适，1935：24）。胡适亦曾在《五十年来中国之文学》中这样评价周作人的翻译："欧洲新文学的提倡……在这一方面，周作人的成绩最好。他用的是直译的方法，严格的尽量保全原文的文法和口气。这种译法，近年来很有人效仿，是国语欧化的一个起点。"（胡适，1998：257）对"欧化的国语"，鲁迅也表示赞同："精密的所谓'欧化'语文，仍应支持，因为讲话倘要精密，中国原有的语法是不够的，而中国的大众语文，也绝不会永久含胡下去。"［鲁迅，2005（Ⅵ）：79］然而，胡适对周作人"欧化"的评价是有问题的。周作人虽然依靠英语、希腊语翻译了不少西方文艺作品，但一直也在进行日本文学的翻译，据统计，周作人翻译的日文作品占到了其译著总数的五分之三②，胡适将其翻译实践都归类为"国语欧化"，难免有过于笼统之嫌。鲁迅虽然也做了支持欧化的发言，但其翻译仰仗的依然是日语。但由于傅斯年、胡适、鲁迅等人在知识界、文艺界一呼百应的领袖地位，民国的知识界、文艺界大体都把新式白话文与"欧化"建立了直接联系，"日化"的概念及事实，则鲜有人提及。

其次，现代汉语的语言接触研究方面，也存在"先入为主"的现象。现代汉语与外语的语言接触研究，王力有开创之功。在 1943 年出版的《中国现代语法》一书中，王力专辟一章"欧化的语法"，并开门见山地说："最近二三十年来，中国受西洋文化的影响太深了，于是语法也发生了不少的变化。这种受西洋语法影响而产生的中国新语法，我们叫它做欧化的语法。"（王力，1985：334）随后，王力谈到"复音词的创造""主语和系词的增加""句子的延长""可能式、被动式、记号的欧化""联结成分的欧化""新替代法新称数法"等现代汉语的欧化表现。后来其所著的《中国语法理论》（1984）、《汉语语法史》（1989）则对汉语的欧化表现做了进一步细化。王力说："从民国初年到现在，短短的二十余年之间，文法的变迁，比之从汉至清，有过之无不及。文法的欧化，是语法史上一桩大事。咱们对于这一个大转纽，应该有一种很清楚的认识。"（王力，1984：434）。王

---

① 钱玄同：《文学革命与文法》，《新青年》第 6 卷第 2 号，1919 年 2 月。
② 张铁荣：《关于周作人的日本文学翻译》，《鲁迅研究月刊》1997 年第 7 期。欲更全面了解周作人的译介活动，可参考于小植《周作人文学翻译研究》，北京大学出版社 2004 年版。另可参考周作人《周作人译文全集》，上海人民出版社 2012 年版。

力的工作是开创性的，但其研究有把现代汉语的"欧化"现象简单化的嫌疑，忽视了汉语同外语的语言接触的复杂史实。但由于其在学界的权威地位，"欧化"一词也理所当然成为汉语变革的关键词，凡言及现代汉语与异质语言的语言接触问题，学界长期习惯于使用"欧化"这一术语；同时，直接把"异化"等同于"欧化"，进而"汉语通过翻译同印欧语产生了紧密接触"的观点在学界也成了"常识"般的存在，清末民初汉语与日语的高频度的接触，则更多被无视或忽视。可以说，王力所言的"清楚的认识"变成了"固化的认识"，"日化"方面的研究受到了不应该的冷落。包括在研究方法的创新——利用统计手段进行量化研究这一点上，"欧化"也是首先被付诸实践的。2008 年，贺阳的《现代汉语欧化语法现象研究》一书率先结合语料库技术对现代汉语欧化现象进行了量化考证，把我国的现代汉语"欧化"研究提到了新高度，但同时也进一步固化了学界对"现代汉语中的异质因子来自于汉语与印欧语的直接接触"的观念。①

第二节　研究对象与研究现状

一　研究对象

本书试图以我国著名的文学家、翻译家鲁迅为研究对象，考察其翻译文本中的"日化"现象。为什么要选鲁迅为"日化"现象的研究对象，主要出于以下几个方面的考虑。

第一，鲁迅是崇尚引进外语异质表达方式的翻译家。通过翻译，异质语言才能和不懂外语的人群产生接触，经历由抵抗到融入的过程，成为民族语言的一部分。一个崇尚"神似"、坚持中国传统翻译观、崇尚汉字之美的译者，和一个崇尚异化、渴望最大限度接触异质文明的译者，译品所呈现的面貌是迥异的。因此，要研究通过翻译引入汉语的异质表现法，就要求我们找出一位崇尚异化且影响力较大、拥有广泛受众的译者作为典型。很显然，鲁迅是非常合适的。鲁迅主张直译，认为翻译"必须有异国情调，就是所谓洋气"［鲁迅，2005（Ⅵ）：364］，而

---

①　此外，汉语的"日化"现象不受学界重视，还牵扯到政治局势、民族情感等复杂原因。由于涉及领域过大，在此略过不表。总之，在种种因素的作用下，针对"日化"现象的研究长期被包裹在"欧化"的名义下，没有得到充分的展开。

要保存"异国情调"亦或"洋气"，就得用直译的翻译方法。鲁迅并非一开始就坚持直译的，而是在清末民初崇尚意译的氛围中突围出来的。晚清至民初的大部分译作，存在非常严重的意译、编译、改译现象，所谓"豪杰译"盛行。这是和当时的翻译目的是紧密相关的：由于推广政治理念或推广科学知识的需要①，清末民初的译者对原本的态度更多是"便宜行事"，对翻译原本的结构、故事情节进行大幅删改是普遍现象。梁启超翻译日本政治小说《佳人奇遇》，把原书的十五回拆分成了三十五回；翻译冒险小说《十五小豪杰》，对篇章结构都进行了大幅调整，对小说情节也多有任意改动。鲁迅的早期翻译，也未能摆脱大环境的影响，存在同样的情况。② 然而鲁迅较早意识到了当时译坛的种种弊端，开始提倡直译。1909 年，鲁迅与其弟周作人合译出版了《域外小说集》，收录了 16 篇短篇小说，篇篇皆为严格的直译。但美中不足的是，译文依然采用的是文言文。由于销售情况甚为糟糕，周氏兄弟的此番尝试对当时的文坛没有造成明显冲击。直到新文化运动之后，晚清以来形成的无拘无束的译风才得到了根本扭转。1920 年，鲁迅翻译了武者小路实笃的《一个青年的梦》；1923 年，鲁迅与周作人又将一些翻译小说结集为《现代日本小说集》出版，这两部译作的问世，"标志着日本文学翻译方法的转变，也象征着中国的日本文学翻译的现代转型的完成和崭新的时代的到来"（王向远，2001：14）。从语言文字的角度来看，提倡直译，必然导致译本与原本的紧密程度远远高出以往，出于尽量忠于译出语的需要，大量"日化"表达会进入到译文中，鲁迅的翻译文本，也就成了各种"日化"表现"富集"的宝藏。

---

　　① 梁启超曾这样赞美小说的政治功用："仅识字之人，有不读经，无有不读小说者，故六经不能教，当以小说教之；正史不能入，当以小说入之；语录不能谕，当以小说谕之；律例不能治，当以小说治之。……彼美、英、德、法、奥、意、日本各国政界之日进，则政治小说为功最高焉。"梁启超：《译印政治小说序》，《清议报》1898 年 11 月 11 日。梁启超进一步明确指出其推崇小说界革命的目的在于社会改良，认为"欲新一国民，不可不先新一国之小说"，"今日欲改良群治，必自小说界革命始，欲新民，必自新小说始"等。梁启超：《论小说与群治的关系》，《新小说》第 1 号，1902 年 11 月。
　　② 鲁迅在早期翻译科学小说《月界旅行》时，将日语底本原有的二十八回"截长补短，得十四回"，认为"其措辞无味，不适于我国人者，删易少许"。鲁迅：《〈月界旅行〉辨言》，《鲁迅著译编年全集》（第 1 卷），人民出版社 2009 年版，第 28 页。对这种随意删改的翻译行为，鲁迅曾直接表示过悔意："年青时自作聪明，不肯直译，回想起来真是悔之已晚。"鲁迅：《致杨霁云》（1935 年 5 月 15 日），《鲁迅著译编年全集》（第 16 卷），人民出版社 2009 年版，第 160 页。

需要注意的是，鲁迅坚持直译，不仅是出于保存原作风格的需要，更是和其语言观有关。在《关于翻译的通信〈回信〉》中，鲁迅写道：

> 这样的译本，不但在输入新的内容，也在输入新约表现法。中国的文或话，法子实在太不精密了……要医这病，我以为只好陆续吃一点苦，装进异样的句法去，古的，外省外府的，外国的，后来便可以据为已有。[鲁迅，2005（Ⅳ）：391]

也就是说，鲁迅认为汉语是有改进的必要的，手段就是引入异质语言中的表达方式。因此，不管从鲁迅的翻译观还是语言观来看，作为民国时期主张引用异质表达改造汉语的代表人物，鲁迅很适合作为现代汉语"日化"现象的考察对象。

第二，鲁迅和日本有很多关联。1902 年，鲁迅东渡扶桑，在中华民族沦落衰败的凄风苦雨中，年仅 21 岁的鲁迅踏上了异国的土地，开始了将近八年的留学游历生涯。鲁迅正值人生观价值观定型的关键期，也正是在日本经历的"幻灯片事件"，成为其弃医从文的人生拐点，最终成长为中国文坛巨匠。根据周作人的记述，鲁迅在日期间"和服系裳"（1997：157），"闲中去逛书店，或看夜市，也常穿用木屐"（1997：158），可见其对日本文化并无反感；同时，鲁迅与很多日本人有密切联系。据统计，和鲁迅打过交道且在日本文坛有些名气的日本人，就有近 50 人之多（周国伟，2004）。1931 年 12 月，与鲁迅交往甚笃的日本学者增田涉告别上海返回日本时，鲁迅曾赠诗一首留念："扶桑正是秋光好，枫叶如丹照嫩寒。却折垂杨送归客，心随东棹忆华年。"[鲁迅，2005（Ⅶ）：454] 虽是赋诗赠友，但鲁迅显然是沉浸到了回忆里，捡起了关于日本的一些难忘的记忆碎片。"心随东棹忆华年"一句，透露出鲁迅对留日八年青春时光的怀念。鲁迅的著名作品《藤野先生》中，更是充满了对恩师的感激之情。据北京鲁迅博物馆对鲁迅手稿的考证可知，《藤野先生》的手稿原题实为《吾师藤野》（夏晓静，2008：64），可见这位日本老师在鲁迅心中的分量。①

---

① 必须指出，鲁迅在大是大非上是有坚定立场的。在中日关系日渐紧张时，鲁迅很明确地说："中国的惟一的出路，是全国一致对日的民族革命战争。"鲁迅：《且介亭杂文末编·论现在我们的文学运动》，《鲁迅全集》第六卷，人民文学出版社 2005 年版，第 613 页。换而言之，鲁迅对日本帝国主义的反感和对日本先进知识分子的好感并不矛盾。

第三，鲁迅有较高的日语水平。鲁迅一生接触过多门外语，但真正精通的只有日语。周作人曾说："鲁迅在日本居住……前后有八年之久，中间两三年又在没有中国人的仙台，与日本学生在一起，他的语学能力在留学生中是很不差的。"（1997：164）鲁迅虽对英语、德语、俄语都有所涉猎，但据王友贵（2005）考证，鲁迅德语仅能达到阅读水平，但说不出口；英语更差一些，俄语则几乎不会，唯有日语可运用自如。顾钧认为："鲁迅留日多年，日语水平很高，听说读写四个方面都行所无事。"（顾钧，2009：7）我们从鲁迅的日常文学活动上，可以看到其对日语的运用水平：鲁迅曾把作品《猫·鼠·兔》自译成日文，发表在了日文杂志上，并为自己作品的日译版重新撰写了多篇日文序言[①]；此外还曾为日本《改造》杂志写过日文稿件；小林多喜二遇害后，还亲自发去了日文唁电；鲁迅在去世前给内山完造留的便条，用的也是日文（伊藤虎丸，2000：2）。可见鲁迅在日语上确实有较高造诣。鲁迅的日语水平，保证了其译文的准确性，这无疑有助于提高我们研究的准确性；鲁迅仅精通日语，这造成其翻译活动主要是通过日语进行的，不管直接翻译日文作品，还是通过日语转译其他国家的作品，日语都是其打开翻译世界大门的钥匙。据统计，鲁迅以日文文本为底本翻译的作品有175篇，以德语文本为底本翻译的作品有29篇，以英语文本为底本翻译的作品只有2篇，详情如表3所示。

表3   **鲁译篇目汇总[②]**

	直译	转译	未明	总数
日语	96	79		175
德语	2	27	10	29
英语	0	2		2
合计	98	108	10	216

从表3可以计算出，鲁迅直接翻译自日文的作品为总数的81%，占据压倒性优势。可见，日语文本是鲁迅从事翻译活动的主要来源，也是其洋洋洒洒300万翻译文字能够成立的重要倚仗。有数量如此丰富的译自日语

---

① 详见鲁迅纪念馆编《鲁迅日文作品集》，上海文艺出版社1981年版。
② 转引自陈红《日语源语视域下的鲁迅翻译研究》，浙江工商大学出版社2019年版，第5页。表中的"直译"为"直接从某语言翻译"之意。

的译作，这给我们研究现代汉语"日化"现象提供了丰富的语言资料。

二　研究现状

简而言之，学界对鲁迅译文中的"日化"现象研究是较为匮乏的。这一现状，与鲁迅翻译研究的受重视程度、"日化"现象研究的深入程度都有密切联系。在"研究现状"部分，笔者将分成"鲁迅翻译研究现状""现代汉语'日化'现象研究现状""鲁迅文字中的'日化'现象研究现状"三部分进行阐述。

（一）鲁迅翻译研究现状

作为我国 20 世纪伟大的文学家、翻译家、思想家，鲁迅一直是学界的关注对象。从第一篇公开评论鲁迅作品的《焦木附志》① 算起，鲁迅研究已跨过了整整百年光阴。据统计，1913—2010 年，国内共出版鲁迅研究专著、专集 1650 种②，达到了平均每年 16 部的惊人数量，其中更是涌现了许寿裳、李长之、唐弢、孙郁、陈漱渝、黄乔生等著名鲁迅研究家。海外学界对鲁迅这一中国文坛巨子也不吝关注，特别是鲁迅先生曾留学过的日本，"二战"后出版了各类鲁迅研究专著多达 50 余种（赵京华，2013：395），其中不乏竹内好、丸山升、伊藤虎丸等在国内亦耳熟能详的重量级学者。鲁迅研究的范围亦不断拓宽，鲁迅思想研究、史学研究、小说研究、接受研究等，在广度深度上都得到了充分的拓展。由于历史及现实等各种复杂原因，论著水准虽难免参差不齐，但鲁迅研究之兴盛，却是有目共睹。

如此丰富的鲁迅研究成果，令人颇有高山仰止之感。但是，在波澜壮阔的鲁迅研究海洋里，依然有璀璨的明珠未被学人采撷——至少可以说，价值被大大低估——那就是对鲁迅翻译活动本身的研究。鲁迅的一生著作等身，这为人所共知；但其翻译活动实践与创作相比实也毫不逊色。在1973 年人民文学出版社出版的二十卷《鲁迅全集》中，鲁迅译作有十卷

---

① 1913 年，鲁迅第一篇小说《怀旧》发表在《小说月报》第 4 卷第 1 号上，主编恽铁樵在文中做了圈点，并在作品后附《焦木附志》，对鲁迅的文笔及章法颇有赞赏。这被中国鲁迅研究界认为"标志着鲁迅研究的开始"。参见王富仁《中国鲁迅研究的历史与现状》，福建教育出版社 2006 年版，第 5 页。

② 其中 1913—1949 年 9 月共出版鲁迅研究专著 80 种，中华人民共和国成立后至 2010 年 10 月共出版鲁迅研究专著 1570 部。葛涛：《鲁迅研究著作出版状况的调查与分析》，《中华读书报》2012 年 5 月 16 日第 13 版。

之多，可谓占据了半壁江山；2008 年福建教育出版社出版的《鲁迅译文全集》则是整整八卷。据彭定安统计，鲁迅一生译介了 14 个国家 105 位外国作家的作品，总数达到 300 万字，不逊于创作（彭定安，2001：230）。王宏志亦指出："鲁迅翻译的文字超过三百万，比著作的文字还要多。"（王宏志，1999：219）1903 年，鲁迅在《浙江潮》第 5 期、第 9 期发表了第一篇翻译作品《斯巴达之魂》，比其发表第一篇创作小说《怀旧》① 还早了 10 年。从 1903 年至 1936 年，鲁迅 33 年译笔不辍，翻译与创作相互交织，贯穿其文学生涯。直至病危，鲁迅依然在病床上继续《死魂灵》的翻译工作，耗尽了人生烛火的最后一抹光亮。② 综观鲁迅的一生，翻译在其文艺活动中的作用，是超出很多读者的预想的。"就鲁迅自己而言，翻译显然重于创作。"（孙郁，2006：15）丸山升说："对于留下的翻译数量堪比包括小说、杂感在内的创作的鲁迅来说，翻译恐怕和创作一样，对他的内在面作用巨大。"（丸山升，2005：2）吴钧则更直白地下了结论："鲁迅是首先成为翻译家，后来才成为文学家的。"（吴钧，2009：2）然而，面对浩如烟海的鲁迅翻译作品，学界却少有问津。鲁迅翻译研究的缺失在鲁迅研究成果上有直接的反映：据中国社会科学院文学研究所鲁迅研究室的统计，1913—1983 年，鲁迅翻译相关研究的文章仅有 14 篇，相比其他研究，实如沧海一粟；温彩云对 2000 年以来载于中国现当代文学和鲁迅研究领域四种核心期刊的 1276 篇鲁迅研究文章进行归类，其中"鲁迅与翻译"的研究文章仅有 19 篇，仅约占总量的 1.5%③，可见鲁迅翻译研究在数量及质量上都不尽如人意。

　　鲁迅本人对翻译是如何定位、评价的？亦或是如何评价自己的翻译活动的？他曾这样评价翻译与创作的关系：

　　　　创作翻译和批评，我没有研究过等次，但我都给以相当的尊重。

---

①　此篇鲁迅使用笔名"周逴"，发表于《小说月报》第 4 卷第 1 号，1913 年。

②　"鲁迅先生致力于'著'与'译'，直到最后，未尝稍懈。……直到他死前的最后一刻他还为这死魂灵的第二部翻译而执笔。"参见鲁迅先生纪念委员会刊发的《鲁迅全集发刊缘起》，《抗战文艺》第 1 卷第 8 号，1938 年。

③　四种期刊分别为《文学评论》《读书》《中国现代文学研究》《鲁迅研究月刊》。温彩云的具体统计数量分别为：鲁迅史料研究 387 篇，鲁迅思想研究 243 篇，鲁迅研究状况研究 212 篇，鲁迅小说研究文章 156 篇，鲁迅散文研究 51 篇，鲁迅杂文研究 41 篇，鲁迅其他研究 160 篇。其中"鲁迅与翻译"的研究文章被归类在"鲁迅其他研究"中。温彩云：《基于词频分析方法的新世纪鲁迅研究综述》，《华夏文化论坛》第 8 辑。

对于常被奚落的翻译和介绍，也不轻视，反以为力量是非同小可的。

[鲁迅，2005（Ⅷ）：185]

翻译并不比随便的创作容易，然而于新文学的发展却更有功，于大家更有益。

[鲁迅，2005（Ⅳ）：140]

可见，翻译在鲁迅眼中是不容忽视的，至少和创作是平起平坐的。鲁迅的这种观点，也和中国现代文学的发展事实相契合：翻译文学和我们民族的文学创作好比是"中国现代文学的车之两轮，鸟之两翼"（谢天振，1999：3）。但长期以来翻译视角的阙如，让本该创作与翻译"两翼齐飞"的鲁迅研究留下了不少遗憾。

值得注意的是，鲁迅自身的翻译活动在其所处时代反而更受瞩目。最有力的证据便是，鲁迅的译作曾有多篇入选民国时期的教科书。据温立三统计，入选民国时期各类中学国文教科书的鲁迅译作有24篇之多，而1949年后仅有1篇，形成了鲜明对比①。可见其译作在当时受到了不小的认可。不过，自从鲁迅从事翻译活动以来，有关其翻译思想的各种讨论倒是热闹非凡，曾在中国翻译史上留下了浓墨重彩的一页②。更有鲁迅评论家列出了鲁迅翻译研究提纲，可惜最终并未成文③。可以说，鲁迅翻译活动的影响，也不可低估。但在鲁迅逝世后，由于种种原因，针对鲁迅翻译活动的关注及评论冷清下来，大批的学者把精力放到了对鲁迅创作的研究上。这在各年代的《鲁迅全集》对鲁迅译文的收录态度上有直接的反应。鲁迅去世后，上海复社组织出版了首部《鲁迅全集》（1938年版），全面收录了鲁迅的创作与译作，而新中国建立后由人民文学出版社出版的

---

① 温立三：《民国时期中学语文课本中的鲁迅译文》，http：//blog. sina. com. cn/s/blog_4b652751010006pn. html，2020年5月31日。

② 例如鲁迅与瞿秋白、陈西滢等人的翻译争论。鲁迅和前者的讨论为我国翻译理论留下了精彩的篇章，两人也结下了深厚的友谊，但鲁迅与后者的论争最终陷入了政治派别的攻讦，脱离了翻译讨论的原意。

③ 1935年，李长之在《鲁迅批判》一书后记中提出了写作《鲁迅著译工作的总检讨》的规划，并草拟了七个小题目，分别为：鲁迅研究的文艺论、鲁迅翻译的科学的社会主义的艺术观、鲁迅翻译的剧本与小说、鲁迅翻译的散文随笔、鲁迅翻译的童话、鲁迅对旧籍之整理著作、鲁迅之杂著与杂译。但最终他只完成前两个小题目，有关鲁迅翻译的部分不了了之。详见李长之《鲁迅批判》，北京出版社2003年版。

《鲁迅全集》（分别为 1958 年版、1973 年版、1981 年版、2005 年版、2017 年版）中，收录鲁迅译作的只有 1973 年版。虽然人民文学出版社于 1958 年另行出版了《鲁迅译文集》，但这种否认译作为"作品"、把译作和创作割裂起来的做法，无疑在事实上降低了对鲁迅翻译活动的评价，不利于研究界及普通读者对鲁迅的全面认知。这种局面产生的原因恐怕是多方面的，涉及中国多年来轻视翻译的倾向、鲁迅译作的流传度、甚至意识形态因素等[①]，笔者在此不做具体讨论。总之，我们可以断言，"在过去的鲁迅研究中，对鲁迅的翻译世界，确实注意不够的"（彭定安，2001：235）。

　　近二十年来，随着我国翻译研究的进步、翻译学地位的提高，鲁译研究重新进入了我们的视野。特别在进入 21 世纪后，国内系统性的鲁迅翻译研究著作终于登场了。细数起来，近年来主要的鲁迅翻译研究著作有以下几种：刘少勤的《盗火者的足迹与心迹：论鲁迅与翻译》（2004）、王友贵的《翻译家鲁迅》（2005）、李寄的《鲁迅传统翻译文体论》（2008）、顾钧的《鲁迅翻译研究》（2009），吴钧的《鲁迅翻译文学研究》（2009），王家平的《〈鲁迅译文全集〉翻译状况与文本研究》（2018），陈红的《日语源语视域下的鲁迅翻译研究》（2019），等等。以上著作各有所长，从多个角度考察了鲁迅翻译活动的方方面面。刘书考察了鲁迅的翻译作品选择、翻译方式、翻译动机等问题，并对鲁迅在翻译中的文化理想、价值追求和政治关怀进行了探讨；王书则从勒弗菲尔的操纵理论、本雅明的"可译性"阐述出发，提出了"鲁迅模式"这一概念，并设"浪漫的鲁迅""苦闷的鲁迅""童心的鲁迅"等章节，把鲁迅的翻译选择和个人性格结合起来，颇含新意；李书从翻译文体的角度对鲁迅的译文进行了详细的剖析，指出了鲁迅翻译文体具有先秦语体和欧化因子杂糅的特征，是为数不多的涉及语言分析的鲁迅翻译研究著作；顾书则对鲁迅的翻译生涯进行了全面的回顾，对鲁迅的翻译阶段进行了科学的分期，

---

　　① 在 1958 年版《鲁迅译文集》的"出版说明"中，曾对鲁迅的译作有这样的评价："这些译文，现在看来，其中有一些已经失去了译者介绍它们时所具有的作用和意义；或者甚至变成为有害的东西了。如厨川白村的文艺论文、鹤见祐辅的随笔、阿尔志跋绥夫的小说，以及收入《文艺政策》一书中的某些发言记录等；我们只把它们作为一种供给研究者参考的资料，仅编入这部《译文集》中，不另单独出版。"有无作用与意义，有害还是无害，恐怕需要辩证地看待，该出版说明的评价明显带有意识形态的痕迹。参见《鲁迅译文集·出版说明》，人民文学出版社编辑部编，人民文学出版社 1958 年版，第 1 页。

并对翻译与创作之间的关系进行了重点阐述；吴书则首先详细论证了
"鲁迅是首先是翻译家"的新定位，随后对鲁迅的翻译理论、鲁迅的翻译
史、翻译艺术、传播影响等进行了分析介绍；王书从鲁迅译作的选材取
向、翻译策略和翻译方法等角度发掘了鲁迅翻译作品的重大价值；陈书则
从日语源语出发，对鲁迅的日文水平、鲁译的日语源本、鲁迅直译观的来
源等问题进行了梳理与考察。

在鲁迅翻译研究兴起的同时，鲁迅翻译文本终于再次引起了出版界的
重视，在 1958 年《鲁迅译文集》出版半个世纪后，北京鲁迅博物馆主编
的《鲁迅译文全集》终于在 2008 年问世；更重要的是，大规模的鲁迅作
品辑录终于开始重新收录鲁迅的译文，如 2009 年人民出版社的《鲁迅著
译编年全集》（二十卷本）、2011 年长江出版社的《鲁迅大全集》（三十
三卷本），这表明研究者已经意识到将鲁迅的翻译和创作割裂开来的弊
端。值得注意的是，中央广播电视大学出版社于 2009 年以单行本形式出
版了鲁迅翻译的《小约翰》《小彼得·表》《俄罗斯的童话》《坏孩子和
别的奇闻》，北方妇女儿童出版社在 2011 年出版了《小约翰》，这些面向
儿童阅读市场的鲁迅译作单行本的出现，向我们传递了重要信息：鲁迅的
译作在逐渐摆脱仅仅作为研究资料的地位，有重新作为"活的语言"进
入当代话语场的趋势。可以说，近 10 年来鲁迅翻译研究的兴起，是对以
往鲁迅研究缺陷的补足，鲁迅译作在文学消费市场上的表现，也值得肯定
和进一步期待。

鲁迅翻译研究的升温无疑是可喜的，但综观鲁迅翻译研究现状，依然
存在不足之处，笔者认为存在以下三个问题。

（1）缺乏对比语言学视角。

鲁迅的语言风格独树一帜，在众多鲁迅翻译研究中，以其语言为论述
对象的研究并不在少数。翻译必然涉及双语的转换，有时甚至涉及三语的
转换（转译），不依托于文本的翻译是不存在的。研究鲁迅的翻译，理应
从其翻译文本出发，通过细致的对读、严密的考究来实现对鲁迅翻译活动
的客观描写。但事实上，鲁迅翻译研究却向来不重视文本对读的工作，而
是更多集中在鲁迅翻译理论的讨论上。诚然，鲁迅对中国现代译论有卓越
的贡献，但抛开其文本语言而谈翻译理论，必然导致理论研究的空洞化，
犹如无源之水、无本之木。彭定安曾对"鲁迅的比较文学文本"研究列
出了如下"重要研究领域"：

1. 鲁迅的翻译实践；

2. 鲁迅的翻译理论；

3. 鲁迅与世界文学、世界文化的总体关系；

……

（彭定安，2005：829）

笔者认为，彭氏把鲁迅的翻译实践排在第一位，是值得肯定和赞赏的。翻译实践为翻译研究的着眼点和生发点，是传统意义上的翻译研究；而谈到翻译实践，则不仅涉及翻译文本本身，还涉及翻译文本与母本的关系，在各种鲁迅翻译研究著作中，大部分研究者并未涉及鲁迅翻译文本的对比。顾钧在其《鲁迅翻译研究》导言部分提到，翻译技术层面也研究是"本书准备包括在内的"，但"由于鲁迅的翻译涉及多种语言以及转译的问题，要想讲清楚语言层面的所有问题，具有非常大的难度"，虽然"对这一传统领域也不因为困难而完全回避"（顾钧，2009：11），但言语中颇含有心无力之感。事实上，阅览顾书全篇，通篇并未涉及一句外语原文，这不得不说顾书实际上完全回避了语言对比的问题。王友贵的《翻译家鲁迅》（2005）对鲁迅的翻译活动进行了详细全面的描述，然而同样存在这方面的问题，对语言对比的问题也做了回避。缺少了语言对比的视角，鲁迅翻译研究只能在其翻译生平、翻译思想的圈子里转来转去，无法毫无阻隔地研究鲁迅的翻译方法翻译策略，也无法从语言的角度来探讨鲁迅翻译与鲁迅创作之间的关系；站在语言学角度来讲，这无疑也是浪费了进行汉日语对比、研究汉日语交涉情况的大好材料。

（2）缺乏对鲁译所据日文底本的关注。

如上文所述，鲁迅一生的翻译量是很大的，其中以日文作品为底本的译作占到了八成以上。鲁迅的翻译文本和日语的关系如此紧密，然而却一直被研究者"视而不见"，很少学者从日文角度讨论过鲁迅的翻译乃至创作问题。就算有所涉及，也存在不妥之处。在吴钧的《鲁迅翻译文学研究》中，作者或许注意到鲁迅翻译研究中轻视文本对比的现象，在书中特设一章"鲁迅文学翻译文本分析"，用了大量篇幅进行了鲁译与原文的对比工作。这无疑是一个显著的进步，但其选择的对比文本却出现了驴唇不对马嘴的毛病。如在第四章第一节"鲁迅早期翻译文本对比分析"中，吴氏选取了法国科幻作家凡尔纳（1828—1905）所著的《地底旅行》作为文本分析对象，罗列比较了法、英、德、日四种外语文本，其中日语文本选自东京岩波书店于 1997 年出版的『地底旅行』一书，译者为朝比奈弘治①。《地底旅行》是鲁迅通过日语转译的作品，故将法、日文本列出对比，本无不妥，但鲁迅当年翻译依据的日文底本是日本东京文春堂于 1885 年出版的翻译小说『地底旅行：拍案驚奇』，译者为三木爱华、高须治助②。从出版时间上来看，鲁迅所据日本底本与吴书所选日文底本竟然相差了一个世纪之多，译者更是毫无交集。显然，把一个并非鲁迅所据底本的日文文本与鲁迅的译文进行对比分析是缺乏科学性的，但吴书似乎忽略了这一点。在第三节"鲁迅晚期翻译文本对比分析"中，同样的问题还在延续——其用于对比的 1968 年横田瑞穂③的日译本，和鲁迅参考的上田进 1934 年的日译本相差了三十多年。值得注意的是，吴氏在该节的开篇论述中引用了鲁迅评价上田进日译本④。这表明，吴书其实对鲁迅参考的日语底本并非不知情，但仍然采取了第三者的日语文本。这很难解释为资料收集上的疏忽，而是在研究方法上存在值得商榷之处。⑤ 此外，王家平先生的著作《〈鲁迅译文全集〉翻译状况与文本研究》（2018）真正深入了鲁迅的翻译文本，体现了难能可贵的求真求实精神，是鲁迅翻译作品研究的重量级著作，可惜依然未涉及鲁迅所据的日译本原文，其研究主要依靠译文本身展开。

　　值得一提的是，陈红的《日语源语视域下的鲁迅翻译研究》（2019）一定程度上改变了这一缺陷。该书紧扣住了"日语源语"这一主

---

① 吴钧：《鲁迅翻译文学研究》，齐鲁书社 2009 年版，第 117 页。

② ［日］藤井省三：『鲁迅事典』，三省堂 2002 年版，第 235 页。

③ 吴钧：《鲁迅翻译文学研究》，齐鲁书社 2009 年版，第 164 页。

④ 吴钧引用的鲁迅原文为："上田进的译本并不坏，但常有和德译本不同之处，细想起来，好像他错的居多，翻译真也不易。"吴钧：《鲁迅翻译文学研究》，齐鲁书社 2009 年版，第 160 页。

⑤ 吴氏研究方法很容易导致结论的错误。如在《地底旅行》其所举的第一个例子里，吴氏根据其所举法、英、日文本，认为"其实可恨，你们总喜欢待，岂非浪费光阴么？我看你们待到什么时候"这句话是鲁迅自己创造的，但此话在鲁迅所依据的日文底本中其实是存在的，原文为「叔父は面赤からめて人を馬鹿にするものかないつまでまたこころにや浪に時間を費やして困りし事にわらずやと罵りつつ」。也就是说，这句话应为三木与高须的加译，和鲁迅无关。我们不否认在《月界旅行》《地底旅行》等鲁迅译作中存在诸多编译因素，但仅就这一句而言，论据恰恰是错误的。吴氏的论断见吴钧《鲁迅翻译文学研究》，齐鲁书社 2009 年版，第 118 页；对应日文原文见ジュールス・ヴェルネ『地底旅行：拍案驚奇』，三木愛華、高須治助訳，九春堂 1885 年版，第 17 页。

题，但并非是从对比语言学的角度的出发的，与本书的论述重点不在一个维度。

鲁迅翻译活动所依据的日文底本如此受忽视，恐怕和目前国内大多数鲁迅研究者多数出身中文学科，对日语不甚精通有关。同时，也是源于"不识庐山真面目，只缘身在此山中"的尴尬，沉浸在现代汉语语境中的我们，对已经融入现代汉语中的日语因子已不再那么敏感。有学者评价道："鲁迅比较熟悉的语言，除了绍兴方言之外，应该就要算是日语了。鲁迅把绍兴方言和日文都融入文章，实在是信手拈来的事，只是在鲁迅文体已经成为现代汉语的经典著作的今天，反而不容易把握其来源的真相。"（陈仲奇，2005：26）

以上提到的鲁迅翻译研究中的两个问题，都与研究鲁迅译文中的"日化"现象存在紧密联系。缺乏对比语言学的视角，自然鲜有人会提及鲁迅译文中的"日化"的问题；不关注鲁迅依据的日文底本，研究鲁迅译文中的"日化"现象更是成了无源之水。这两个缺陷的存在，直接导致了和鲁迅相关的"日化"研究缺乏的状况。

（二）现代汉语"日化"现象研究现状

虽然"日化"现象一直处在"欧化"现象的遮蔽之中，但这不意味着不存在对"日化"现象的相关研究。目前为止，研究"日化"现象的成果主要集中在"日语借词"层面。这是"日化"现象研究中做得最扎实的领域。我国最早对日语借词有所论述的是王国维。其曾对汉制译词与日制译词孰优孰劣进行了一番品评：

> 日人之定名，亦非苟焉而已，经专门数十家之考究，数十年之改正，以有今日者也。……
> 日本人多用双字，其不能通者，则更用四字以表之。中国则习用单字，精密不精密之分，全在于此。
>
> （王国维，1997：15—16）

可以看出，王国维敏锐地捕捉到了日语的双音节、多音节词汇相较于汉语惯用单字的优势——更加"精密"。从史实上来看，很多日制译词确实在和汉制译词的较量中占了上风，导致现代汉语中大量日语借词的存在。但王国维仅举了几个零散的例子，属于随感式的评价，并无进一步深入的探讨。

真正对日语借词展开系统研究是在 20 世纪 50 年代之后。比较典型的如王立达的《现代汉语中从日语借来的词汇》（1958a），高名凯、刘正埮合著的《现代汉语外来语研究》（1958），刘正埮主编的《汉语外来词词典》（1984）。王立达在《现代汉语中从日语借来的词汇》一文中，首次对现代汉语中存在的日源词汇进行了系统总结；高名凯、刘正埮在《现代汉语外来语研究》中，对外来语的定义、来源、发展趋势等都有所阐述，并单列一节对源自日语的现代汉语词汇进行详细列举和分类。此外，王力的《汉语史稿》（1958）、北京师范学院的《五四以来汉语书面语言的变迁与发展》（1959）亦都涉及日语借词问题。最近几年，研究日语借词的著作不断出版，如冯天瑜的《新语探源：中西日文化互动与近代汉字术语生成》（2004），李运博的《中日近代词汇的交流：梁启超的作用与影响》（2006）、刘凡夫、樊慧颖的《以汉字为媒介的新词传播：近代中日间词汇交流的研究》（2009），沈国威的《近代中日词汇交流研究：汉字新词的创制、容受与共享》（2010），常晓宏《鲁迅作品中的日语借词》（2014）等。从整体概况到传播个案，都有了较为详尽的研究。

日文的研究成果也数量颇多，荒川清秀的『近代日中学術用語の形成と伝播——地理学用語を中心に』（1997），沈国威的『近代日中語彙交流史：新漢語の生成と受容』（1994）、朱京伟的『近代日中新語の創出と交流——人文科学と自然科学の専門語を中心に』（2003）从各个侧面考察了中日间的词汇交流问题。

中日双方虽都已拥有数量颇丰的日语借词研究成果，但以专人为对象的研究并不多见。以上著作中仅有李书、常书是针对个体作家的研究专著，且研究范围局限在创作作品中，很少涉及译作，显然并不全面。

相对于词汇层面的"日化"，句法层面的"日化"更是本文研究的重点。然而，这一领域的研究成果要贫瘠得多，多为零散地分布在各类研究资料中，并未引起太多注意。首先提及句法层面的"日化"现象的，是积极引入日式表达的梁启超。梁氏在《论中国人种之将来》开篇首先声明"篇中因仿效日本文体，故多委蛇沓复之病"［梁启超，1989（Ⅱ）：48］，此可谓触及了日语文法的部分特质。除了梁启超这种新文学参与者的"自我评价"，教育界也注意到了日式文法进入汉语表达的现象，晚清与民国的教育部门的官方文件或出版物中，展示了对日式文法抱有警戒的

一面。一是前文提及的晚清政府于 1903 年颁布的《学务纲要》，二是国
民政府于 1934 年出版的《第一次中国教育年鉴》。前书批判性地描述了
句法层面的"日化"现象，认为掺杂了日语文法的行文"或虚实字义倒
装、或叙说繁复曲折，令人费解，亦所当戒"①，后书则对清末民初大量
翻译日本教科书的现象，做了"广智书局发行日文翻译教科书多种，销
路甚佳……惟完全按日人语气及日本材料者"、教科书的遣词造句"多为
日本人说法""日文语气太重"（民国教育部中国教育年鉴编审委员会，
1934：115—134）的描述和评价，涉及句法层面的"日化"现象。20 世
纪 40 年代，日本学者实藤惠秀也注意到了汉语的"日化"现象，在《日
本文化给中国的影响》（1944）一书中，实藤引用了梁启超《启告留学生
诸君》一文的开头部分，认为其文体是"日本化的文体"（实藤惠秀，
1944：16）；随后列举了郭沫若、冰心、郑振铎等人的诗歌，认为中国新
体诗中的"小诗"受到了日本很大的影响。实藤各方面的举例十分丰富，
但在论据上有所缺乏，特别在论述文体及文字的"日化"时，不少流于
强烈的主观判断，说服力稍有欠缺②。

　　真正从学术视角对"日化"句法进行研究的，还是在 20 世纪 50 年
代之后。代表性的研究机构及研究者有北京师范学院、刁晏斌、周光庆、
王向远、耿德华（Edward Gunn）等。

　　北京师范学院中文系汉语教研组编著的《五四以来汉语书面语言的
变迁和发展》（1959）的第二章"句法的发展"的"句法结构的多样
化"小节中，指出了鸦片战争后、特别是"五四"后出现的"宾语提
前"问题，举出了梁启超《论中国人种之将来》中的"'欧人'中国分
割之议"为例，并在注释中写明梁启超的这种用法是"从日语中'硬
译'过来的"（北京师范学院中文系汉语教研组，1959：172）。周光庆
在《汉语与中国早期现代化思潮》一书中，总结了清末民初翻译作品
的语言特点为"词法句法的欧化日化，新名词结队而来，长句子冠盖相

---

　　① 原文载于《东方杂志》1904 年第 3 期，转引自北京师联教育科学研究所编《"中体西
用"思想与教育论著选读》第 4 辑第 9 卷，中国环境科学出版社 2006 年版，第 133—134 页。
　　② 除了词汇及文法，实藤惠秀对中国知识界所受日文影响进行了更宽泛的观察，如其认为
中国书店及杂志的命名方式上，"日本式的名称也很流行起来"。参见［日］实藤惠秀《日本文
化给中国的影响》，新申报馆 1944 年版，第 21 页。此外实藤惠秀亦指出，近代中国书籍的印刷
字体、插画也处处是模仿日本的痕迹，"中国的新出版物，内容和外形差不多均有'日本味'"
（第 26 页）。

望，陌生而复杂的构词方法和造句方法"（周光庆，2001：217），明确把"欧化""日化"并列了起来。刁晏斌则在《初期现代汉语语法研究（修订本）》第三章"句子"的第七节"倒叙句"中，把"述宾倒叙"直接分成了"日化式""欧化式"两类，认为汉语中的述宾倒叙受到了日语语序的影响。在具体论述中，刁氏又将"日化式"细分成了"述宾之间有'的'"与"述宾之间无'的'"两小类，前者的例子有"将来的描摹想象""死的威胁""深度的缺乏"，后者的例子有"结婚披露""骸骨迷恋""美爱"（按：即"爱美"）、"祖国爱""音乐爱"等（刁晏斌，2007：277—281）；在第四章"小节及余论"中，刁氏谈到了个人的外语习得对初期现代汉语语法特点的影响："像郁达夫，更多地受日语的影响，他的作品中，甚至直接出现了某些日语的形式；瞿秋白受俄语的影响较大；而徐志摩、老舍等人，受英语的影响最为明显。"（刁晏斌，2007：330）王向远在《日本文学汉译史》第二章中说道，二十世纪二三十年代的日本文学汉译中，"随处都可以读到在当时，甚至在今天都感到有些陌生日文词和日文式的句法"，并举出了夏丏尊所译《国木田独步集》中"来信感谢地拜读了""村中的人们都这样自慢地批评她""平气地把烟吸着"等为例，认为整个句子是"把日文的句法直译过来了"（王向远，2007：48）。耿德华（Edward Gunn）在《重写中文：二十世纪中国散文的风格和革新》（*Rewriting Chinese*：*STYLE AND INNOVATION IN TWENTIETH - CENTURY CHINESE PROSE*）中论证汉语中的欧化现象（Europeanization）时使用了"欧化的日语"（Euro-Japanese）这一概念，指出在清末至五四的中国文艺界存在模仿"欧化的日语"的风潮，巴金、茅盾、鲁迅等人的作品中更是充满了模仿"欧化的日语"的用例（Edward Gunn，1991：67-96）。

以上提到的有关"日化"句法层面的研究，呈现出很大的零散性，相对于词汇层面的"日化"现象，句法层面的研究并没有受到太大的关注。这既是先行研究的不足之处，也正是本书的着力点。

（三）鲁迅文字中的"日化"现象

纵观国内外的鲁迅研究史，迄今为止的鲁迅研究过多集中在对鲁迅创作作品及思想的研究层面，针对鲁迅的翻译活动的研究相对较少。而"日化"的问题又与翻译研究紧密相关，有关鲁迅"日化"问题的研究的缺乏也不难理解。在鲁迅文字的"日化"现象研究中，陈仲奇、肖霞、徐佳梅、董炳月、常晓宏这五位学者的研究值得关注。

　　首先，陈仲奇在《鲁迅作品中的日语表现指摘》（2005）一文中，分析了其鲁迅代表作《记念刘和珍君》《野草》《呐喊》中的中日同形词及类似日语语法的语言特征，认为鲁迅不仅"使用日语词汇，日语的文法及表达习惯也被巧妙地编织到自己的文章里"（陈仲奇，2005：69）。陈氏的这篇文章没有把研究范围局限在汉日语同形词汇上，触及了语法范畴，无疑是值得称赞的，但并未提及"日化"的概念。

　　另一位学者肖霞则提及了"日化"的概念，并将其与鲁迅结合了起来。在《〈小说画报〉语言的"日化"现象》一文中，肖霞对以《小说画报》为阵地的鸳鸯蝴蝶派存在的日化现象进行了研究，提到了和句法有关的"日化"（肖霞，2009a：23—26）。随后，在《论清末民初语言的"日化"现象——以鲁迅作品为例》一文中，其明确对"日化"现象研究的缺位进行了反思：

　　　　（人们）不约而同地把由翻译带来的外来的影响不加分析地统称为"欧化"，而忽视了更为直接的日本影响的存在……对于清末民初文学文本中的"日化"现象，迄今为止，除了一些单篇的论文偶尔提及日语借词的现象之外，还没有专门的系统的研究成果。

　　　　　　　　　　　　　　　　　　　　　　　　　（肖霞，2009b：43）

　　她认为，中国通过日文翻译而引介入汉语的词汇和语法称为"日化"更为贴切。随后又举例说明了鲁迅作品中的日语词汇使用情况，如鲁迅使用的"讲义""知人""约束"等都是直接借用的日语词汇；并引用了鲁迅译作《苦闷的象征》中的长句，探讨了鲁迅在句式结构上的"日化"表现（肖霞，2009b：44—45）。

　　此外，徐佳梅在《鲁迅小说语言中的"日语元素"解析》一文中，把鲁迅创作作品中出现的"日语元素"分成了"和制汉字词""鲁迅自制混血词""汉日同形词""汉日镜像词""汉日同素词""日化语法""有日语特征的修辞"七个方面，较为系统地论述了鲁迅作品中的"日语元素"（徐佳梅，2012：45—51）。这对成体系进行鲁迅"日化"现象研究有所启发。

　　董炳月是著名的鲁迅研究家，其在《同文的现代转换——日语借词中的思想与文学》（2012）一书中，提到了关于周氏兄弟的著译中存在大量日语汉字词汇，而且着重举出了鲁迅用"日化"句式的重要线索，认为鲁迅常用的"为……""为了……"结构源自日文的「…の為に」（董炳月，2012：304），可谓极为重要的提示；但其论述的重心依然为日语借词，对鲁迅"日化"句式的发掘没有进一步展开。

除却单篇的研究论文，常晓宏的《鲁迅作品中的日语借词》（2014）一书很值得我们关注。该著对鲁迅作品中的日语借词的使用数量、分布特点进行了考察，并在著作第五章对鲁迅早期译作《月界旅行》《地底旅行》的日语底本、汉日同形词及日语借词、音译词进行了详细分析。这无疑是鲁迅"日化"现象研究的一个重要成果。

总体上来看，国内研究对鲁迅的译作的关注相对较少，关注点主要集中在对鲁迅创作作品上。同时，与前文提到的"日化"现象研究在整体上存在的不足类似，对鲁迅"日化"现象的研究同样存在重词汇、轻语法的现象。而语法层面的研究，也更多局限在和日文原文的对照上，有仅凭经验进行判断之嫌，并不严密，更缺乏对近现代汉语演变史的考察与研究。甚至有的研究中出现了拿自己翻译的日文文本同鲁迅的文本进行比较的现象。如陈仲奇在《鲁迅作品中的日语表现指摘》（2005）一文中这样讲道：

> 鲁迅的《记念刘和珍君》……其中最有名的语句如"真的猛士，敢于直面惨淡的人生，敢于正视淋漓的鲜血。""沉默呵，沉默呵！不在沉默中爆发，就在沉默中灭亡。"用的纯粹就是日文的词汇和语法。我把它翻译出来就是下面这个样子的。即使是完全不懂日文的人，只要看看其中的汉字，就可以明白这并不是中文的句子。
>
> 真の猛士は、敢えて惨憺たる人生を直面し、敢えて淋漓なる鮮血を正視とする。沈黙よ、沈黙よ、沈黙の中で爆発しなければ、沈黙の中で滅亡するしかない。
>
> （陈仲奇，2005：25）

下面是日本鲁迅研究家竹内好的译文：

真の勇者は、人生の悲惨さから顔をそむけず、淋漓たる鮮血から眼をそらさない。ああ！沈黙！沈黙のなかで爆発しないならば、沈黙のなかで滅びるだけだ。

（竹内好译，2009：354、357）

可以看出，竹内好的译文同陈仲奇的译文有较大差别。作为日本的著名鲁迅研究专家与翻译家，竹内好的译文理应更接近自然状态的日文。竹内的译文，在用词上、行文上显然同作为中国人的陈仲奇的译文存在一定的差异。对译作为基本的研究方法，是不可或缺的，但要发掘鲁迅文体中的日文因子，必须要以日文为出发点，抓住真正的日文核心特征，进而才能研究其在鲁迅文体的渗透。要抓住日文的核心特征，则必须依靠日本人自己书写的日语文本，需要进行特定语句对比时，尽可能不要"自译自乐"。陈文用自译的日语来对比汉语，走入了主观臆测的误区，虽然结论并无大的偏差，但论证过程的可靠性打了折扣。同样的现象，在肖霞的研究中也存在。笔者认为，对鲁迅文体中"日化"因子的探寻，必须先将鲁迅译作与日语原本进行对读，找出鲁译文本中的"蛛丝马迹"，再"按图索骥""顺藤摸瓜"。

第三节　研究目的与研究方法

一　研究目标与意义

本书的研究目标为：从对比语言学角度出发，以文本对比为基础，结合清末及民国时期汉语发展变化的实际，较为系统地考察鲁迅翻译中的"日化"现象，特别是日语借词之外的"日化"句式现象。

笔者在本书里明确提出"日化"的概念，这对长期以来"一家独大"的现代汉语欧化研究是一个有益的补充；特别是本书的"日化"现象研究不仅仅停留在词汇层面，对句法层面的"日化"现象亦进行了较为详细的考察，这也一定程度上扩展了近代中日文字交流的研究范围。此外，坚持翻译本体论，关注翻译的文本层面，做一些靠事实说话的文本对比研究，这对改变鲁迅研究界"粗线条"谈论鲁迅翻译思想的现象有一定意义。

二　研究方法

1. 对比分析的方法。首先，笔者将通过译文与原文对比的方式，寻找及确定各种词汇及语法层面的"日化"痕迹。这是最直接、也是最可能确定"日化"表达的方法。第二，将找到的疑似"日化"表达方式同文言及旧白话语料进行对比，确定此类表达方式是新兴的，还是古来就有的。第三，将疑似的"日化"表达方式与"欧化"研究成果相比较，验证该表达方式是否确实是源自日语本身的特点，或者虽然貌似是"欧化"，但实际上是先经过了日语的浸染、随后再经过中译日书率先进入现代汉语语境的。由于涉及的语料十分庞大，在对比分析中会适当利用语料库。

2. 定性分析与定量分析相结合。参考现代汉语欧化研究的成果，我们可以看到一个明显的转变，那就是除了定性分析，定量分析越来越受到重视。如贺阳的《现代汉语欧化语法现象研究》（2008）、朱一凡的《翻译与现代汉语的变迁（1905—1936）》（2011）、李颖玉的《基于语料库的欧化翻译研究》（2012）等著作中，都部分或全面地使用了定量分析的方法。这种研究方法是非常值得借鉴的，通过定量分析，我们可以确定某一表达方式的大致产生时间及来源，为定性分析提供强有力的支持。本书中亦将在定性研究的基础上适当采用定量分析的方法，以确认新型表达方式是否为"日化"表达方式。

3. 共时与历时研究相结合。把语言研究区分为共时、历时研究，是索绪尔的巨大贡献。关于语言层面的共时与历时关系，于根元说："语言的运动是开放的。从纵的方面说，语言是历时的产物，运动才能形成历时。语言的各个历时都是在一定的共时里的，各个共时又都是在一定的历时里的。语言是一个纵横交错、相邻部分又动态叠加的系统。"（于根元，1999：359）因此，若想客观地描写语言的运动状况，共时与历时的研究都是必要的。而在语言接触研究里，历时的研究显得尤为重要。在本书里，笔者会在现有材料条件下尽可能地追溯"日化"现象在现代汉语中的首出时间，也会尽力追溯日语新兴表达方式在日语中的首出时间；亦会尽可能展现出同一"日化"表达方式在鲁迅译文中不同时期的特点。

三　技术手段

出于增强本研究的可靠性及说服力的考虑，笔者在论证过程中适当使用如下语料库。

1. 自制鲁迅对译平行语料库。该语料库是本书进行文本对比分析的首要工具。由于迄今并未有公开的鲁迅翻译语料库资源，笔者将自行制作鲁迅对译平行语料库。首先，依据现已出版的《鲁迅全集》及《鲁迅译文集》，将鲁迅译文部分的文本文档单独摘出；同时查找并搜集了对应的日语底本，并进行 OCR 作业，转换为可检索文档；利用 SDL Trados Studio 2014 语料对齐功能，对鲁迅译作中的重点篇目实现中日文对齐；最后，利用中国传媒大学提供的 CUC Paraconc 检索工具实现对重点语料的平行检索。

2. 爱如生数据库之中国基本古籍库①。该语料库包含 4 个子库、20 个大类、100 个细目，总计收书 1 万余种，全文 17 亿字，涵盖了先秦至民国历代重要典籍，内容总量相当于 3 部《四库全书》。其中既包含了浩如烟海的文言文本，也包括了历代的旧白话文本，支持全文检索，在需要判断某种表达方式是否为新兴表达方式时，该语料库能发挥重要作用。

3. 爱如生数据库之中国近代报刊库②。该数据库目前已出满三辑，实现了对从清道光十三年（1833）至 1949 年 300 多种重要报刊的数字化作业，支持原文影像查看及全文检索。结合本书的研究目的，笔者将主要利用表 4 所列报纸杂志。

表 4　　　　　　　　　　　本书所涉主要报纸杂志列表

期刊名称	责任人	卷期	出版地点	出版时间
《新民丛报》	梁启超	96 期	横滨	1902—1907
《东方杂志》	杜亚泉、胡愈之	44 卷	上海	1904—1948
《湖北学生界》	湖北留日学生同乡会	6 期	东京	1903.1—1903.9
《国民日日报汇编》	章士钊	4 集	上海	1903
《浙江潮》	孙翼中、蒋智由	10 期	东京	1903—1904
《民报》	章太炎	27 期	东京	1905—1910
《法政杂志》	张一鹏	6 期	东京	1906.03—1906.08
《中国新报》	杨度总	9 期	东京	1907.1—1908.1
《礼拜六》	王钝银	200 期	上海	1914—1923
《新青年》	陈独秀	9 卷 54 期	上海	1915—1926
《晨报副镌》	孙伏园	2314 号	北京	1921—1928

---

① http：//www.er07.com/home/pro_3.html.

② http：//www.er07.com/home/pro_89.html.

以上参考期刊的选择主要基于两个标准，一是时间范围，需覆盖中译日书的繁荣期——甲午战争结束后的近三十年的时间段，特别是甲午战争结束后的 10 年；二是影响力的考虑，尽量选择影响力较大的报纸杂志，特别是在日本创刊、登载大量以日语为底本的翻译作品的报纸杂志。需要说明的是，有时出于追根溯源的需要，查找范围会超出以上所列报纸杂志。

4. 日本国立国语研究所语料库开发中心（コーパス開発センター）所开发的近代语语料库（近代語のコーパス）①。具体信息如表 5 所示：

表 5　　　　　　日本国立国语研究所近代语语料库略表

语料库名称	语料来源	卷期	收录年限
明六雑誌コーパス	『明六雑誌』（明六社刊）	43 号	1874—1875
国民之友コーパス	『国民之友』（民友社刊）	36 号	1887—1888
近代女性雑誌コーパス	『女学雑誌』（女学雑誌社）『女学世界』（博文館）『婦人倶楽部』（講談社）	40 册	1894—1925
太陽コーパス	『太陽』（博文館刊）	1895 年、1901 年、1909 年、1917 年、1925 年全文	1895—1925

以上数据库的语料来源皆为日本国内的代表性杂志，受众广大，具有广泛的社会影响力；将近半个世纪的时间跨度（1874—1925）涵盖了日本明治初年至大正末年这一现代日语变革发展成熟的关键期，是研究近代日语向"言文一致"转型的不可多得的珍贵材料。其中的『太陽』杂志语料库（太陽コーパス）语料收入量最大，亦是日本近代以来翻译西方文学的重镇，森田思轩、内田鲁庵、二叶亭四迷、森鸥外等著名文学者都为其供稿，我国清末民初有不少翻译小说都是通过『太陽』杂志转译而来。在本书中，该语料库将作为重点使用的工具。以上数据库皆基于日文检索软件"Himawari"运行，可全文检索。该语料库可为了解考察现代日本语的欧化现象、分析汉语欧化现象与日语欧化现象的关联提供重要参考。

①　https：//clrd. ninjal. ac. jp/cmj/

5. 其他

除了以上主力资源外，还会适当使用《汉语大词典》（1990）①、『日本国語大辞典（第二版）』（2003）②、《英华字典》数据库③、北大 CCL 语料库④、北语大 BCC 语料库⑤、「朝日新聞記事データベース・聞蔵 II」⑥（朝日新闻数据库）、「中納言コーパス」（中纳言语料库）⑦ 等资源。

四　分期问题

研究现代汉语的变化发展，进行科学的分期是很必要的。一般来讲，五四新文化运动是我国语言发展史上的一个节点，很多学者习惯将其作为研究的分界线。从语言发展的大势来讲，这样划分确实是比较科学的。但具体到鲁迅身上，情况就复杂了，简单以五四新文化运动为节点进行切分就显得有些笼统。鲁迅的从意译转向直译，是有明确节点的，即 1909 年《域外小说集》的出版。这个节点，是无论如何不应该忽视的。然而以此为标准把鲁迅的翻译活动划分为两个时期，则有尾大不掉之感——鲁迅的翻译活动一直持续到 1936 年，把 1909 年至 1936 年统统归为一个时期，从时间上来讲有些过于漫长了。因此，笔者考虑以 1929 年的《壁下译丛》为界，将其 1909—1936 年的翻译活动分为两个时期。选择以 1929 年

---

① 《汉语大词典》由罗竹风主编，汉语大词典出版社于 1990 年出版，为汉语学界公认的权威词典，收录词目约三十七万条，五千余万字。

② 『日本国語大辞典（第二版）』为目前日本最权威的辞书工具，由日本小学馆于 2003 年出版。收录词目近五十万条，例句近一百万。词条后多附有「語誌」（语志）栏目，对词语的语源有详细记载，有很高的参考价值。

③ "中研院"近代历史研究所开发的 "《英华字典》数据库" 收录了 1815 年至 1919 年间由西方传教士马礼逊、卫三畏、麦都思、罗存德等人编纂的 24 余部《英华字典》，其中 14 部支持全文检索，在追溯新词词源上可发挥重要作用。详情见：http：//mhdb. mh. sinica. edu. tw/dictionary/index. php。

④ 北大 "CCL 语料库" 是由北京大学中国语言学研究中心建设而成的语料库，分为 "现代汉语" "古代汉语" 两个子库，总字符数超过 7 亿，支持多种检索方式。详情见：http：//ccl. pku. edu. cn：8080/ccl_corpus/。

⑤ "BCC 语料库" 为北京语言大学研发的综合性汉语语料库，提供历时检索功能。详情见：http：//bcc. blcu. edu. cn/hc。

⑥ 「朝日新聞記事データベース・聞蔵 II」是朝日新闻社推出的在线检索数据库，收录了从 1879 年至今的「朝日新聞」报刊全文，是日本最大的新闻类数据库。详情见 https：//database. asahi. com/index. shtml。

⑦ 「中納言コーパス」（中纳言语料库）是日本国立国语研究所开发的大型语料库，其中包含 "日语历史语料库" 子库，可对日语语言演变进行历时性考察。详情见 https：//chunagon. ninjal. ac. jp。

为界，理由主要有二。

1. 内容上的考虑。鲁迅译作的内容各异，有自然科学著作，也有社会科学著作，也有不少小说、随笔类作品。从 1929 年的《壁下译丛》开始，鲁迅的翻译重点转向了无产阶级文艺理论的译介，特别是苏俄文艺理论的译介，以《壁下译丛》为界有助于凸显同一"日化"表现在不同译介内容里的差异。

2. 字数上的考虑。以 1929 年为界进行划分，可令两个分段的鲁迅译著字数做到基本均衡，各为 90 万字左右，有助于凸显鲁迅对各种"日化"表现的使用特点。

因此，笔者将鲁迅的翻译活动大体分为三个时期。

一，翻译活动初期：从翻译《斯巴达之魂》（1903.06）至《域外小说集》（1909.06）出版之前。此段时期内，鲁迅的翻译兴趣主要集中自然科学的译介上，翻译文体多为文言，如《月界旅行》《地底旅行》《造人术》等。

二，翻译活动中期：从《域外小说集》（1909.06）出版至《近代美术史潮论》（1928.02）。此段时间内鲁迅的翻译策略已转向了直译，译介内容涉及各国文艺作品、美术思潮多个方面；在文体上，虽仍存在少量文言译作，但绝大多数已为白话文体。

三，翻译活动后期：从《壁下译丛》（1929.04）出版至鲁迅逝世（1936.10）。在这一时期内，鲁迅的翻译策略依然是坚持直译，但译介内容发生了变化，无产阶级文艺理论成为其主要的译介对象，如卢那卡尔斯基的《艺术论》《文艺与批评》等。

必须加以强调的是，本书的研究重点为现代汉语中的"日化"现象，此分期主要是考虑统计便利的需要而做出的划分，如需进一步考察研究鲁迅翻译文体流变的问题，分期则需进一步细化。

笔者将本书涵盖的鲁迅主要译作及分期情况列举如表 6 所示：

表 6　　　　　　　　　　　　本书涉鲁迅译作简表

	译作	字数	选集来源	总字数
早期 （1903.06—1909.06）	《月界旅行》（1903.10）	4.7 万	《鲁迅译文全集》第 1 卷	7.5 万
	《地底旅行》（1906.03）	2.5 万		
	《哀尘》（1903.06）	0.2 万	《鲁迅译文全集》第 8 卷	
	《造人术》（1906.07）	0.1 万		

续表

译作	字数	选集来源	总字数
《现代小说译丛》（1922.05）	1.6 万	《鲁迅译文全集》第 1 卷	
《一个青年的梦》（1920.01）	9 万		
《爱罗先珂童话集》（1922.07）	7.3 万		
《现代日本小说集》（1923.06）	7.1 万	《鲁迅译文全集》第 2 卷	
《桃色的云》（1923.07）	4.9 万		
《苦闷的象征》（1924.01）	5.1 万		
《出了象牙之塔》（1925.12）	9 万		
《思想·山水·人物》（1928.04）	9.7 万	《鲁迅译文全集》第 3 卷	
《近代美术史潮论》（1928.02）	6.7 万		
《艺术玩赏之教育》（1913.08）	1.3 万		
《社会教育与趣味》（1913.11）	1 万		
《儿童之好奇心》（1913.1）	0.7 万		
《Heine 的诗》（1914.02）	149 字		
《儿童观念界之研究》（1914.11）	0.8 万		
《察罗堵斯德罗序言》（不明）	0.2 万		77.3 万
《察拉图斯忒拉的序言》（1920.08）	0.8 万		
《盲诗人最近时的踪迹》（1921.10）	0.1 万		
《忆爱罗先珂华希理君》（1922.05）	0.4 万	《鲁迅译文全集》第 8 卷	
《观北京大学学生演剧和燕京女校学生演剧的记》（1923.01）	0.3 万		
《A. Petofi 的诗》（1925.01）	0.07 万		
《我独自行走》（1925.03）	0.02 万		
《圣野猪》（1925.05）	0.08 万		
《岁首》（1926.01）	0.08 万		
《罗曼罗兰的真勇主义》（1926.03）	1.2 万		
《小儿的睡相》（1926.06）	0.04 万		
《亚历山大·勃洛克》（1926.07）	0.6 万		
《巴申庚之死》（1926.08）	0.3 万		

中期（1909.06—1928.02）

续表

	译作	字数	选集来源	总字数
中期 （1909.06—1928.02）	《运用口语的填词》（1927.01）	0.3万	《鲁迅译文全集》第8卷	77.3万
	《信州杂记》（1927.11）	0.7万		
	《苏维埃联邦从 Maxim Gorky 期待着什么?》（1928.06）	0.2万		
	《生活的演剧化》（1928.07）	0.2万		
	《贵家妇女》（1928.09）	0.2万		
	《捕狮》（1928.09）	0.3万		
	《关于绥蒙诺夫及其代表作〈饥饿〉》（1928.10）	0.2万		
	《食人人种的话》（1928.09）	0.3万		
	《农夫》（1928.10）	0.7万		
	《跳蚤》（1928.11）	0.04万		
	《坦波林之歌》（1928.11）	0.09万		
	《关于剧本的考察》（1928.11）	0.08万		
	《一九二八年世界文艺界概观》（1929.01）	0.8万		
	《〈雄鸡和杂馔〉抄》（1929.01）	0.1万		
	《LEOV TOLSTOI》（1928.12）	2万		
	《LEOV TOLSTOI》（1928.12）	0.3万		
	《访革命后的托尔斯泰故乡记》（1928.12）	0.8万		
	《蕗谷虹儿的诗》（1929.01）	0.1万		
	《岸呀，柳呀》（1929）	0.01万		
	《波兰姑娘》（1929.04）	0.7万		
	《面包店时代》（1929.04）	0.1万		
	《新时代的豫感》（1929.04）	0.6万		
后期 （1929.04—1936.10）	《壁下译丛》（1929.04）	11万	《鲁迅译文全集》第4卷	101.2万
	《现代新兴文学的诸问题》（1929.04）	2.4万		
	《艺术论》（卢那卡尔斯基）（1929.06）	7.6万		
	《文艺与批评》（1929.10）	8.8万		

续表

	译作	字数	选集来源	总字数
后期 （1929.04—1936.10）	《文艺政策》（1930.04）	8.6万	《鲁迅译文全集》第5卷	101.2万
	《艺术论》（蒲力汗诺夫，1929.10）	6.9万		
	《毁灭》（1931.09）	12.5万		
	《竖琴》（1933.01）	6.1万	《鲁迅译文全集》第6卷	
	《十月》（1933.02）	7.8万		
	《一天的工作》（1933.03）	8万		
	《药用植物》（1936.06）	2.7万	《鲁迅译文全集》第7卷	
	《山民牧唱》（1938.10）	4.5万		
	《爱尔兰文学之回顾》（1929.06）	0.6万	《鲁迅译文全集》第8卷	
	《表现主义的诸相》（1929.06）	0.5万		
	《人性的天才——迦尔洵》（1929.08）	0.5万		
	《契诃夫与新文艺》（1929.12）	0.6万		
	《Ⅵ.G. 理定自传》（1929.11）	0.1万		
	《青湖游记》（1929.09）	0.3万		
	《恶魔》（1929.12）	0.6万		
	《车勒芮绥夫斯基的文学观》（1930.02）	2.8万		
	《现代电影与有产阶级》（1930.01）	1.3万		
	《艺术与哲学·伦理》（1930.02）	0.7万		
	《〈浮士德与城〉作者小传》（1930.06）	0.5万		
	《对于中国白色恐怖及帝国主义干涉的抗议》（1931.08）	0.03万		
	《中国起了火》（1931.08）	0.01万		
	《〈静静的顿河〉作者小传》（1930.09）	0.03万		
	《被解放的堂·吉诃德》（1930.06）	0.7万		
	《〈士敏土〉代序》（1931.1）	0.5万		
	《苏联文学理论及文学批评的现状》（1932.08）	1.4万		

	译作	字数	选集来源	总字数
后期 （1929.04—1936.10）	《海纳与革命》（1933.09）	0.3 万	《鲁迅译文全集》第 8 卷	101.2 万
	《我的文学修养》（1934.07）	0.5 万		
	《赠〈新语林〉诗及致〈新语林〉读者辞》（1934.07）	0.02 万		
	《鼻子》（1934.07）	1.7 万		
	《果戈理私观》（1934.08）	0.4 万		
	《描写自己》（1934.10）	0.05 万		
	《说述自己的纪德》（1934.10）	0.07 万		
	《饥馑》（1934.09）	0.1 万		

词 汇 篇

在语言间接接触中，词汇系统是最容易率先受到影响、发生变化的（朱一凡，2011：127）。甲午战争之前，中国处在文化输出国地位，是日本学习和效仿的对象，大量汉语词汇被日语吸收，成为日语书写系统的一部分。但近代以前的中国也并非完全无视日语的存在，早在南宋时期，罗大经在其所著的《鹤林玉露》卷四《日本国僧》一文中将二十几个日语词汇音译了过来：

僧言其国称其国王曰"天人国王"，安抚曰"牧队"，通判曰"在国司"，秀才曰"殿罗罢"，僧曰"黄榜"，砚曰"松苏利必"，笔曰"分直"，墨曰"苏弥"，头曰"加是罗"，手曰"提"，眼曰"媚"，口曰"窟底"，耳曰"弭弭"，面曰"皮部"，心曰"母儿"，脚曰"又儿"，雨曰"下米"，风曰"客安之"，盐曰"洗和"，酒曰"沙嬉"。

（罗大经，2012：186）

这应是中国人最早的尝试用汉语来描写日语词汇的记录，也可以称之为最原始的"日化"现象。显然，这些音译词都是些对日文词汇发音的临时描摹，有很大的随意性；译者主观上并没有真正的翻译意识，亦无传播的动力，猎奇心理居多。在元明时期，也有一些书籍涉及了日语词汇，如《书史会要》（1376 年成书，陶宗仪编著）、《日本寄语》（1523 年成书，薛俊编著）、《日本馆译语》（约 1492—1549 年间成书，编者不详）等，也收录了一些日语词语（川濑生郎，2015：37），但很快湮没在历史的尘埃中，未对汉语的词汇系统形成真正的影响。这种状况直到近代才发生改变。

1895 年，中国在甲午战争中战败，在巨大耻辱感和危机感的压迫下，清政府于翌年开始派遣留学生赴日，首年派出十三人，随后快速增加，1899 年派出两百多人，1906 年则超过了八千人。直至 1937 年"卢沟桥事变"爆发，中国留学生赴日潮一直没有间断过（实藤惠秀，2012：21—34）。在大批留学生赴日的同时，国内各种日文翻译机构及日文学堂也建立起来：1896 年，京师同文馆增设东文馆，1897 年，上海成立东文学社、大同书局，浙江、福建、天津等地的日文学堂亦相继出现（熊月之，2011：510）。留学热再加上日语热，中国掀起了翻译日书的热潮。据谭汝谦统计，1660—1895 年，中译日书仅有区区 12 部，而日译中书则达到了 129 部（谭汝谦，1980：41）。然而甲午战争后形势逆转，1896—1911 年，中国译日本书总计有 958 部，每年平均译 63.86 部；特别是 1902 至

1904 年间，中国译日本书占到了中国译外文书总数的 60.2%，高于第二位译英国书将近 50 个百分点（张静庐，2003：100—101）。而民国建立后的 1912—1937 年，中国译日本书总计 1759 部，每年平均译 70.36 部（谭汝谦，1980：41）[①]。伴随着中译日书的热潮，汉语和日语的接触频度大大增加，日语词汇对汉语产生影响的客观条件成熟了。值得一提的是，清末民初之所以汉语中出现了大量日语汉字词汇，与日本的汉语词汇在明治时代（1868—1912）的爆发式增长有关。日语书写系统的组成，可分为「和語」「漢語」「混種語」「外来語」四种。如图 1 所示，自古以来，

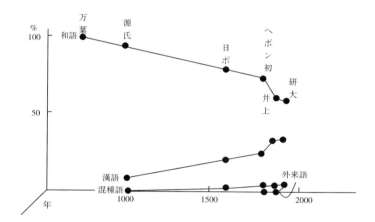

图 1　日语文字系统中各「語種」构成比例趋势图[②]

---

①　此外，晚清民国的翻译书籍中，存在相当数量的译自日语的作品被"隐姓埋名"现象。由于缺乏严格的翻译规范，有大量译者在国内发表译作时并未标注所据底本出自何国、写自谁手，只署了译者姓名，导致大量源自日语底本的作品在后人的统计目录里成了漏网之鱼，未被当作翻译作品收录；还存在明明是从日文转译，却不加说明，直接标榜为西文直译，可谓"挂羊头卖狗肉"。有学者曾描述过如此怪象："一班投机的译者都从日文中找到外国书的译本，糊里糊涂地译了过来，在广告和封面上都大吹大擂说是由西文原书直译。……翻开新书一看，十有八九是东洋的来路货。"参见若虚《评中国著译界》，《中国新书月报》第 1 卷第 2 期，1931 年 1 月，转引自王奇生《民国时期的日书汉译》，《近代史研究》2008 年第 6 期。基于此原因，我们若做进一步考证，中译日书的统计数量恐会进一步增多。

②　基于日本语言学家宫岛达夫原图重绘，原图参见宫岛達夫「現代語いの形成」，日本国立国语研究所编『言葉の研究 3』，秀英出版 1967 年版，第 12 页。图中从左至右，「万葉」指的是『万葉集』（成书于 7—8 世纪），「源氏」指的是『源氏物語』（成书于 11 世纪初），「日ポ」指的是『日ポ辞書』（1603—1604），「ヘポン初」指的是ジェームス・カーティス・ヘポン（James Curtis Hepburn）于 1867 年编写的辞书『和英語林集成（初版）』，「井上」指的是井上十吉于 1909 年编写的『新訳和英辞典』，「研大」指的是日本研究社于 1954 年编写的『新和英大辞典』。

在各类日语的文字资料中，「和語」所占比例最大，「漢語」次之，且一直在增长缓慢。但在明治时代，「漢語」的比例出现了爆发式增长。这得益于日本人翻译西书活动。面对西书中众多的新事物、新概念，日本人利用汉字的造词能力创造了大批新词，其中大部分都是「漢語」（高野繁男，2004：4），从而造成了「漢語」在明治时代出现了急速的增多。这些用来对译西方新事物、新概念的汉语词汇，对同样渴望了解西方的中国人来讲是现成的便利，拿来即可用，从而造成了大量日语词汇进入了汉语词汇系统。

在这样的历史背景下，我国的一些常翻译日本文字的作家笔下，出现了大量从日语中借来的汉字词。

比如，在梁启超（1873—1929）的著译作品中，出现了很多直接借用自日语的汉字词，如下两例：

1. 以国家盛运而自期。奖励外人之移住。利用外国之资本。破古来国人重官爵而轻天爵。傲清贫而贱商利之陋。

（柴四郎，《佳人奇遇》，梁启超译）

2. 日本自维新三十年来。广求智识于寰宇。其所著有用之书。不下数千种。而尤详于政治学。资生学。即理财学。日本谓之经济学。智学。日本谓之哲学。群学。日本谓之社会学。等。皆开民智强国基之急务也。

（梁启超，《论学日本文之益》）

在吴梼所译的《灯台守》中，也有不少借自日语的词语，如：

3. 这一下子。灯台的位置。变成空虚。

（田山花袋，《灯台卒》，吴梼译）

4. 而这南方的人。个个都是懒惰性成。带着漂泊沉沦的性质。

（田山花袋，《灯台卒》，吴梼译）

另外不得不提的，就是周氏兄弟了。在此略举两例：

5. 运命是什么意思，给我这样的小康，那可不知道。

（有岛武郎，《与幼小者》，鲁迅译）

6. 文章也妙，主意更是<u>大赞成</u>。

（国木田独步，《巡查》，周作人译）

从图 1 可以看出，到了『新訳和英辞典』（1909）的时代，「漢語」在日语中所占比例稳定了下来。经历了激烈的造词热潮，新产生的汉语词汇进入了积累积淀期。而周氏兄弟的翻译活跃期，就是在这一时间点之后，相比翻译活动开始更早的梁启超、吴梼等人，考察周氏兄弟笔下的日源汉字词汇，能更全面地反映已经较为成熟的日语词汇系统对汉语造成的影响。限于篇幅，在本篇中，笔者把关注点聚焦到鲁迅的翻译文字上，分别考察鲁迅译文中的"日化"词汇的概况及"可能""必要"两个日源词汇在鲁迅译文中的具体使用情况。

第一章

鲁迅译文中的"日化"词汇

本书中所谓的"日化"词汇，主要指的是日源汉字词汇。关于近代中日词汇交流方面的研究成果很多，其中也包括了一些涉及鲁迅文本的研究，如上野惠司（1979）、倪立民（1981）、陈仲奇（2005）、张霞（2009）、徐佳梅（2012）、常晓宏（2014）等，都对鲁迅作品中的日源汉字词汇的使用情况进行了探讨，但研究对象大都拘泥在鲁迅的创作作品，较少涉及鲁迅译文。本章则以鲁迅的译作为焦点，对鲁迅译作中的日源汉日同形词的数量、分布情况及典型词汇做一概观，以期抛砖引玉。

第一节　鲁迅译文中的日源汉日同形词概况

一　"日语借词"与"日源汉日同形词"

对于从日语借用来的词汇，学界有不同的命名。如高名凯与刘正埮（1958）使用了"外来词"的概念，指在"本语言中吸收的外语词汇"，并将其中源自日语的词汇称为"日语来源的外来词"，马西尼（1997）、倪立民（1997）、刘禾（2002）也使用了这一名称。冯天瑜（2004）则采用了"日源汉字新语"这一名称。然而更多学者习惯使用"日语借词"这一术语。孙长叙（1956）在《汉语词汇》中把"按照汉语习惯直接采用外来语原词语音或书写形式"的词汇定义为"借词"，并首先使用了"日语借词"的说法，此后王立达（1958b）、北京师范学院中文系汉语教研组（1959）、朱京伟（1994）、陈力卫（1995）、沈国威（2010）等人都延续使用了这一名称。顾名思义，"日语借词"指的是汉语从日语中借来的日语词汇。这一术语名称能得到广泛认可，关键在于其抓住了汉日语词汇交流的特殊性：从日语进入汉语的词汇，大多数是没有经过翻译这一环节的，而是利用中日共用汉字的便利，以汉字形式直接进入了汉语，几乎未发生书写形式的变化。"借词"二字，更能准确反映中日词汇交流多通过"借形"进行的特质，比"外来词""新语"等叫法更确切，也更直观。但"日语借词"这一术语也并不能称之为"完美"，长期以来，为了追求研究的实用性，相关学者往往给日语借词附加了"这些词语已在现代汉语语境中固定下来"这一隐性条件。① 这一条件的存在有利于日语借词研究的聚焦，但同时也导致了一个问题：很多没有在现代汉语中固定下来的日源词语会被过滤掉，从而无法反应中日词汇交流的全貌。事实上，有学者虽然依然采用了"日语借词"这一称呼，但在研究中也照样把未在汉语中固定下来的词语包含了进去，比如常晓宏（2014）所整理的鲁迅作品中的"日语借词"中，就包含了"炭田""台地""默杀""半阴阳"等并未在现代汉语中落地生根的日源词语。严格来讲，这类词语是不能被称为"日语借词"的，但由于研究完整性的需要，完全排除掉却又是不合理的。为避免概念混淆，在本节中笔者不使用"日语借词"这一术语，而是采用"日源汉日同形词"的说法。相比"日语借词"，"日源汉日同形词"的说法既可反映汉语中的日源词语多为"借形语"的特征，又尽可能地兼顾到曾经出现在汉语系统中但最终没固定下来的日源词语。这对反映鲁迅译文日源词语的全貌是有积极意义的。

二　鲁迅译文中日源汉日同形词的判定步骤

（1）抽取汉日同形词

由于中日两国都使用汉字作为正式的书写符号，这使得汉日两国之间存在长久的依靠于"借形"的文字交流传统。甲午战争之前，中国的词汇大量传入日本，成为日本建立自己书写系统的关键，并为日本早期的"兰学"翻译提供了助力；甲午战争之后，大量的"和制汉语"及"回归语"又进入了现代汉语的书写系统，为中国人学习西方搭建了桥梁。两国在词汇交流上的"你来我往"，大都是以"借形"的方式进行的，这导致汉日语中存在大量的同形词；而中日双方书籍的互译，则是中日双方汉

① 如朱京伟曾对"日语借词"设置了两条判断标准：一是该词语必须来源于日语，二是该词语必须真正在汉语中固定下来。参见朱京伟《现代汉语中日语借词的辨别和整理》，《日本学研究》1994年第3期。

字交流得以进行的具体渠道。因此，提取鲁迅译文中的汉日同形词，是查找"日源汉日同形词"的第一步。笔者将通过文本对读的方式，并参考日语辞书『日本国語大辞典（第二版）』（2003）、汉语辞书《汉语大词典》（1990）所列词条，在鲁迅译作中提取汉日同形词，在此基础上进一步进行日源汉日同形词的筛选工作。此项工作虽然繁重，但可以最大限度上减少出现疏漏的可能，保证研究的科学性。

（2）摘出已确定的日源汉日同形词

由于日语借词的相关研究存在丰硕的前期成果，为避免重复劳动，提高效率，笔者将参考已有的汉日词汇交流研究成果，与步骤（1）中筛选出的汉日同形词进行比对，直接摘出鲁迅译文中存在的已经过研究者确认的日源汉日同形词。可参考的研究成果主要有：王立达（1958）列出的589词，高名凯、刘正埮（1958）列出的436词，刘正埮（1984）列出的893词；朱京伟（1994）列出的607词；刘禾（2002）列出的1202词，沈国威（2010）列出的102词；常晓宏（2014）列出的1180词。为了尽量减少遗漏，笔者将上述研究成果中的日语借词做统合处理。

（3）对剩余的汉日同形词逐一排查，确定是否为日源词汇

本书所谓的"日源"，包含下面两种情况：一，某词语本只存在于日语，后经传播进入了现代汉语，在古汉语中并不存在（如"主观""客观""阶级""共产主义"等词）；二，某词语虽在古汉语中也存在，但被日语借去用来表达新的意义，与古汉语中的原义有较大区别（如"经济""社会""关系"等词）。只有满足这两个条件之一，才可被称为"日源"。在排查手段上，主要借助汉日语双方的工具书及语料库资源：汉语方面主要利用《汉语大词典》（1990）、爱如生中国基本古籍库、爱如生中国近代报刊库，"中研院"近代史研究所的《英华字典》数据库；日语方面主要利用『日本国語大辞典（第二版）』（2003）及日本国立国语研究所语料库开发中心的「近代語のコーパス」（现代语语料库）及「朝日新聞記事データベース・聞蔵Ⅱ」（朝日新闻数据库）。具体排查步骤如下：

a. 在《汉语大词典》（1990）、爱如生中国基本古籍库、爱如生中国近代报刊库中对汉日同形词进行逐一查询，如有古代汉语出典，则直接排除；如在清末民初文献中出现，则初步确认为疑似日源词汇。

b. 在《华英字典》数据库中查询该词，如有相关词条，则确认该词

为传教士所创，进而排除；若无相关词条，则进一步确认为疑似日源词汇。

c. 在日方的『日本国語大辞典（第二版）』（2003）、「近代語のコーパス」及「朝日新聞記事データベース・聞蔵 II」中查询该词，如有明确出自日语的证据［如『日本国語大辞典（第二版）』（2003）中的「語誌」部分的说明］，则直接摘出；如没有直接证据，则确认该词在日语中的大致首出时间，并与 a 步骤中该词在现代汉语中的大致首出时间进行对比，确认先后关系，从而确认是否为日源词汇。

三　鲁迅译文中的日源汉日同形词

（一）鲁迅译文中的日源汉日同形词概况

笔者在鲁迅译文中共抽取了一万八千余条日汉同形词。经过进一步筛选、鉴定，确认其中 4060 条为日源汉日同形词。为方便分析，笔者将这些词语在字数与学科两个维度上进行了细化，基本情况见表 7：

表 7　鲁迅译文中的日源汉日同形词概况

字数＼学科	一字词	二字词	三字词	四字词	五字词	六字及以上	总计
自然科学	5	391	352	121	12	1	882（21.7%）
社会科学	0	932	865	620	102	10	2529（62.3%）
日常生活	0	336	281	32	1	0	650（16%）
总计	5（0.1%）	1659（40.9%）	1498（36.9%）	773（19%）	114（2.8%）	11（0.3%）	4060（100%）

常晓宏（2014：91）曾对鲁迅的创作作品进行了考察，在鲁迅作品中确认了 1180 个日源词语。从数量上来看，鲁迅译作中多达 4060 例的规模要"壮大"了很多。鲁迅译作中之所以出现如此数量众多的日源汉日同形词，主要有以下两个原因。

第一，鲁迅是崇尚直译的，对很多日语原文中的日汉同形词采取了照搬的策略，导致日源日汉同形词的数量大涨，在鲁迅译作中的日源汉日同形词里，可以看到不少在普通读者眼中似懂非懂、亦或完全不懂的词，如：

毒筆	画伯	劍劇	脚光	末人	全紙
素因	心材	原人	昼顔	阿仙薬	鬼千匹
君影草	山独活	天然痘	无生物	旋盤工	観念形態
類似療法	六十余州	生地壁画	五倍子虫		

第二，笔者采取了一一排查的做法，过程虽然艰辛，也耗时甚多，但依靠此法找出了很多以前并未被确认的日源汉日同形词，如：

保健	憧憬	考慮	黙認	下野	飲料
名詞	男生	魅力	勿忘草	馬鈴薯	
主人公	四海同胞	冷酷无情	相互扶助	拍手喝採	
急転直下	粗制濫造①				

关于鲁迅译作中日源汉日同形词的全貌，请参看本书的附录。必须承认，由于词汇的抽取、判定步骤纷繁复杂，再加上资料的限制，笔者的统计或许存在疏漏或误判之处，期待日后能予以进一步完善。以下篇幅，笔者将从字数分布、学科分布、代表词汇三个方面对鲁迅译作中的日源汉日同形词进行考察。

第二节 鲁迅译文中的日源汉日同形词的字数分布

从上节的表7我们可以看出，鲁迅译文中的日源汉日同形词在数量上的大致特点：二、三字词最多，四字及四字以上词汇次之，一字词最少。在本节中，我们来具体考察一下鲁迅译文中的日源汉日同形词的特点。

---

① "相互扶助""拍手喝採"在汉语中更类似于"2+2"的词组，并未固定成词；然而在『日本国語大辞典（第二版）』（2003）中，这样的词组是被当作整词进行收录的。由于本书考察的对象为鲁迅的译作，故词语的认定暂时以日语词典是否收录为优先标准。因此，在本章中及本论附录中收录的各种多音节词汇中会出现一些在汉语语境中更适合称为词组的词汇。这并非笔者缺乏对词语与词组区别的考量，而是出于体现鲁迅译文与日语原文紧密关系的需要。

（1）一字词

一字词的日源汉日同形词中数量最少，只有 5 个，只占总量的 0.1%。它们分别是：

　　呎　吋　科　属　腺

值得注意的是，此类汉日同形词都集中在自然科学领域。「呎」「吋」都是测量单位，分别为 "foot"（英尺）、"inch"（英寸）的译语；「科」「属」为 "aceae" "genus" 的译语，是植物分类学中的两个类别；「腺」则为 "gland" 的译语，属于医学用语。鲁迅在译作中使用的这 5 个日源词语中，「呎」「吋」已经被淘汰了，「科」「属」「腺」则在现代汉语中固定了下来。据王立达（1958a）与朱京伟（1993）考证，除了以上几个一字词外，现代汉语中还有「哩」「瓱」「台」「瓦」「噸」「膣」等一字词也是日源词汇，这些在鲁迅的译作中并未出现。

（2）二字词

在现代汉语词汇中，双音词（二字词）是占据主体地位的。据统计，《现代汉语频率词典》中使用度最高的 9000 词中，单音词、双音词、三音节及以上词所占比例分别为 26.7%、69.8%、3.5%（陆俭明、李英，2014：57—58）；《现代汉语大辞典》中双音词则占了全部词汇的 63.14%（诸葛苹，2001：40）。也就是说，现代汉语中双音词占到了总词汇量的六成以上。然而双音词的主体地位并非自古如此，汉语词汇是经历了以单音词为主到以复音词为主（主要是双音词）的渐变过程的（王力，1958：396；程湘清，1992：45）。但我们发现，在历史长河中，汉语双音化的进程是比较缓慢的，蒋冀骋统计了从《论语》到《世说新语》再到《红楼梦》等 7 部古典文学作品（先秦至清代，跨度约两千二百年），发现其中的复音词比例从 2.4% 上升到了 18%（冯胜利，2013：173—174），虽称得上增长显著，但依然没有超过两成。由于双音词包括在复音词中，我们可以判断，其中双音词所占比例只可能比 18% 更少，这与现代汉语中双音节词高于六成的现状是有很大差距的。事实上，汉语复音化的进程是在清末民初出现显著加速的，而这与外语的刺激是分不开的。王力（1958：396—397）认为，翻译外国的名词和术语是汉语复音化（主要是双音化）的一个重要来源。这一点在鲁迅译作中也非常明显，鲁迅译作中的汉日同形词中，复音词（二字词及以上）占了绝大多数，单看二字词的话，也占到了 40.9% 的比例，其中出现了各种名词、术语，涵盖了政治、经济、军事、生物、医学、数学、地质、文学、教育、语言文字各个领域。现列举其中一些代表性例子：

政治类：

暴動　赤旗　赤色　党員　反動　閣員　工会　公民　共産　共和
国籍　国際　極左　階級　労農　農奴　団員　下野　協約　議案
議員　右翼　政見　政局　政治　殖民　左翼

经济类：

保険　産出　低廉　会社　価格　経済　経済　就業　労資　企業
商標　商店　生産　輸出　輸入　特価　債券　資本

军事类：

白軍　本隊　大佐　復員　工兵　火線　艦隊　軍曹　軍閥　逆襲
少尉　司令　梯隊　憲兵　戦線　装甲

生物类：

胞子　標本　雛菊　触角　冬眠　害虫　花冠　退化　温床　物種
細胞　血統　原人　種皮　子房

医学类：

病毒　充血　分泌　鼓膜　過敏　汗腺　化膿　接種　痙攣　静脈
慢性　色盲　神経　声帯　湿疹　視力　体温　聴覚　瞳孔　網膜
胃癌　温覚　性欲　嗅覚　血清　義足

教育类：

博士　講師　講座　教材　教程　教授　通学　学費　学風　学会
学界　学歴　学齢　学年　学士　学説　学位　助教

语言文字类：

動詞　副詞　冠詞　国語　名詞　母語　欧文　品詞　人称　術語
頭韻　虚線　語彙　語学

数学类：

反比　公理　公式　基線　図表　正比　正則　制図　中点

天文地理类：

地殻　地軸　海抜　海流　海峡　河床　黒潮　惑星　極東　極光

近東　流域　青星　日像　月界

文学艺术类：

版画　版権　伴奏　悲劇　編訳　插画　川柳　創刊　耽美　弾奏

短歌　歌劇　巨匠　楽隊　冷罵　美学　名著　沙翁　社説　提琴

童話　唯美　新劇　訳筆　訳稿　意訳　音階　原著　圓舞　雑誌

再版　戦記　直訳

（3）三字词

姚汉铭（1998：164）认为："当今的汉语词汇正在向四音节、三音节为主的多音词发展。"鲁迅译文中的汉日同形词也反映了这一点，三音节词占到了36.9%，与双音词几乎相当，与《现代汉语频率词典》中三音节及以上词汇只占3.5%的格局有很大不同。马西尼（1997：110）说："三音节词大部分是从日本传入中国的。"而三音节词中，有一种构词方式很常见：表示抽象概念的单个语素与双音词结合，形成"前缀+双音词"或"双音词+后缀"的新词。这种构词方式受日语影响很大。王力（1984：467）曾提及"化""性""度""品""家""者"等后缀，认为它们都是从英文翻译而来，虽并无谬误，然而众多的研究成果表明，大多三字词的前缀亦或后缀是经日本人翻译后再进入汉语的（北京师范学院中文系汉语教研组，1959：108；潘允中，1982：38—39；朱京伟，2011：64）。鉴于这一构词方式的代表性，笔者在此列举一些鲁迅译作中出现的"前缀+双音词"及"双音词+后缀"组成三音节词的典型例子。

1. 前缀+双音词：

「無」打头的：

無産者　無党派　無抵抗　無感覚　無患子　無教育　無批判

無神論　無生物　無条件　無政府　無秩序　無宗教

「不」打头的：

不成立　不承認　不徳義　不定形　不規則　不健康　不健全

不経済　不利益　不名誉　不明朗　不平家　不熱心　不人情

不適当　不適応　不条理　不同意　不一致　不正確　不忠実

不作為

「非」打头的：

非合理 　非人格 　非文化 　非戦論

「未」打头的：

未成年 　未成品 　未発表 　未開国 　未知数

「新」打头的：

新大陸 　新発見 　新発明 　新紀元 　新教徒 　新教育 　新階級

新歴史 　新批評 　新傾向 　新生活 　新生面 　新生命 　新時代

新思潮 　新文化

「旧」打头的：

旧世界 　旧文化

「大」打头的：

大本営 　大変動 　大変事 　大部分 　大打撃 　大都市 　大工場

大国民 　大回転 　大会社 　大機械 　大機運 　大恐慌 　大森林

大勝利 　大時代 　大事件 　大試験 　大通人 　大統領 　大新聞

大学生 　大学校 　大学院 　大学者 　大原野 　大資本 　大自然

「中」打头的：

中生代 　中世紀 　中童子 　中学校

「小」打头的：

小道具 　小劇場 　小品文 　小人物 　小商人 　小市民 　小夜曲

「別」打头的：

別世界 　別問題 　別動隊

「超」打头的：

超現実 　超自然

「純」打头的：

純精神 　純文学 　純物質 　純芸術

「副」打头的：

副産物 　副知事 　副作用

「全」打头的：

全人類 　全生涯 　全盛期 　全速力 　全体論 　全系列 　全音階

「前」打头的：

前時代 　前世紀 　前舞台 　前意識

「半」打头的：

半病人　半世紀　半透明　半意識　半音階　半制品

「総」打头的：

総攻撃　総選挙

「最」打头的：

最高峰　最前列　最新式　最大限　最小限　最大級

「再」打头的：

再評価　再入学

2. 双音词+后缀：

「学」结尾的：

病理学　博物学　財政学　測地学　地理学　地震学　地質学
動物学　古文学　機械学　教育学　解剖学　経済学　理化学
歴史学　美文学　気象学　人類学　社会学　審美学　生物学
水力学　統計学　土壌学　物理学　心理学　言語学
音響学　芸術学　政治学

「者」结尾的：

敗残者　関係者　保護者　背教者　被害者　被虐者　被選者
産業者　倡導者　成年者　出版者　出身者　従業者　担任者
当事者　敵対者　多数者　堕落者　反対者　妨害者　分業者
改宗者　革新者　技術者　講演者　絶対者　開拓者　科学者
劣敗者

「性」结尾的：

暗示性　爆発性　必然性　創造性　単元性　党派性　道徳性
独創性　悪魔性　反射性　複雑性　感受性　革命性　共感性
共通性　国民性　合適性　揮発性　具体性　民族性

「力」结尾的：

把握力　爆発力　抵抗力　独創力　構想力　機械力　記憶力
緊張力　精神力　決断力　耐久力　批判力　破壊力　親和力
求心力　生産力　生活力　生命力　影響力

「化」结尾的：

民主化	白熱化	標準化	抽象化	単純化	多様化	分業化
個性化	工業化	近代化	具体化	軍国化	科学化	理想化
劣等化						

「論」结尾的：

抽象論	単税論	反対論	汎神論	方法論	非戦論	感覚論
観念論	機械論	進化論	決定論	理想論	認識論	唯理論
唯物論	唯心論					

「場」结尾的：

鍛冶場	工作場	交際場	競走場	停車場	停留場	温泉場
養蜂場	游歩場	運動場	撞球場			

「品」结尾的：

半製品	販売品	付属品	工芸品	加工品	奢侈品	生産品
食料品	嗜好品	輸出品	完全品	未成品	医薬品	印刷品
営養品	戦利品					

「物」结尾的：

被造物	出版物	創作物	分泌物	副産物	公刊物	記念物
建造物	建築物	刊行物	目的物	農産物	農作物	排泄物
微生物	塩基物					

「界」结尾的：

財政界	出版界	動物界	教育界	経済界	精神界	浄罪界
社交界	思想界	天堂界				

「剤」结尾的：

催眠剤	防腐剤	甘味剤	緩下剤	健胃剤	麻酔剤	媒染剤
強心剤	駆虫剤	興奮剤				

「党」结尾的：

保守党	第三党	多数党	反対党	改進党	革命党	共産党
共和党	国権党	労働党	民主党	社会党	虚无党	自由党

「法」结尾的：

表現法	側線法	対位法	分析法	換気法	考察法	誇張法
論理法	生活法	問答法	形式法	修辞法	演繹法	遠近法

「家」结尾的：

博識家　博物家　財政家　創作家　慈善家　発明家　法律家
革命家　化学家　活動家　経世家　科学家　酷評家　理論家
歴史家　旅行家

「会」结尾的：

参事会　慈善会　共済会　合評会　理事会　評議会　委員会
文学会　午餐会　研究会

「心」结尾的：

愛国心　猜疑心　大和心　党派心　独立心　競争心　投機心
忠実心

「店」结尾的：

代理店　理髪店　飲食店

「派」结尾的：

白樺派　官僚派　吃音派　多数派　分離派

「式」结尾的：

構造式　官僚式　交際式　結婚式　開会式　礼拝式　日本式

「人」结尾的：

代理人　都会人　発起人　発信人　公証人　管理人　社会人

「風」结尾的：

東洋風　都市風　日本風

「師」结尾的：

理髪師　魔術師　薬剤師　制薬師　鋳型師

「児」结尾的：

低能児　混血児　快男児　私生児　幸運児　自然児

「感」结尾的：

生命感　正義感

「費」结尾的：

広告費　生活費

「権」结尾的：

代表権　公民権　生存権　所有権　支配権

「地」结尾的：

策源地　産出地　処女地　根拠地　集合地　写真地

「術」结尾的：

変装術 催眠術 航海術

「人」结尾的：

代理人 都会人 発起人 発信人 管理人 鑑定人 清算人

「観」结尾的：

歴史観 人生観 宿命観 厭世観 芸術観

「所」结尾的：

裁判所 発電所 発行所 会議所 派出所 事務所 刑務所

「号」结尾的：

創刊号

「狂」结尾的：

拝物狂 理想狂 色情狂

「点」结尾的：

出発点 共通点 接触点 類似点 立脚点 平均点 始発点

「期」结尾的：

先史期 中間期 転換期 壮年期

(4) 四字词

鲁迅译文中也存在一些四字日源汉日同形词，占到了总量的19%。相比二字词、三字词，数量要少了很多。从构词方式上来讲，主要采取的是"双音词+双音词"的复合构成方式。在此也列举一些鲁迅译文中有代表性的四字词：

「社会」开头的：

社会道徳 社会集団 社会科学 社会生活 社会問題 社会現象
社会小説 社会心理 社会学部 社会運動 社会政策 社会制度
社会秩序 社会主義

「階級」开头的：

階級闘争 階級構成 階級国家 階級社会 階級文化 階級心理
階級意識 階級意欲 階級芸術 階級政党

「芸術」开头的：

芸術本位 芸術都会 芸術劇場 芸術理論 芸術批評 芸術評論

芸術生活　　芸術価値　　芸術文学　　芸術問題　　芸術学校　　芸術意欲
芸術運動　　芸術戦線

「文化」开头的：

文化闘争　　文化革命　　文化工作　　文化生活　　文化世界　　文化事業
文化水準　　文化運動　　文化戦線

「自己」开头的：

自己保存　　自己否定　　自己告白　　自己観察　　自己満足　　自己矛盾
自己批判　　自己紹介　　自己犠牲　　自己意識

「自然」开头的：

自然発生　　自然法則　　自然科学　　自然描写　　自然神教　　自然淘汰
自然現象

「自由」开头的：

自由奔放　　自由行動　　自由競争　　自由世界　　自由意志　　自由運動
自由主義

「高等」开头的：

高等動物　　高等教育　　高等試験　　高等数学　　高等学校

「革命」开头的：

革命文学　　革命運動　　革命戦線

「精神」开头的：

精神分析　　精神労働　　精神生活　　精神文明　　精神作用

「心理」开头的：

心理描写　　心理小説　　心理学家　　心理学者　　心理作用

「主義」结尾的：

愛国主義　　愛他主義　　敗北主義　　保守主義　　表現主義　　博愛主義
産業主義　　耽美主義　　帝国主義　　独善主義　　悪魔主義　　放任主義
封建主義　　改良主義　　個人主義　　共産主義　　功利主義　　貴族主義
国家主義　　国民主義　　合理主義　　急進主義　　家族主義　　進歩主義
禁欲主義　　精神主義　　絶対主義　　君権主義　　軍国主義　　客観主義
快楽主義　　浪漫主義　　理想主義　　利己主義　　利他主義　　民本主義
民治主義　　民主主義　　平等主義　　平和主義　　平民主義　　人道主義
人格主義　　人文主義　　人道主義　　人格主義　　人文主義　　日本主義
社会主義　　実証主義　　瑣末主義　　唯物主義　　未来主義　　真勇主義

「階級」结尾的：

地主階級　　第三階級　　第四階級　　労働階級　　隷属階級　　農民階級

前衛階級　　勤労階級　　上層階級　　上流階級　　市民階級　　特権階級

無産階級　　下層階級　　智（知）識階級

「系統」结尾的：

神経系統　　思想系統　　文学系統　　哲学系統

「組織」结尾的：

社会組織　　神経組織　　脂肪組織

「分子」结尾的：

構成分子　　智（知）識分子

「作用」结尾的：

精神作用　　圧縮作用　　生理作用　　相互作用　　心理作用

「社会」结尾的：

近代社会　　上流社会　　下層社会　　下等社会　　下流社会

「学校」结尾的：

高等学校　　工業学校　　盲唖学校　　美術学校　　商業学校　　師範学校

実科学校　　実業学校　　士官学校　　音楽学校　　芸術学校　　専門学校

（5）五字词

鲁迅译文中的五字日源汉日同形词数量不多，占到总量的 2.8%。主要的构词格式可以分成两种，要么由单字词缀与四字词复合而成，要么由双音词与三音节词复合而成。

单字词缀+四字词：

被搾取階級　　大金融資本　　旧支配階級

四字词+单字后缀：

神経衰弱症　　十二指腸虫　　資本主義者

双音词+三音节词：

教育委員会　　精神物理学　　局所麻酔剤

三音节词+双音词：

共産党宣言　　生殖器崇拝　　無産者戦線

（6）六字词及以上

鲁迅译文中的六字及以上的日源汉日同形词数量最少，只有 11 个，只占总量的 0.3%，全数列举如下：

不等辺平行方形	非資産階級主義	国際労働者階級
国立学術委員会	基督教社会主義	社会主義共和国
无産者教育機関	資産階級文学者	無産階級作家同盟
最高美術教育機関	国際社会主義者会議	

第三节　鲁迅译文中日源汉日同形词的学科分布

为进一步展现鲁迅译文中汉日同形词的使用特征，笔者将鲁迅的汉日同形词分成自然科学、社会科学、日常生活三大类略作考察。

清末民初是我国译日本书的活跃期。据统计，自 1896 至 1937 年间，中国译日本书共计 2717 部，其中包含自然科学类 664 部，占到了 24.4%，而社会科学类（文学、社科、史地、艺术等类）则占到了 75.6%（谭汝谦，1980：41），后者要显然多于前者。鲁迅的翻译活动也大致印证了这个倾向，在鲁迅的译作中，有关自然科学类的书籍也是较为有限，终其一生，鲁迅只翻译了《月界旅行》（1903）、《地底旅行》（1906）、《造人术》（1906）、《药用植物及其他》（1930）四部与自然科学有紧密关系的作品，总共将近 8 万字。而鲁迅整个翻译生涯留下了总计将近 300 万的翻译文字，粗略计算一下，鲁迅所译的自然科学类作品只占总字数的 2.7% 左右。由此观之，鲁迅译作中能出现 21.7% 的自然科学类日源汉日同形词，数量已不算少。1906 年，鲁迅因经历了"幻灯事件"，做出弃医从文的决定，其翻译活动也随之发生了转变，译介对象从科学小说全面转向了人文社科类作品。鲁迅译作中人文社科类的日源汉日同形词占到 62.3% 的比例，亦称得上合理。为对鲁迅译作中的日源汉日同形词有更直观的了解，在此分别列举一下各类别中的高频词（篇幅所限，只分别列举二三四字词中的出现频次前 30 位、10 位、5 位。词后括号中数字为出现频次。）

在自然科学类别，鲁迅译文中的日源汉日同形词出现频次较高的主要有：

二字词：

空気（228）	時間（127）	器官（94）	本能（94）
成分（89）	種族（86）	知覚（83）	雨蛙（73）
神経（66）	人種（61）	工業（59）	原料（57）
実験（56）	痙攣（55）	空間（50）	健康（50）
分子（49）	律動（48）	表面（47）	重量（45）
汽船（44）	電灯（42）	視覚（40）	工場（40）
西欧（39）	姿勢（38）	労作（38）	試験（32）
金属（32）	電車（32）		

三字词：

多年草（64）	生命力（64）	福寿草（42）	生物学（25）
月下香（22）	薬剤師（22）	看護婦（22）	勿忘草（20）
果樹園（17）	配糖体（15）	釣鍾草（14）	昇降機（14）
凱旋門（14）	人種学（13）	几何学（12）	利尿薬（12）
生理学（12）	自然界（11）	物理学（11）	主成分（11）
精神病（11）	月世界（11）	催眠術（10）	自動車（10）
薄荷脳（9）	機関車（9）	植物学（8）	一年草（8）
暗紅色（7）	水平線（7）		

四字词：

薬用植物（47）	下瀬火薬（9）	下等動物（8）	神経衰弱（8）
野戦病院（8）	神経過敏（8）	機械文明（6）	機械工業（5）
大英帝国（5）	精神病学（4）	精神病院（4）	雌雄異株（3）
反芻動物（3）	紅藻植物（3）	肉食動物（3）	吸血蝙蝠（3）
加水分解（3）	皮下注射（3）	衛戍病院（3）	誇大妄想（3）
市街電車（3）	冰河時代（2）	哺乳動物（2）	針叶樹林（2）
有毒植物（2）	个体発生（2）	産業革命（2）	自然現象（2）
実地試験（2）	消化不良（2）		

在社会科学类别，鲁迅译文中的日源汉日同形词出现频次较高的主要有：

二字词：

芸術（1837）	思想（1076）	作品（1035）	社会（811）
階級（732）	主義（685）	革命（580）	関係（493）
内容（391）	存在（353）	歴史（349）	文化（349）
個人（311）	世紀（309）	政治（306）	発表（289）
目的（255）	文明（248）	現代（247）	理論（227）
雑誌（223）	出版（215）	意識（211）	社長（201）
童話（198）	警察（186）	象徴（182）	簡単（173）
哲学（172）	宗教（170）		

三字词：

芸術家（458）	労働者（277）	批評家（208）	无産者（145）
无意識（112）	大学生（98）	政治家（94）	文学者（92）
思想家（82）	委員会（73）	美術史（71）	義勇兵（70）
抒情詩（67）	新時代（59）	芸術品（58）	風景画（57）
小市民（55）	歴史上（52）	印象派（50）	右衛門（49）
世界観（48）	資本家（48）	唯物論（45）	大統領（45）
未来派（43）	過渡期（41）	小学校（40）	共産党（38）
文芸家（34）	哲学者（33）		

四字词：

無産階級（1022）	社会主義（297）	有産階級（215）
観念形態（112）	表現主義（93）	写実主義（91）
資本主義（91）	個人主義（86）	自由主義（77）
古典主義（69）	共産主義（66）	階級斗争（65）
理想主義（63）	第四階級（55）	十月革命（51）
支配階級（43）	社会問題（34）	文芸復興（34）
象徴主義（33）	帝国主義（33）	文芸批評（29）
唯物史観（25）	智（知）識階級（24）	
人道主義（23）	時代精神（22）	形而上学（21）
革命文学（21）	世界大戦（21）	文化生活（20）
印象主義（20）		

在日常生活类别，鲁迅译文中的日源汉日同形词出现频次较高的主

要有：

二字词：

幸福（394）　　傾向（308）　　反対（232）　　興奮（140）
緊張（119）　　提出（115）　　正確（114）　　広場（105）
欲望（93）　　　表情（91）　　　熱烈（88）　　　冷静（78）
衝動（73）　　　参加（69）　　　退場（54）　　　優秀（54）
提議（39）　　　共鳴（37）　　　会員（34）　　　愛人（33）
企図（33）　　　敏感（33）　　　公園（31）　　　情熱（31）
反感（30）　　　論理（29）　　　快感（28）　　　信念（27）
迫害（25）　　　憧憬（24）

三字词：

專門家（61）　　展覧会（57）　　図書館（35）　　燕尾服（25）
正反対（18）　　地下室（16）　　目的地（12）　　第三者（11）
記念碑（9）　　　長椅子（9）　　　大都市（9）　　　停車場（8）
理髪店（8）　　　全生涯（8）　　　停留場（7）　　　貴婦人（5）
旅行家（5）　　　装飾品（5）　　　金魚鉢（5）　　　日用品（5）
速記録（5）　　　私生児（4）　　　貧民窟（4）　　　発信人（4）
調味料（3）　　　混合酒（3）　　　香味料（3）　　　冒険家（3）
事務員（3）　　　紙障子（3）

四字词：

安楽椅子（13）　多種多様（8）　自己批判（7）　大言壮語（4）
拍手喝採（3）　　世界文化（3）　揉烏帽子（2）　室内装飾（2）
人身攻撃（2）　　相互扶助（2）　正面衝突（2）　独立不羈（2）
意志薄弱（2）　　新婚旅行（2）　日常茶飯（1）　大黒帽子（1）
恋愛関係（1）　　四海同胞（1）　暖房装置（1）　帳場格子（1）
自己紹介（1）　　无為徒食（1）　直接行動（1）　冷酷无情（1）
奈良人形（1）　　西洋事情（1）　寺院建築（1）　生活環境（1）
虚心坦懐（1）　　越后獅子（1）

第四节　与鲁迅翻译紧密相关的日源汉日同形词

鲁迅的翻译中出现了很多日源汉日同形词，其中有一些词语是具备

"关键词"意义的,它们塑造了人们印象中的鲁迅形象,代表了鲁迅的所思所历,同时也对中国的文艺界、翻译界、思想界产生了很大影响。这些词或许并非由鲁迅首先引进的,但是凭借鲁迅的影响力传播开来了,亦或始终伴随着鲁迅的文艺实践,因此对这些词汇的来源进行考证、梳理,对了解鲁迅的文艺活动、梳理汉日词汇交流史都有积极意义。经笔者查证,有很多日源汉日同形词与鲁迅有紧密关联,如:"童话""版画""直译""国民性""小市民""象牙(之)塔""象征主义"等。对于"版画""象牙(之)塔""象征主义"这三个日源词语,常晓宏(2014:169—175)曾进行过相关考证;而"国民性"一词的来源及与鲁迅的关联,刘禾(2002:76—88)、李冬木(2013:12—40)也有所论述。因此笔者在本书对以上四个日源词语不再做赘述,只对"童话""直译""小市民"这三个日源词汇进行考察。

一 「童話」

童话是当今耳熟能详的一种文学体裁。《汉语大词典》[1990(Ⅷ):392] 是这样解释"童话"的:

> 儿童文学的一种。浅显生动,富于幻想和夸张,多作拟人化描写,以适合儿童心理的方式反映自然和人生,达到教育的目的。

然而《汉语大词典》并未给出"童话"的书证。经笔者查证,在爱如生中国古籍库中,并未出现文学意义上的"童话"一词。如此看来,这一词汇应该是近代以来才产生的。另一方面,『日本国語大辞典(第二版)』(2003)则是这么解释「童話」的:

> 児童文学の一ジャンルで、民間に伝承されていたお伽話や英雄譚、伝説、説話、寓話などを含む。特に児童文学者によって童心を基調として児童のために創作された物語をさすことが多い。日本では明治時代の巖谷小波などを先駆として、大正時代、「赤い鳥」の児童文学運動によって盛んになった。
>
> (『日本国語大辞典(第二版)』,2003)

从『日本国語大辞典（第二版）』（2003）的解释来看，现代意义的童话是在日本明治时代（1868—1911）发生、并在大正时代（1912—1926）达到兴盛的。"童话"一词是不是从日本传来的？这种可能性是很大的，周作人曾在与赵景深讨论时说："童话这个名称，据我知道，是从日本来的。……十八世纪中日本小说家山东京传在《古董集》里使用童话这两个字，曲亭马琴在《燕石杂志》及《玄同放言》中又发表许多童话的考证，于是这个名称可说已完全确定了。"（赵景深，1934：67）可见，"童话"一词在日本的 18 世纪文献中就有其踪迹了。在日本儿童文学研究会编纂的『児童文学事典』中，也可查到相关论述：

　　「童話」の語はすでに江戸時代の作家・学者が用いていた。山東京伝は「童話」に「むかしばなし」と訓じ、その研究書を『童話考』と音読みさせた滝沢馬琴も『燕石襍志』の中で「童話」の語に「わらべものがたり」おり、黒沢翁満には『童話長編』がある。」

（日本児童文学研究会，1988：251）

简单来讲，就是在江户时代，山东京传、曲亭马琴、黑泽翁满等人的作品里已经有「童話」二字了。然而明治以前的"童话"更多是以「教訓」（训示、教戒）的身份存在，并不算得上是独立的文艺体裁。直到明治 24 年（1891），岩谷小波（1870—1933）出版了童话作品『こがね丸』（《小狗阿黄》），作为独立文学体裁的"童话"终于登上了日本文坛（日本児童文学研究会，1988：68）。

"童话"一词是何时进入现代汉语的？大多数学者认为，这一词语进入现代汉语与上海商务印书馆的编辑孙毓修（1871—1922）有关：孙于 1909 年于商务印书馆编辑出版了《童话》丛书，从而中国出版物上第一次出现了"童话"一词（朱自强，《日本儿童文学导论》，2015：263；张晓焱，2014：75；洪汛涛，2014：205）。孙毓修被茅盾称为"中国有童话的开山祖师"（王泉根，1989：19；柳和城，2011：67），可见其推动中国儿童文学发展的功劳是巨大的，然而若不考虑影响力，单纯考虑词语引入节点的话，孙很可能并非使用

"童话"一词的第一人。据笔者查证，在孙毓修使用"童话"二字前，已经有人将"童话"二字引入现代汉语语境了。在 1907 年《东方杂志》第 4 卷第 3 号上，转载了同年 2 月 4 号发表在《天津日日新闻》一篇题为《论幼稚园》的文章，作者佚名。该文旨在讲述日本幼儿园办学经验，为中国的幼儿教育提供参考，在文字的使用上，处处可见日语痕迹，如文题中的"幼稚园"一词显然来自日语，在讲述幼儿园教授内容时，"猿蟹合战""桃太郎""师之恩""颜之花"等典型的日本歌谣名称也是直接照搬；在讲述日本幼儿园的日程安排时，出现了这样的文字：

> 一游戲。每日占三小時。……二唱歌。每日占半小時。……三談話。每日占半小時。一為寓言及童話。二為事實談話。三為偶發事項。

> （《论幼稚园》，《东方杂志》第 4 卷第 3 号，1907）

就这样，"童话"一词出现在了近代以来的中国出版物中，从时间上来看，比孙毓修使用该词还要早了 1 年。然而由于此文作者暂不可考，首次使用"童话"一词的荣誉就被孙毓修"抢"去了。

从以上考证可知，"童话"一词不管是不是由孙毓修首先使用的，都和鲁迅无关。然而，鲁迅虽然不是"童话"一词的首先引入者，但完全称得上是中国童话的先驱者。鲁迅于 1902 年赴日留学，此时的日本正值儿童文学萌芽期，在热情萌动的儿童文学发展氛围中，鲁迅也对儿童文学产生了极大的兴趣。1906 年，鲁迅在日本读到了荷兰作家望·蔼覃（1860—1932）所作童话《小约翰》的日译节选，喜不自胜，特意委托书店订购了德文原本（孙郁，2015：104），可见其对儿童文学的关注和喜爱。然而在五四之前，鲁迅对儿童文学的关注多表现在对其弟周作人从事童话研究的帮助关怀上：1909 年，鲁迅与周作人合译了《域外小说集》，其中包含了安徒生的《皇帝之新装》与王尔德的《幸福王子》两篇童话，虽然这两篇都署名为周作人译，然而是经过鲁迅的润色的（胡从经，1982：220）；在回国后担任教育部金事期间，鲁迅又将周作人的《童话研究》《童话略论》这两篇重要论文推荐发表在了 1913 年的《教育部编纂处月刊》上；1914 年 2 月份，鲁迅又将自己收集的六首儿歌寄给周作人，以示对周作人收集儿歌工作的支持（鲁迅博物馆鲁迅研究室，2012：249）。周作人能在我国儿童文学研究上有所建树，与鲁迅的支持是分不开的。

鲁迅与童话最紧密的交集，还是翻译。1921年，鲁迅翻译出版了俄国盲诗人爱罗先珂（1889—1952）的《爱罗先珂童话集》，其中包括爱罗先珂的《狭的笼》《鱼的悲哀》《春夜的梦》《小鸡的悲剧》等13个童话短篇；1922年，翻译出版了爱罗先珂所作长篇童话剧《桃色的云》；1927年，翻译出版了荷兰作家望·蔼覃的《小约翰》；1929年，翻译出版了德国作家至尔·妙伦的《小彼得》；1935—1936年，又翻译了苏联儿童文学家班台莱耶夫（Panteleev）的《表》、苏联文学巨匠高尔基的《俄罗斯的童话》、契诃夫（1860—1904）的《坏孩子和别的奇闻》等童话作品。[①] 从时间上来看，鲁迅对外国童话作品的译介，坚持到了人生的最后时刻。鲁迅对童话的译介，是其翻译活动的重要组成部分，是贯穿其文艺生涯的事业。

鲁迅为何如此关注童话、热衷于翻译童话？这恐怕与其"立人"的思想有关。1907年，仍在日本留学的鲁迅写下了《文化偏至论》："是故将生存两间，角逐列国是务，其首在立人，人立而后凡事举；若其道术，乃必尊个性而张精神。"［鲁迅，2005（Ⅰ）：58］当时的中国积贫积弱，又遭甲午海战惨败，国民精神萎靡不振；而此时的日本进化论备受推崇，社会风气积极进取，整个国家处在上升通道。面对如此落差，鲁迅认识到，"人"是一个国家富强的根本，个人精神的萎靡麻木，必将导致国家的落后。而培养个性解放、具有独立人格之"人"，儿童则应是首先被关注的对象。鲁迅认为，"看十来岁的孩子，便可以逆料二十年后中国的情形"［鲁迅，2005（Ⅰ）：311］，因此有必要让儿童摆脱封建时代悲惨的命运，成人应把儿童当作未来，当作希望，为儿童的成长铺就道路。在《我们现在怎样做父亲》（1919）一文中，鲁迅发出了迫切的呼吁："子女是即我非我的人，但既已分立，也便是人类中的

---

① 在一些儿童文学研究者看来，我国在清末民初阶段译介的科学小说（特别是凡尔纳的科学小说）同样属于童话的范畴。如果遵循此观点，鲁迅翻译童话的时间则大大提前，其分别于1903年、1906年翻译的法国作家凡尔纳的《月界旅行》《地底旅行》将成为鲁迅最早的童话译作。有关将科学小说归入童话范畴的论述，可参考蒋风、韩进《中国儿童文学史》，安徽教育出版社1998年版，第81—82页；方卫平《法国儿童文学史论》，湖南少年儿童出版社2015年版，第167—176页。

人。因为即我，所以更应该尽教育的义务，交给他们自立的能力；因为非我，所以也应同时解放，全部为他们自己所有，成一个独立的人。"［鲁迅，2005（Ⅰ）：141］正是基于"立人"的思想，鲁迅翻译了大量的童话，渴望外国儿童文学作品的清新气息能引发中国社会对儿童成长的关注，可谓用心良苦。

　　值得注意的是，"童话"与鲁迅的翻译方法也有所关联。我们知道，鲁迅在其翻译活动中一贯是坚持直译的，译作中佶屈聱牙者甚多。然而在面对童话作品时，鲁迅考虑到儿童接受能力，往往采取相对灵活的译法。在《小彼得·译本序》里，鲁迅写道："凡学习外国文字的，开手不久便选读童话，我以为不能算不对，然而开手就翻译童话，却很有些不相宜的地方，因为每容易拘泥原文，不敢意译，令读者看得费力。"［鲁迅（Ⅳ）2005：155］言下之意，翻译童话是需要有意译的胆量的。鲁迅自己当然是有这个胆量的，在《小彼得》的译文中，句子明显比其他译作要短了许多，读者的阅读感受要舒适了不少。在翻译班台莱耶夫的《表》时，鲁迅更是把易读性放在了很高的位置，"想不用什么难字，给十岁上下的孩子们也可以看"［鲁迅（Ⅹ）2005：437］。一向"宁信而不顺"的鲁迅能在童话前适当让步，这不仅表明鲁迅注意到了不同体裁需要使用不同文体的问题，更是展现了其对儿童的殷殷关爱。

二　「直訳」

　　直译与意译的问题，是译学研究绕不开的话题。然而从词源角度对"直译""意译"进行研究的，则很少。"直译"的说法是从何而来的？在权威辞书中，"直译"的释义如下：

　　　　谓翻译外国文字时，尽量按照原文直接译出。郭沫若《谈文学翻译工作》："外国诗译成中文，也得像诗才行。有些同志过分强调直译，硬译。"唐弢《侧面——悼念中国现代文学巨匠茅盾先生》："其它如关于批评问题、直译与重译问题、小品文问题，茅公也都参加争论。"

　　　　　　　　　　　　　　　　　［《汉语大词典》，1990（Ⅰ）：868］

　　然而《汉语大词典》（1990）给出的两个例证，前者发表于1954年，后者发表于 1981 年，都是非常晚的。事实上，"直译"在古汉语中就有出现过，如宋代赞宁（919—1002）在其所著的《宋高僧传》中阐述"译经六例"时，使用了"直译"一词：

> 今立新意，成六例焉。谓译字译音为一例，胡语梵言为一例，重译直译为一例……第三重译直译者，一直译，如五印夹牒直来东夏译者是。二重译，如经传岭北楼兰、焉者，不解天竺言，且译为胡语，如梵云乌波陀耶，敕勒云鹘社，于阗云和尚。
>
> （赞宁，1987：53—54）

虽然在这里已经出现"直译"的字眼了，但其是作为与"重译"相对的概念提出的。阅读引文可知，"重译"指的是从第三方语言转译佛经，"直译"是直接从梵文翻译佛经，这与近现代译学中所说的"直译"完全是两回事。①

日语中也存在"直译"一词。我们来看日方的『日本国語大辞典（第二版）』（2003）中「直訳」的释义：

> （1）外国語を、その音を漢字や仮名を用いて表わすこと。
> ＊和蘭医事問答〔1770〕下「飲食腸胃に入、其精気化して液汁と成る、此液汁漢語可当者無御座候、夫故直訳に仕、奇縷（ゲーン）と訳申候」
> ＊解体新書〔1774〕自序「訳有三等。一曰翻訳。二曰義訳。三曰直訳」
> ＊蘭東事始〔1815〕下「或は直訳・義訳と様々と工夫し」
> （2）外国語を、その字句・語法に忠実に従って一語一語をたどるように翻訳すること。また、その訳したもの。逐語訳。←→意訳。

---

① 在《中国译学大辞典》中，"直译"的释义为："与意译并列的主要译法之一。对直译的定义历来有争议。一般认为，译文形式与内容都与原文一致谓之直译；亦即以原文形式为标准，依样画葫芦的是直译，另起炉灶的是意译。"方梦之：《中国译学大辞典》，上海外语教育出版社 2011 年版，第 101 页。可见虽然近代以来有关"直译"的定义存在争论，但与中国古代译论中表示"从原本直接翻译"的"直译"显然不是一个范畴。

　　*めぐりあひ〔1888—89〕〈二葉亭四迷訳〉一「婦人となって鳴返してゐた〈婦人の声でとすれば解りがよいかも知れませんが〈略〉余儀なく直訳に〉」

　　*葉書〔1909〕〈石川啄木〉「『私は貴方に一つの幸福を欲する―。でせうか?』と福富は低い声で直訳した」

　　*奉教人の死〔1918〕〈芥川龍之介〉二「序文は文章雅馴ならずして、間々欧文を直訳せる如き語法を交え」

　　【語誌】

　　一 (1) の挙例の「解体新書」にみえる「直訳」は、今日の「音訳」の意味で、例えば、「機里爾（キリイル）腺」などであるが、大槻玄沢「重訂解体新書」（一七九八）では、外国語の表わす意を日本語に当てることの意に用いる。

　　二「解体新書」にいう「翻訳」は日本語に対応する語があり、それに置き換えること、「義訳」は日本語に対応する語がなく、新たに造語して置き換えること、「直訳」は原語の音を漢字や仮名で表わすことである。

（『日本国語大辞典（第二版）』，2003）

『日本国語大辞典（第二版）』（2003）已对「直訳」的意义与来源进行了详细的说明。我们可简要总结为以下几点。

1. 日语中的「直訳」有两个义项，一指"用汉字或假名来对应外语的发音"，即"音译"；二指"忠实于外语的字句语法的翻译""逐字译"，与"意译"相对。

2. 表"音译"的「直訳」在兰学的代表译作『解体新書』（1774）中就已出现了，与之同时出现的还有「翻訳」「義訳」的概念，「翻訳」指用日语中已存在的词语来对应外语，「義訳」指创造新词来对应外语。

3. 二叶亭四迷在翻译『めぐりあひ』（即屠格涅夫的《邂逅》）时，使用了与"意译"相对的「直訳」一词，这一意义的「直訳」在日语中出现的时间不晚于 1889 年。

显然，日语中的「直訳」的两个义项，特别是与"意译"相对的义项，与现代汉语语境里的"直译"是一致的。

现代汉语语境中的（亦或现代译学概念上的）"直译"是什么时候出

现的？经笔者查证，在 1902 年《新民丛报》第六号的一篇译著介绍文章里，首先出现了当今意义上的"直译"一词：

> 此書著者留學於日本東京專門學校有年。就所講習著爲是書。……全書體例謹嚴。文筆流暢。較之尋常<u>直譯</u>之本。相去天淵。
> （《绍介新著：万国宪法志》，湘乡周达编译，《新民丛报》第 6 号，1902）

从字面意思上来看，"寻常直译之本"指的应是"文笔不流畅"的其他译本。因此，这里的"直译"应该是现代译学意义上和"意译"相对的"直译"，而非与"重译"相对的"直译"。

在同年的《新民丛报》里，笔者找到了更直观的用例，此处的"直译"显然是"逐字翻译"的意思：

> 經濟學原名 Political Economy。<u>直譯</u>之為政治節用學。迨 Morsbotl 氏而始名為 Economics。日本人譯之為經濟學。
> （《问答》，《新民丛报》第 8 号，1902）

而在 1910 年的《国风报》第 29 号上，刊载了章士钊的《论翻译名义》一文，署名民质，文中出现了表示"音译"意义的"直译"一词：

> 以音譯名。乃如 Logic <u>直譯</u>作邏輯。Syllogism 作司洛輯沁。Philosophy 作斐洛索非之類。
> （民质，《论翻译名义》，《国风报》第 29 号，1910）

须特别留意的是，与梁启超、蒋智由、周氏兄弟等人一样，章士钊也有在日本居住的经历。① 也就是说，在 20 世纪的第一个 10 年里，现代译学意义上的"直译"在汉语语境里出现了，而且与日语中「直訳」的意义是相同的。考虑到词义上的对应关系、时间上的先后关系、清末民初中日词汇交流的大背景，现代译学意义上的"直译"一词由日本传到中国

---

① 章士钊曾于 1905—1907 年在日本留学，后又赴英。详见白吉庵《章士钊传》，作家出版社 2004 年版，第 427 页。

的可能性是相当大的。

　　从考证上来看，鲁迅并不是"直译"一词的最早引入者，但其直译思想的产生是非常早的，在翻译活动中进行直译的实验，也是较早的，且是持之以恒的。讨论"直译"的问题，谁都绕不开鲁迅。1909 年，在与周作人合译的《域外小说集·序言》里，鲁迅写道："《域外小说集》为书，词致朴讷，不足方近世名人译本。"［鲁迅，2005（Ⅹ）：168］虽然没有直接使用"直译"二字，但鲁迅已明确表明了自己的直译态度。许寿裳曾找来德语原本与鲁迅的译文对比，认为鲁迅的翻译"字字忠实……为译介开辟了一个新时代的纪念碑"（许寿裳，2006：54）。从此，鲁迅一直坚持了"直译"的理念，几十年未曾改变（王宏志，2010：280）。鲁迅使用"直译"一词，最早是在 1924 年所译的《苦闷的象征》的引言里："文句大概是直译的，也极愿意一并保存原文的口吻。"［鲁迅，2005（Ⅹ）：257］在 1929 年的《〈托尔斯泰之死与少年欧罗巴〉译后附记》中，鲁迅进一步提出了"硬译"的观点，将"直译"推向了极致："从译本看来，卢那卡尔斯基的论说就已经很够明白，痛快了。但因为译者的能力不够和中国文本来的缺点，译完一看，晦涩，甚而至于难解之处也真多；倘将仂句拆下来呢，又失了原来的精悍的语气。在我，是除了还是这样的硬译之外，只有'束手'这一条路——就是所谓'没有出路'——了，所余的惟一的希望，只在读者还肯硬着头皮看下去而已。"［鲁迅，2005（Ⅹ）：338］此文一出，文坛争论四起，引发了我国 20 世纪文学翻译史上的一场旷日持久的"直译""意译"问题大讨论，鲁迅、梁实秋、赵景深、瞿秋白、林语堂等人都参与其中，仅对"直译""意译"的不同定义，当时就达到了 11 种之多（艾伟，1984：161—164）。鲁迅在此次论战中，更是发表了《"硬译"与"文学的阶级性"》（1930）、《几条"顺"的翻译》（1931）、《再来一条"顺"的翻译》（1932）、《为翻译辩护》（1933）《关于翻译》（1932）、《"题未定"草》（1935）等文，对自己的翻译思想进行了详尽的论述。虽然从哲学高度来讲，"直译意译之争"或许是个只能不了了之的"伪命题"（潘文国，2009：101），但鲁迅的"直译"甚至"硬译"的主张引发了我国 20 世纪初的一次翻译大讨论，这无疑深化了中国译界对翻译的认识，推动了中国译学的发展，"尊重原作""尽量直译"作为翻译应遵循的首要原则，已逐渐深入人心，极大推动了中国译坛风气的转变。① 鲁迅在论战中发表的关于"直译""硬译"的论述，"涉及了翻译问题的各个重要方面，而且都是非常深刻的"（陈福康，2000：307），现代译学意义上的"直译"一词，就和鲁迅紧密联系在一起了。

　　值得一提的是，鲁迅的"直译"思想，恐怕一定程度上受到了二叶亭四迷的影响。二叶亭四迷（1864—1909），本名长谷川辰之助，近代日本著名小说家，翻译家，其小说『浮雲』被誉为日本近代文学的开山之作。二叶亭同时也是著名的翻译家，其翻译的屠格涅夫的『あひゞき』（《约会》）、『めぐりあひ』（《邂逅》）在日本翻译史上占有重要地位。二叶亭崇尚直译，上文中『日本国語大辞典（第二版）』（2003）中所举书证，有一例便出于其笔下。周作人回忆鲁迅与日本文艺界的关系时曾说："（鲁迅）对于日本文学，当时殊不注意，森鸥外、上田敏，长谷川二叶亭诸人，差不多只看重其批评或译文……"（周作人，1957：131—132），可见鲁迅虽然对当时日本作家的创作不是很感兴趣，但对二叶亭四迷的"批评或译文"还是很在意的。二叶亭四迷是个崇尚直译的翻译家，其曾在「余が翻訳の標準」（《我的翻译准则》）一文中表示："如原文有三个逗号，一个句号，译文也用一个句号，三个逗号，借以把原文的音调移植过来。特别是最初从事翻译工作时，甚至连译文的字数都要同原文保持一致，文章形式也不能走样。……可是，结果如何呢？看看自己的译文，却是佶屈聱牙，简直难以读下去。由于语言晦涩拗口，质量低劣，来自社会的评价当然也就不高。……我之所以这样做，是因为我深深地热爱文学。"② 从这段自白来看，二叶亭四迷的直译观与鲁迅有着很大的相似性，二人都主张保持原文的形式与风格；两人的直译实践遇到的挫折也极其相似：二叶亭四迷说自己的译文"晦涩拗口"，鲁迅则希望自己的译文"读者还肯硬着头皮看下去"；甚至可以说，两人文字中透露出的执拗脾性都如出一辙。虽然没有直接的证据证明鲁迅读到了这篇文章，但有学者指出：鲁迅曾依据二叶亭四迷翻译的《红笑》对学生

---

　　① 如茅盾所说："'直译'这个名词，在'五四'以后方成为权威。"参见茅盾《直译·顺译·歪译》，《文学》第 2 卷第 3 期，1934 年 3 月，转引自罗新璋编《翻译论集》，商务印书馆 1984 年版，第 351 页。

　　② 此文最早发表在 1909 年 1 月份的日本『成功』杂志上。此处采用的是何鸣的译文，参见二叶亭四迷《我的翻译准则》，何鸣译，《中国翻译》1984 年第 5 期。

梅川的译文进行了二三十处校改，鲁迅在从德文译本转译《死魂灵》时，也在同时参考二叶亭四迷的译本（于九涛、王吉鹏，2003：112—114）。由此可见，鲁迅对二叶亭四迷的译文还是很欣赏的。鲁迅能从晚清崇尚意译的环境中突围出来，[①] 与日本存在同样的先驱者恐怕不无关系。

三　「小市民」

在《汉语大词典》（1990）中，"小市民"一词的释义如下：

> 城市中占有少量生产资料或财产的居民。如小手工业者、小商人等。王力《语言与文学》："赵树理熟悉农民的语言，老舍熟悉小市民的语言，所以他们描写的农民、小市民是那样生动、传神。"
>
> ［《汉语大词典》，1990（Ⅱ）：1595）］

从释义可以看出，"小市民"是带有阶级色彩的一个词语。而书证给出的是王力《语言与文学》一文中的例子，而该文见刊时间为 1981 年[②]，仅凭该书证是无法判断该词的大致首出时间的。黄河清主编的《近现代辞源》（2010）则在释义及书证上提供了更多的信息：

> ①城市中占有少量生产资料或财产的居民。1929 年岩崎昶著，1930 年鲁迅译《现代电影与有产阶级》一："那或是向帝国主义战争的进军喇叭，或是爱国主义，君权主义的鼓吹，或是利用了宗教的反动宣传，或是资产者社会的拥护，是对于革命的压抑，是劳资调和的提倡，是向小市民底社会底无关心的催眠药。"
> ②指格调不高、喜欢斤斤计较的人。1935 年洪深《现代戏剧导论》："《获虎之夜》是描写湖南的乡村中的封建势力，《咖啡店之一夜》是关于小市民的。"
>
> （《近现代辞源》，2010：815—816）

---

① 清末虽流行意译，但"意译"一词出现的时间并不早。经笔者查证，"意译"一词也是从日语中借来的词汇，最早出现在蒋智由的《养心用心论》（《新民丛报》第 70 号，1905 年 12 月）一文中："禅者梵名禅那。正言驮延那。意译静虑静寂思虑之义。"同「直訳」一样，「意訳」一词出现在日文中也可追溯到兰学时代，在兰学家高野长英所译的『三兵答古知機』（1856）一书中的「訳例」中，已出现「意訳」一词。篇幅所限，在此不作详述。

② 经查证，该文最早刊登于《暨南大学学报》1981 年第 1 期。

《近现代辞源》给出了两个释义，第一个释义与《汉语大词典》并无不同，第二个释义与其说是另有其义，不如说是对"小市民"特征的进一步诠释；从书证用例上来看，可将"小市民"的使用至少追溯到 1930 年，且使用者正为本书的研究对象鲁迅。进一步查询其他词典可知，宋子然主编的《100 年汉语新词新语大辞典》（2014：370）中，"小市民"的书证亦使用了与《近现代辞源》同样的引文；而在史有为主编的《新华外来词词典》（2019：1249）中，则更直截了当地写明该词"最早见 1930 年岩崎昶著、鲁迅译《现代电影与有产阶级》"。

另一方面，我们查阅一下日方的『日本国語大辞典（第二版）』（2003），「小市民」一词是这样解释的：

（｛フランス｝ petit bourgeois の訳語）資本家と労働者の中間に属する人。意識面では資本家に近いが、経済的には労働者の生活に近い。都市の自営業者や、農民などで小資本を有する人など。プチブル。
　　＊アルス新語辞典〔1930〕〈桃井鶴夫〉「小市民 プチ・ブルジョアの訳語」
　　＊街の物語〔1934〕〈榊山潤〉「たとへ大した財産ではないとしても、小市民の暮らし方をしてゐれば、もはや生涯ふところ手をしてゐても差支へない、その程度の豊かさを持って」
（『日本国語大辞典（第二版）』，2003）

也就是说，日语中的「小市民」是法语"petit bourgeois"（小资产阶级）的译语，但『日本国語大辞典（第二版）』（2003）给出的书证很晚，为榊山潤于 1934 年发表的『街の物語』一文。然而「小市民」一词在日语中出现的时间要早得多，在 1915 年 2 月 7 日的『朝日新聞』第 7 版「文芸美術」栏目里，笔者检索到这样一条简讯：「舞台協会はイヴセンの『鴨』とゴルキーの『小市民』を出すことに定めたさうだ」（汉语大意为："据说舞台协会要上演易卜生的《野鸭》与高尔基的《小市民》。"——笔者自译）。可见至少在 1915 年，日语中已经有「小市民」的用例了。而《近现代辞源》（2010）、《100 年汉语新词新语大辞典》（2014）、《新华外来词词典》（2019）中，皆将该词的出处指向了 1930 年出版的鲁迅翻译自岩崎昶的《现代电影与有产阶级》一文。从时间关系及现有考证成果上来看，这一词语经由鲁迅翻译、从日语中直接嫁接到现代汉语语境中的可能性是很大的。

笔者经进一步查证后确认：现代汉语语境中的"小市民"一词确实为鲁迅最早使用的，且是首先在其译作中出现的，但并非最早出现在其翻译的《现代电影与有产阶级》一文中，而是出现在鲁迅于1921年翻译的芬兰女作家明那·亢德的《疯姑娘》（通译《老处女》）一文的《译者附记》中，要比《现代电影与有产阶级》一文早上近十年。

明那·亢德（Minna Canth，1844—1897），通译明娜·康特，芬兰著名现实主义作家，主要作品有《工人之妻》（1885）、《哈娜》（1886）、《牧师之家》（1891）等。她对处于资本主义发展初期的芬兰社会有细致的观察，主张自由平等，作品多反映社会不公与人民疾苦，在芬兰文坛有举足轻重的地位。《疯姑娘》的主人公塞拉塞林是个颇具"小市民"色彩的人物：穷困潦倒，爱慕虚荣，在日复一日的幻想与不甘中了却一生。而倾向于译介欧洲弱小民族文学作品的鲁迅慧眼识珠，将这篇小说译介到了中国，发表在《小说月报》第12卷第10号（1921年）上，从而成为将荷兰文学引入中国的第一人（明娜·康特著，余志远译，2007：475）。在该作的《译者附记》里，鲁迅援引了德国评论家勃劳绥惠德尔（Ernst Brausewetter）对明那·亢德的长篇论述，其中有这样的句子："伊缺少心情的暖和，但出色的是伊的识见，因此伊所描写，是一个小市民范围内的细小的批评。"［鲁迅，2005（Ⅹ）：196］此处引文中的"小市民"，便是鲁迅作品中"小市民"的最早出处，也是笔者在现有资料条件上查找到的现代汉语中"小市民"的最早例证。据考证，《疯姑娘》一文应译自德语（陈红，2014：180），而《译者附记》中鲁迅引用这段德国评论家的长篇论述，恐怕也是对照德文资料进行的翻译，并非鲁迅的创作文字。由于鲁迅熟稔日语，很可能把日文中的"小市民"一词直接拿到汉语语境中使用了。

"小市民"一词，是带有阶级论的色彩的，然而1921年的鲁迅尚未接受阶级论的观点①，对这一词语的使用或许更适合解释为"无意识"的

---

① 一般认为，从1927年发表的《硬译与文学的阶级性》一文起，鲁迅的翻译创作开始带有明显的阶级论倾向。相关叙述参见洪亮《鲁迅思想的锐变》，《六十年来鲁迅研究论文选（上）》，知识产权出版社2010年版。

使用。这一词语在鲁迅译作中的出现频率也反映了这一点：在鲁迅译作中，总共出现 57 次"小市民"，第一次出现即是在 1921 年译的《疯姑娘》中，而第二次出现则要到 1929 年译的卢那卡尔斯基的《文艺与批评》中了。从 1929 年开始，鲁迅的翻译全面转向了苏俄文艺理论及小说，在这些译作中多次出现颇具阶级论色彩的"小市民"一词，是很符合逻辑的。

鲁迅对处于社会底层的"小市民"，无疑是有着深刻的观察与批判的。这在他的创作中俯仰皆是。《药》里面愚昧麻木、甘受压迫的华老栓，《阿 Q 正传》里善于"精神胜利"、浑噩度日的阿 Q，《故乡》里尖酸刻薄、斤斤计较的"豆腐西施"，《琐记》热衷散布流言、喜好教唆的衍太太，这些都是鲁迅塑造的经典小市民形象。

第二章

"日化"词汇个案研究

在上一章中，笔者对鲁迅译文中的日源汉日同形词进行了较为宏观的考察。除此之外，我们亦可选取微观角度，选取一两个典型日源汉日同形词，对其来源及在鲁迅译文中的表现进行微观层面的考察。在本章中，笔者选取"可能""必要"这两个现代汉语常用词语，考察它们的来源及在鲁迅译文中的表现。需要指出的是，"可能"与"必要"两词，与本书讨论的重点——"日化"句式也是紧密相关的，它们是从日语中借来的词语，同时，它们构成的固定结构也可归类为"日化"句式。选取"可能"与"必要"为例，对本书的研究可起到承上启下的作用。

第一节 "可能"

现代汉语中，我们经常可以看到"可能"一词。由"可能"构成的惯用结构也不少，如"……是可能/不可能的""有/无（没有）……的可能""有/无（没有）……的可能性""……不可能"等。在现代文学作品中，我们可以找到很多这样的用例：

1. 退一步想，即使她没死，二强子又把她卖掉，卖到极远的地方去，是可能的；这比死更坏！

（老舍，《骆驼祥子》）

2. 牺牲一个不相干的孤苦的亲戚来巴结他，也是可能的事。

（张爱玲，《倾城之恋》）

3. 他劝竹斋在吴荪甫头上加一点压力，庶几吴赵的妥协有实现的可能。

（茅盾，《子夜》）

　　4. 纵想从星光虹影中寻觅归路，已不可能。

（沈从文，《黑魇》）

　　5. 在实际上虽不见得人人能做诗，但人人至少都有做诗人底可
能性。

（俞平伯，《五四忆往》）

　　以上各例的"可能"，表示的是"某种事项或状况或许会或者不会发生"，以及"可能性的高低"，语义上表推测。在传统汉语中，也存在"可"与"能"一起使用的情况，但意义与现在并不相同，如下面两例：

　　1. 养可能也，敬为难。　　　　　　　（《礼记·祭义》）
　　2. 我未成名君未嫁，可能俱是不如人。　（罗隐，《偶题》）

　　第一个用例中的"可能"，为表示"能做到""能胜任"，第二个用例中的"可能"则是表示疑问语气，用现在的话说就是"难道"的意思。这两种用法为古汉语中"可能"的用法，与现代汉语中表"推测"的"可能"是不同的。事实上，据学者考证，古代汉语中表疑问的"可能"主要在唐代出现，而表"能做到""能胜任"的"可能"在古汉语中也是极少使用的（江蓝生，1990）。笔者同意此观点，因为古汉语中用单字"能"就完全可以表示"能胜任"的意思，如下例：

　　东阳少年杀其令，相聚数千人，欲置长，无适用，乃请陈婴。婴
谢不能。

（《史记·项羽本纪》）

　　据朱冠明（2006）考证，用"可能"表"能力"的用法在古汉语中是相当少见的，且没有凝固成词；而表推测的"可能"的用法直到清末才出现。但朱氏并没有说明表推测的"可能"是为何在清末突然出现的。
　　我们也可顺便考察一下"可"字的意义："可"字与"推测"也并

无太大关联，因为在古汉语中，"可"表达的是主观上"容许""许可"的意思，如：

> 寿子告之，使行，不<u>可</u>，曰："弃父之命，恶用子矣？"
>
> （《左传·桓公十六年》）

可以说，单个的"可"字与"能"字，都无法表达推测的含义，为何"可能"可以表达推测的含义，而且是在近代才出现的？我们就不得不考虑来自外语的影响了。

事实上早有学者考虑到了这一点。王力曾在谈欧化时触及"可能"一词：

> 英文的"may"意义较广，它包括一切的"possibility"，所以非但可用于叙述句，并且可用于描写句和判断句。象下面的几个英文句子，直译下来就只是欧化的可能式，中国本来没有这种说法：（A）You may be right. "你可以是对的"，或："你可能是对的"。……猜想事情发生的可能性，中国却向来不用"可"字。
>
> （王力，1984：458—459）

罗慷烈也认为，"可能"的出现是欧化的结果：

> 在欧化的文章里，不但常用"可"和"可以"，又新创了"可能"。然而他们用的"可""可以""可能"，不是表示情况允许之意，乃是"或者如此"或"未必如此"之意。这是中国语原来的"可"字所没有的含义。
>
> （罗慷烈，1963：185）

需要指出的是，王力在此处举出的例句中的"可能"仅为其作副词的用法，然而在现代汉语中，"可能"更多作为形容词存在（吕叔湘，1999：335）。但不管什么词性，表推测的特征还是非常明显的，这样的"可能"，与传统汉语中的含义是不同的。以上两位学者对"可能"来源的分析是有其道理的，但表推测的"可能"的直接来源恐怕不是英语，而是欧化的日语。

　　对日语有所涉猎的人大都清楚，现代日语中就存在「可能」一词，其含义及用法与现代汉语中的"可能"非常类似。而经过考察可以得知，日语中的「可能」是在日本翻译西方哲学概念时引入的。『日本語国語大辞典（第二版）』（2003）对「可能」有如下解释：

　　　　ある物事が実現できること。または、実際にありうること。また、その状態。「あたふべき」に当てた漢字「可能」の音読みから生じた明治期の新漢語。「哲学字彙」では「Virtual」に「可能」の訳を当てている。

　　　　　　　　　　　　（『日本語国語大辞典（第二版）』：2003）

　　（表示某事件可能实现。亦指某事在实际上可能存在，及可能存在的状态。是由「あたふべき」的借用汉字"可能"的音读产生出来的，为明治时期的新汉语。在《哲学字汇》里，对译"virtual"一词。）

　　　　　　　　　　　　（『日本語国語大辞典（第二版）』：2003）

　　也就是说，日语的「あたふべき」（大概是、可能会）中的「あたふ」对应着「可」字，「べき」对应着「能」字，组在一起从而构成了「可能」。

　　紧接着，在「可能性」这一词条中，有如下叙述：

　　　　possibilityの訳語。（1）事柄や事件について、それが起こるか起こらないかが未確定である状態。＊哲学字彙〔1881〕「Possibility 可能性」；（2）物事が実現できる、または、その状態になりうる見込みをもっていること。

　　　　　　　　　　　　（『日本語国語大辞典（第二版）』：2003）

　　［possibility 的译语。（1）某事项及事件"将会发生亦或不会发生"的不确定的状态。＊《哲学字汇》（1881）"Possibility 可能性"；（2）某事件可能实现；预见某事件有可能变为实现的状态。］

　　　　　　　　　　　　（『日本語国語大辞典（第二版）』：2003）

　　「可能性」这两条释义显然都是从 possibility 延伸出来的。概而言之，都是推测某事是否会变成现实。总之，从「可能」及「可能性」的释义来看，「可能」在当时的日语中也属于新概念、新用法。作为佐证，笔者利用日本国立国语研究所的「中納言コーパス」（中纳言语料库）对「可能」一词进行检索，没有发现明治之前的日语中有相关用例。由此可见，确如『日本国语大辞典（第二版）』（2003）所述，「可能」一词为日本明治时期产生的"新汉语"，而且应该是在日语本身的翻译西方哲学著作过程中产生的，『哲学字彙』① 或为其最早的出处，书中的"Virtual"及"possibility"可能分别为「可能」「可能性」的来源。笔者又检索了日本近代刊物『明六雑誌』（1874—1875）、『国民の友』（1887—1888）、『太陽』（1895—1925）发现，在时代稍早的『明六雑誌』『国民の友』中没有一例「可能」相关句式出现，而『哲学字彙』是在 1881 年才出版的，两相对照，更是印证了『哲学字彙』是「可能」一词出处的判断。

在上述日本近代杂志中，最早出现「可能」相关形式的为 1895 年的『太陽』杂志，详见下例：

　　　1. 支那國事物の發達に就き是非を試み之が豫言を爲すことは到底不可能のことなりと主張するに過ぎず

（「海外思想」,『太陽』1895 年第 1 号）

文中划线部分译是主谓结构句式「不可能のことになる」的变形。这种结构在现代日语中经常出现。译为汉语则为"……成为/变成不可能"。

也有以「可能である」形式作谓语结句的，如：

　　　2. 個人は何としても邪であるといふ斷定上に作物の根底を置くといふことは不可能であらう、
　　　［クレートン、ハミルトン,「近代社會劇（クレートン、ハミルトン）」, 天淵生訳,『太陽』1909 年第 2 号］

---

　　① 『哲学字彙』为井上哲次郎编著的哲学用语集，明治 14 年（1881）出版，从英书 *The Vocabulary of Philosophy, Mental, Moral, and Metaphysical, with Quotations and References; For the Use of Students*（著者 William Fleming）翻译而来。

也有在句中做主语的，词性为名词。如：

3. 倫理學は可能及び可許の形式を論示し、而して此の<u>可能</u>、及び可許は、又其の形、極めて諸多なる<u>こと</u>を知るべし。
　　［湯本武比古,「フリードリッヒ、パウルゼンの倫理学（続）」,『太陽』1895 年第 11 号］

也有以「形容動詞」的形式出现的，后加「的」，再接其他名词的：

4. 然れども此れ果して<u>不可能的</u>の事なりや。
　　（久保田讓,「学政振張と財政」,『太陽』1901 年第 1 号）

在『太陽』杂志中，笔者共找到了 410 个使用表推测的「可能」的用例。笔者又在日本近代女性杂志『女学雑誌』（1894）、『女学世界』（1909）、『婦人倶楽部』（1925）中进行了检索，较早的『女学雑誌』中也是没有相关用例出现，而在『女学世界』（1909）中，只找到了 2 个用例，『婦人倶楽部』（1925）中，只有 7 个用例。可见「可能」相关形式在日语中流行开来确实较晚，应该在 19 世纪最后十年左右。

值得注意的是，在所有查找到的「可能」用例中，「…は不可能（のこと）である」及「不可能のことになる」出现的频率非常高，在『太陽』『女学世界』『婦人倶楽部』中，这种「不可能」构成的句式都占到了 90% 以上；「…は可能（のこと）である」「可能のことになる」等肯定形式占的比例反而非常之小，不足总数的一成。这说明，在日语中，「可能」类句式首先是以前接接头词「不」的「不可能」形式使用开来的。

此外，笔者对「可能」的延伸词汇——「可能性」的出现情况也略作考察。「可能性」在报纸杂志中出现的时间较晚。笔者查到的最早用例出现在 1910 年的『朝日新聞』中：

斯くの如く現れない<u>可能性</u>が人間に潜在して居ることは分かるけれど、それが幾萬代か非常に長い間を隔たって現れるのは何故であるか。

　　［長梧子，「神通力の研究（11）：再現性」，『朝日新聞』1910
年11月11日朝刊第6版］

　　而在『明六雑誌』『女学世界』『国民の友』『太陽』等近代主要杂
志中，「可能性」总共有29个用例，都集中在『太陽』杂志里，最早用
例出现在1917年，在此不再举例。

　　通过以上考察，我们大致可以明白：「可能」一词是通过翻译西方哲
学词汇进入日语词汇的，其扩展到非哲学领域表示推测义并流行开来，基
本上不早于19世纪90年代；在惯用结构上，比起「可能」所引导的表
肯定的句式，「不可能」引导的表否定的句式使用得更加广泛；「可能性」
出现的时间更晚，要到20世纪初。

　　而在"可能"及相关形式在日语中流行开来后，在我国进步人士创
办的近代刊物中，也出现了不少"可能"的用例：

　　1. 苟妄爲解釋。猶使適合于行政之目的。此不可能之事。
　　（日本法学士鹈泽总明，《市町村自治之行政》，张兰译，《法政
杂志》第1卷第5期，1906）

　　2. 其中某部可以爲秩序之備。某部可以爲開進之資。區而別之。
以求其當。乃萬不可能之事。
　　　　　（《代议政体论》，胡茂如译，《中国新报》1907第5期）

　　3. 民間無論何事。若求其恢復往日之榮華。皆爲事之不可能者。
　　（《印度社会报：论英政府遏制印度人旅美之外交政策》，公侠
译，《民报》第23号，1908）

　　4. 在今日一國欲獨占太平洋之霸權。以壓伏他國。恐不可能。
　　（永井柳太郎，《日美协商论》，王我臧译，《东方杂志》第8卷
第7号，1911）

　　5. 這一個新生產力、是一個衆合力以少數的勞動力、完全不能
實行的。或者能夠實行也不能夠完全實行、不過勉强使許多勞動行程
成爲可能。
　　（加尔考茨基，《马克斯资本论解说》，戴季陶译，《建设》第2
卷第3号，1919）

　　6. 在兒童的世界裏，東京小學校通學的途中攀登富士山的事，

決不成為可能或不可能的問題。

　　（柳泽健，《儿童的世界（论童谣）》，周作人译，《诗》第 1 卷第 1 号，1922）

　　以上例证都出自当时国人翻译的日语文章。"不可能之事""事之不可能者"显然对应的是日文中的「…は不可能なことである」结构，这一日文中的惯用结构显然被复制到了我们对日语的翻译文字里。"成为可能"及"成为可能或不可能的问题"则对应着「可能/不可能（なこと）になる」这一形式。需要注意的是，"成为可能"这种表达方式在中国近代刊物中出现的较晚，例 5 戴季陶的用例为笔者找到的最早用例，已经在新文化运动开始之后了。

　　另外还有与「可能性」相关的用例：

　　1. 人類心性之中。恒有一種特性焉可以遇事變化者。學者稱之曰「可能性」。

　　（沧江，《中国前途之希望与国民责任》，《国风报》第 2 卷第 10 期，1911）

　　2. 若在實戰上考察德國潛航艇之可能性。觀德國海軍部所陳述。可見一斑。

　　[《战争中列国潜航艇之势力（译东京朝日新闻）》，《东方杂志》第 12 卷第 9 号，1915]

　　3. 其中又可以分作兩項，（一）是正面的，寫這理想生活，或人間上達的可能性。

　　　　（周作人，《人的文学》，《新青年》第 5 卷第 6 号，1918）

　　以上三个例句中，第一个即为笔者所能查找到的"可能性"的最早用例，出自梁启超主办的《国风报》。考虑到梁启超与日本的紧密联系，该刊刊登的文章与日语之间的关系是自不必说的。从此例的内容来看，"可能性"在当时应还是新词，所以需要用引用的方式进行介绍说明。第二例为译例，出处非常明显，是译自东京的『朝日新聞』的；第三例为周作人的用例，此例中"可能性"之前的"人间上达"显然也是直接从日语拿来的。

通过以上分析，我们基本可以确定，"可能"也好"可能性"也罢，都是首先出现在日语中的，汉语中的"可能"很可能是首先通过汉日翻译从而进入现代汉语系统的。

鲁迅的翻译活动主要是依靠日语进行的，在其翻译作品里，我们同样可以找到很多"可能"的用例。现列举一些如下。

（一）鲁迅中期译作例：

1. 青年我也觉得如此；但要改变现在各国的意志，又觉得是不可能的事呢。

（武者小路实笃，《一个青年的梦》，1920）

原文：私もそれを感じてゐます。しかし今の各國の意志をかへることは不可能の氣がするのです。

2. 能使可怕的事起来的可能性有多少，你也不知道么？

（武者小路实笃，《一个青年的梦》，1920）

原文：恐ろしいことが起る可能性がどのくらゐあるかをお前は知らないのか。

3. 不独创作，即鉴赏也须被引进了和我们日常的实际生活离开的"梦'的境地，这才始成为可能。

（厨川白村，《苦闷的象征》，1924）

原文：單に創作ばかりでなく、鑑賞もまたわれら日常の實際生活から離れた『夢』の境地に引き入れられて、はじめて可能となる。

4. 深的自己省察，真的实在观照，岂非都须进了这毫不为什么所囚的"离开着看"的境地，这才成为可能的事么——在这一点上，科学和文学都一样的。

（厨川白村，《苦闷的象征》，1924）

原文：深き自己省察も眞の實在觀照も、何等囚はるるところなき『離れて見る』此境地に入つて、はじめて可能となるのではあるまいか。（この點に於ては科學も文藝も同じである。）

5. 在古时候，可以将精神和物质，灵和肉，分离到如此地步而立论，但这样的事，在今日的时势，难道果真是<u>可能</u>的么？

（厨川白村，《出了象牙之塔》，1925）

原文：昔はそれほどまでに精神と物質、靈と肉とを切り離して考へ得たのであるが、さう云ふ事が今日の如き時勢に於て果して<u>可能てあるだたらうか</u>。

6. 倘不表示一点感激，也不说一句称赞的话，而要来讲凯尔波，恐怕是<u>不可能的</u>罢。

（板垣鹰穗，《近代美术史潮论》，1928）

原文：何等の感激をも表示することなしに、また少しの歎稱の言葉を口にすることなしに、カルボーを語ることは<u>不可能であらう</u>。

（二）鲁迅后期译作例：

1. 我并非向有岛氏说，要他化身为无产阶级，也非劝其努力，来做于他是本质底地<u>不可能的无产阶级的艺术</u>。

（片上伸，《壁下译丛·阶级艺术的问题》，1929）

原文：私は氏にプロレタリヤートに化身せよといふのでもなければ、本質的に氏にとつて<u>不可能な</u>プロレタリヤートの藝術を作ることに努力せよといふのでもない。

2. 自然，用这方法，就已经容易陷于善感的忠厚，<u>失掉识别美丑的可能</u>的了。

（卢那卡尔斯基，《艺术论》，升曙梦译，1929）

原文：無論この方法では既に<u>美と醜とを識別する可能</u>を持たないセンチメンタルな善良さに陷り易い。

3. 还有一点应该看得紧要，就是，有时候，不但在欧洲，虽在亚洲腹地的农民的较良的阶级里，也有得以成为我们的竞争者的<u>可能性</u>。

（卢那卡尔斯基著，《文艺与批评・托尔斯泰与马克斯》，1929）

原文：そしてある場合において、それがヨーロッパばかりでなく、アジアの奥地にある農民のより良き階級のなかにも、われわれの競争者となりうる可能性のある点において重要視されなければならないものである。

4. 人类的心理底本性，是使美底概念的存在，于他成为可能……

（蒲力汗诺夫，《艺术论・论艺术》，外村史郎译，1929）

原文：そこで、吾々は既知の結論に到達する、即ち人間の心理的本性は彼の為に美的概念の存在を可能ならしめる……

5. 同志布哈林知道我们不能采用机械底方法，我们没有这样的可能，在我们这里，是没有适用这样机械底方法的可能的，但在同志瓦浪斯基那里，这些机械底方法却尽有。

（《文艺政策・关于对文艺的党的政策》，外村史郎、藏原惟人共译，1930）

原文：同志ブハーリンは機械的方法を々が採用し得なかつたことを知つてゐる、我々はかくの如き可能を有しなかつた、我々のところにはこれ等の機械的方法を適用すべき可能がなかつた、が同志ウオロンスキイのところにはこれ等の機械的方法が充分な程度にあつた。

据笔者统计，包括"可能性"在内，在鲁迅翻译作品中总共出现了154次"可能"相关用法。从分布上看，鲁迅早期翻译中一例也没有出现，中期翻译中则出现34例，后期翻译中出现次数最多，为120例。可见鲁迅对这一表"推测"的"可能"的使用并不是很早，主要集中在20世纪20年代之后。最早的用例还是出现在《一个青年的梦》中。从具体表达方式上来看，有的是"……是（不）可能的（事）"的形式，有的是"……成为（不）可能"的形式，也有"可能+（的）+名词"的形式，等等，详情见表8：

表8　　　　　　　鲁迅翻译作品中"可能"搭配情况统计

	早期	中期	后期	总计
……是（不）可能的（事）	0	14	33	47
……V+（不）可能	0	2	2	4
V+……的可能	0	2	36	38
（不）可能+V	0	4	15	19
可能+（的）+N	0	4	18	22
可能性	0	8	16	24
总计	0	34	120	154

　　从上表可以看出，在鲁迅翻译活动中期，"……是（不）可能的（事）"这一惯用结构是被使用最多的，占到了中期总量的41%；鲁迅翻译活动后期，各种搭配方式的比例和中期相比相对平均一些，"动词+……的可能"的搭配占比最多，达到后期总量的30%，"……是（不）可能的（事）"的结构则紧随其后，占到后期总量的28%。总体来看，依然是"……是（不）可能的（事）"是使用最频繁的，总共出现了47次，占到了总量的31%，"动词+……的可能"则位于第二位，总共出现38次，占总量的25%。"……V+（不）可能"最少，总共只有4例，只占总量的3%。

　　接下来我们对鲁迅创作作品中的"可能"使用情况略作考察。同其翻译作品一样，我们也可以在鲁迅的创作作品中找到不少"可能"相关的用例。如下面的这些例子：

　　1. 他说现在我们办月刊很难，大约每月出八万字，还属可能。

（《华盖集·通讯》，1925）

　　2. 陈源教授毕竟是"通品"，虽是理想也未始没有实现的可能。

（《华盖集这回是"多数"的把戏》，1925）

　　3. 一听到新思想，一看到俄国的小说，更其害怕，对于较特别的思想，较新思想尤其丧心发抖，总要仔仔细细底想，这有没有变成共产党思想的可能性?！

（《集外集拾遗补编·关于知识阶级》，1927）

　　4. 在这样的社会里，有封建余孽出风头，是十分可能的，但封建余孽就是猩猩，却在任何"唯物史观"上都没有说明，也找不出牙齿色黄，即有害于无产阶级革命的论据。

（《二心集·"硬译"与"文学的阶级性"》，1930）

5. 左翼文坛现在因为受着压迫，不能发表很多的批评，倘一旦有了发表的<u>可能</u>，不至于动不动就指"第三种人"为"资产阶级的走狗"么？

（《南腔北调集·论"第三种人"》，1932）

6. 此外，<u>可能</u>还有很多人要被暗杀，但不管怎么说，我还活着。

（《致外国人士书信·致山本初枝》，1933）

7. 虽然一个人叙述一件事实之时，他的描写是免不了受他的人生观之影响，但我总是在<u>可能</u>的范围之内，竭力保持一种客观的态度。

（《且介亭杂文二集·〈中国新文学大系〉小说二集序》，1935）

据笔者统计，鲁迅创作作品中出现了 77 个"可能"的用例。从出现时间上来看，鲁迅在其创作作品使用"可能"的新用法要追溯到 1925 年（见例 1），与其译作相比并不是很早。鲁迅创作作品与翻译作品中"可能"相关结构出现情况的对比具体请见表 9：

表 9   鲁迅创作作品与翻译作品中"可能"使用情况比较

搭配类型	鲁迅创作作品	鲁迅翻译作品
……是（不）可能的（事）	14（18%）	47（31%）
V+（不）可能	2（3%）	4（3%）
V+……的可能	32（42%）	38（25%）
（不）可能+V	13（17%）	19（12%）
（不）可能+（的）+N	11（14%）	22（14%）
可能性	5（6%）	24（16%）
总计	77	154

从上表可以看出，鲁迅创作作品中的"可能"的搭配情况与翻译作品存在一些差别。在创作作品中，"V+……的可能"出现次数最多，为 32 次，占到了总数的 42%，相比其在翻译作品中的占比要高出不少。而

"……是（不）可能的（事）"则在创作作品中处在第二位，共 14 次，占总数的 18%，相比之下，翻译作品中该句式则占到了 31%，处在首位。在创作作品中，用得最少的是"V+（不）可能"的结构，总共只有 2 例，翻译作品中该句式也只占到了 3%。总而言之，无论是在鲁迅的翻译作品中还是创作作品中，"……是（不）可能的（事）"及"V+……的可能"都占据了使用上的优势。

第二节 "必要"

在现代汉语书面语中，我们经常可以看到"必要"一词。由"必要"构成的固定搭配也很多，如"……是必要的""有/没有（无）……的必要""……有/没有（无）必要""必要的……"等。试举几个现代文学作品中的例子：

1. 偶然有一句话，说了一半，对方每每就知道了下文，没有往下说的必要。

（张爱玲，《倾城之恋》）

2. 一切义务仿佛都是必要的，权利则完全出于帝王以及天上神佛的恩惠。

（沈从文，《中国人的病》）

3. 在必要的时候，我还吓唬他们，说我是中央派来的。

（老舍，《四世同堂》）

4. 队长，你说不必要，我想有必要，你说不行，也得讲个道理呀。

（周立波，《暴风骤雨》）

以上例句涵盖了现代汉语中"必要"的主要用法。在古汉语中，我们也可以找到"必"与"要"一起使用的例子，主要出现在传统白话小说里：

1. 即差快手李彪随着王爵跟捕贼人，必要擒获，方准销牌。

（《二刻拍案惊奇》）

2. 以后他再问你，你<u>必要</u>叫他同我商量。

（《二十年目睹之怪现状》

很显然，中国传统白话里的"必要"与现代汉语中的"必要"之义并不完全相同。这两个用例中的"必要"为动词性短语，其实为"必须"+"要"的语义，后接动词表示"一定要如何如何"的意思，"必"与"要"尚未固定结合为词，仅存在线性上的排列关系。而笔者前面所举的 5 个现代文学的用例中的"必要"则是固定的一个词语，不是单纯的语素叠加，做形容词或名词解，且形成了"有/没有（无）……的必要""……是必要的"等惯用格式。

有学者认为，现代汉语中的"必要"在传统汉语中是并不存在的，是受外来影响产生的。比如潘允中曾有如下论断：

"五四"以后，汉语还从外语种吸收了一些新的语法成分来丰富自己。如"主要的是因为……""有……的必要""基本上"等等，就都是从外语翻译吸收进来的。（潘允中，1982：27）

而关于这种新用法的来源，有学者认为是从日语中舶来的。如杨树达曾道：

自清光绪甲午中日战役以后，我国士人多往日本游学，于是日本名词"手续""目的""不经济"等词，输入无限，而文句之组织亦蒙变迁之影响。如云："有……之必要"之类，皆前此所无也。（杨树达，2008：7）

另一位学者金兆梓也注意到日语在该词进入汉语中起到的作用，此观点虽然发表的时间较前两位学者更早，但观点更具备延伸性：

近二十年来受欧洲文字的影响可实在不小，如"有……之必要"等语调，及名词变静词或动词变静词后面所加的"的"字——进来或用"底"字等类（宋儒语录往往有"堂堂地""惺惺地"等语，亦只是由梵文中受的印度欧罗巴语的影响），这种实在是欧洲文字的

语调，一般人以为是受日本文的影响，而不晓得日本文中也是受西文影响而来的。(金兆梓，1955：35)

也就是说，金氏肯定了"必要"的说法是从日语中学来的，但同时也认为，这种用法是"欧化"了的日文。

笔者认为，金氏的说法是符合语言接触的实情的。刘正埮主编的《汉语外来词词典》也指出"必要"源自日语。① "必要"在日语中率先完成了词汇化的过程，其中对印欧语的翻译起到了很大的作用。在森冈健二所著『欧文訓読の研究』中，曾引用了以下日本翻译文字：

　　蒲生俊訳 PUBLISHER N. H. TODA（明治 21 年）『塩』
　　塩ハ我々ガ稀ニ考エテ其ニ与フル事程左様ニ普通ナル日常の物品デアル左レド最モ多クノ普通ノ物ノ如ク其ガ生活（life）ノ甚ダ必要　ナルモノ（森冈健二，1999：137）
　　ネセッサリース

以上内容为日本学者在 19 世纪 80 年代翻译的英文自然教科书中的一节，为关于盐类知识的介绍，讲述盐为生活之必需品。在「必要」一下方，译者特意用标注了片假名「ネセッサリース」，即英文 "necessaries" 的发音。整句话的意思就是 "盐虽然是日常生活中的普通物品，但确是生活所必要的"。从此例来看，日本人把「必要」与英文中的 "necessary" 对应起来，至少不会晚于明治 21 年（1888）。通过查找，我们还可以找到更早些的例子，如坪内逍遥在其所著『当世書生気質』（1885—1886）一书中，有这样的语句：

　　necessity is the mother of invention〔必要（ヒツヨウ）は発明（ハツメイ）の母（ハハ）〕じゃアない。

此为坪内逍遥翻译的西方谚语，意为 "需要是发明之母"。很明显，坪内逍遥文中的「必要」是直接对应着英文句首的 "necessity" 的。事实

---

① 刘正埮认为，"必要"是日源词汇，译自英语 "necessity"。详见刘正埮主编《汉语外来词词典》，上海辞书出版社 1984 年版，第 43 页。

上，这句谚语已成为日本各种辞书的必收条目，可见流通之广。

　　为进一步考察日语中"必要"及相关形式的出现及使用情况，笔者利用日本国立国语研究所的「中納言コーパス」（中纳言语料库）对「必要」一词进行检索，并未发现有早于明治时期的用例。而在明治维新之后创办的近代刊物『明六雑誌』（1874—1875）、『国民の友』（1887—1888）、『太陽』（1895—1925）中，『明六雑誌』中出现了 6 个用例，『国民の友』中出现了 484 例，『太陽』中为 4394 例。可以说，日语中的"必要"是在 19 世纪末突然产生并爆发式流行开来的，「必要」很可能是因为翻译西语的需要而在近代日语中出现的。我们来看一下日本近代刊物中出现的「必要」有关用例：

　　1. 彼國地券の設なし故に土地を抵當したる 丁を保証する爲に其法必要なり
　　　　　　　（津田真道，「政論（五）」，『明六雑誌』第 16 号，1874）

　　2. 近頃風説あり曰く政府將に所得税法を布かんとすと果して信耶吾人は先づ何の必要あり何の目的に向て此の新税を課するやを聽かんと欲す
　　　　　　　　　　（「時事評論・所得税」，『国民の友』第 1 号，1887）

　　3. 我が頑骨依然たる封建の人民は、果して斯る政府を建設するの必要ありし乎
　　　　（「外交の憂は外に在らずして内に在り」，『国民の友』第 2 号，1887）

　　4. 先づ戦爭後の學術の如何を考察する前に方りまして凡そ國運の消長と學術の盛衰の關係が通常人が始めて考へまするよりも餘程密着なるものであるといふ事を見るのが必要であります
　　　　　　　（井上哲次郎，「戰爭後の學術」，『太陽』第 1 号，1895）
　　5. 夜に入れば蒲團を床上に敷き必要の場合にて地の厚き青色の麻蚊帳を室の四隅より釣り下ぐるなり
　　　　　　　　　（佚名著，「海外思想」，『太陽』第 1 号，1895）

从以上用例可以看出，日语中的"必要"及相关形式在19世纪80年代已经在日文中流行开来了。最晚至19世纪90年代末，「…必要なる」「必要ある」「必要である」「必要の…」等惯用形式都已经出现了。而这些惯用形式译成汉语，就会是"……是必要的""有……之必要""必要的……"等形式。而我国第一次汉译日书的高潮就出现在甲午战争后的十年，恰是"必要"相关表达在日语中已然成熟的时期，由于翻译日书的原因，这些表达形式从日语中转移到汉语中是非常可能的。

事实上，在清末民初的中国近代报纸杂志里，我们已经可以找到与日语相对应的"……为必要""……是必要的""有……的必要""必要的……"等结构了。笔者首先在1902年的《新民丛报》中发现了"必要之……"与"……为必要"的句式：

1. 何者爲中國今日必要之精神。何者爲中國今日應用之方法。何者爲今日中國可行之制度。此必非如一知半解之业。

（磐心著，《中国新教育案》，《新民丛报》第3号，1902）

2. 盖欲分析事類各詳原理。則不能僅分時代函胡綜叙。而志爲必要矣。欲開濬民智。激揚士氣。則亦不能如漁仲之略于事狀。而紀傳亦爲必要矣。

（《饮冰室师友论学践》，《新民丛报》第13号，1902）

考虑到报纸创办地为日本横滨、创办人及主笔为热衷模仿日语的梁启超的背景，"……为必要"很可能是从日文的「必要の…」与「…必要なる」模仿而来的。

另外笔者查找到了"为……之必要"的句式：

往來之人。莫不注意保護道路之清潔。市內無論矣。即在市外。皆無論畫夜。道路之傍。絕無有人大小便者。雖童子。亦皆知保道路之清潔。爲公共安寧之必要。

（《欧美公德美谈》，佚名译，《新民丛报》第30号，1903）

该文虽未注明文章的具体出处，但属于归类在该期的"译丛"栏目，且标题下方有"日本育成會編"字样，可见译自日文文本。

　　随后笔者又在各出版物中查找到了"有……之必要"的句式，距离"有……的必要"略有语体差别；值得注意的是，它们大部分都是直接译自日文的：

　　1. 日本政府無論何時<u>有軍事之必要</u>，即可徵發其鐵路與轉運材料以使用之也。
　　（《今后之满洲》，渊生译自永井惟道《政治泛论》，《新民丛报》第 66 号，1905）
　　2. 使支那学日本开國之歷史，則<u>有使信賴日本威力之必要</u>。
　　　　（《关于最近日清之谈判》，汉民译，《民报》第 1 号，1905）
　　3. 此普通為替條例之成效，乃使德意志諸國感共通商法<u>有制定之必要</u>。
　　（穗积陈重，《法典论》，张一鹏译，《法政杂志》第 5 号，1906）
　　4. 對於幼年犯罪者有設置試驗監獄之要乎否乎。（决議）認<u>有設置之必要</u>。
　　（小河滋次郎述，《第七次万国监狱会议与狱制改良之前途》，贺肩佛译，《东方杂志》第 3 卷第 5 号，1906）
　　5. 漁權之利益，尚未得其實物，惟不過得其豫約而已。若欲代之於實物，則尚<u>有開始談判之必要</u>。
　　（《论日本战胜之利益》，李侃译自日本《太阳报》第 13 卷第 1 号，《中国新报》第 1 年第 2 号，1907）

　　同《新民丛报》一样，《民报》《法政杂志》《中国新报》皆为中国人在日创办的报纸或刊物，有不少内容都为对当时日人文章的翻译。这些报纸直接照搬日语中的"必要"一词及相关结构，是非常自然的。总之我们可以断定，早在五四运动开始前，汉语中就已经存在"必要"的相关表现了。
　　而"之"替换成"的"，"为"替换成"是"，成为完全的白话句式，则是在新文化运动开始之后。据笔者查证，"有……的必要"最早出现在新文化运动开始的 1915 年，最早的用例出现在鸳鸯蝴蝶派杂志《眉语》中：

我並不要爾什麽報答，而且爾是野獸，更沒有什麽報恩不報恩的必要。

（兆初，《风姨》，《眉语》第 9 号，1915）

而 "……是必要" 的句式，则最早出现在《新青年》1918 年第 4 卷第 5 期上的《贞操论》一文中：

但是無愛情的夫婦生活，勉強著厮守下去，也當作一種貞操，是必要的。

（与谢野晶子，《贞操论》，周作人译，《新青年》，1918）

这篇文章是周作人的译作，翻译自日本著名作家与谢野晶子的评论集『人及び女として』。从翻译关系上来看，"……是必要" 结构与日文的渊源是非常明显的。

鲁迅的译作大部分都是基于日文文本的，不可避免地，其译作中存在大量的 "必要" 及相关结构。鲁迅首先使用 "必要" 一词，是在《月界旅行》中，但此时鲁迅的 "必要" 依然属于传统的动词性短语：

哥仑比亚炮中装入引火棉四十万磅，重量如此，燃烧必易，况又加弹丸压力，则引火棉必要生火，酿成奇祸的。

（凡尔纳，《月界旅行》，井上勤译，1903）

在整个鲁迅早期译文中，我们只找到了这一例含有 "必要" 的句子，且不属于新用法。鲁迅最早的 "必要" 的新用法出现在其中期译文《一个青年的梦》中：

因为这人是撒谎有名的人。因为就是说 "为要平和所以战争是必要" 的人。

（武者小路实笃，《一个青年的梦》，1920）

原文：その人間は嘘つきで有名な人ですから。それに平和の爲に戰爭が必要だと云ふ人ですから。

可见，鲁迅译文中的"……是必要"的形式，是直译的日文「…が必要だ」的结果，"必要"在原文及译文中，都是作为谓语成分放置在单句或小句末尾的。"……是必要"的结构在鲁译中还有很多，如下面两个在鲁迅中期译文中的例子：

1. 为德大计，我是障碍；为我计，德大可是<u>必要</u>的。

（武者小路实笃，《一个青年的梦》，1920）

原文：獨太郎の爲には私は邪魔ものですが、私の爲には獨太郎<u>は必要です</u>。

2. 准备和实地和保障，<u>是豫先必要的</u>。

（升曙梦，《生活的演剧化》，1928）

原文：準備と實地と保障とが<u>豫め必要なのだ</u>。

再如以下几个鲁迅后期译文中的例子：

1. 文学为什么在我们<u>是必要的</u>？

（武者小路实笃著，《壁下译丛·文学者的一生》，1929）

原文：文学はなぜ自分達にとつて<u>必要なのだ</u>。

2. 这态度的明确，为斗争，为论争，为煽动，<u>是必要的</u>，是加添力量的，但为艺术的创造，却是不利。

（《壁下译丛·阶级艺术的问题》，1929）

原文：この態度の明確は、争鬭のため、論争のため、煽動のためには<u>必要であり</u>、力を加へるものであるが、藝術の創造のためには不利である。

3. 因为这样的艺术，即纯艺术，只为了满足审美底要求，是有用的艺术，所以在我们<u>是不必要的</u>。

（卢那卡尔斯基，《文艺与批评·苏维埃国家与艺术》，茂森唯士译，1929）

原文：斯る藝術即ち純藝術は、審美的要求を満足せしむるがためにのみ有用な藝術であるからして我々に<u>不必要である</u>、と彼等は言ふ。

4. 你是讲着"域普"的独裁,而且因为这目的,所以共产党细胞在你<u>是必要的</u>。

(《文艺政策·关于对文艺的党的政策》,外村史郎、蔵原惟人共译,1930)

原文:あなたは「ワッフ」の獨裁について云つてゐる、そしてその目的の為に共産黨細胞があなたに<u>必要なのだ</u>。

可以看到,除了例 3 直接用了"不必要"一词表示否定,其他都是"……是必要"的结构,"是"与"必要"之间很难加入其他成分。另外一点需要注意的是,鲁迅译文中的"……是必要"的结构之前往往会出现"在+人称代词"的形式,全在于直译「……に(は)」的缘故。鲁迅把「に」直接译成了"在","在我们""在你们"的表达方式导致整个句子存在一定程度上的违和感。

接下来考察一下鲁迅译文中的"有……的必要"这一常用句式。这一句式是鲁迅译作中出现次数最多的,占了所有"必要"相关句式的六成以上。此句式首次出现也是在《一个青年的梦》中,见下例:

这些事都不知道,<u>也没有知道的必要</u>。只要照命令做,就好了。

(武者小路实笃,《一个青年的梦》,1920)

原文:そんなことは知りません。又<u>知る必要はない</u>のです。命令通りすればいいのです。

这种"有……的必要"的句式对应的为日文的「……必要は/が+ある/ない」的惯用句式。这种例子在鲁译中有很多,在其中期、后期译作中都广泛存在。

中期译作例:

1. 像我这样人,是没有记念儿子的资格的了。儿子也<u>没有要我记念的必要</u>了。

(武者小路实笃,《一个青年的梦》,1920)

原文:私なんかもう息子のことを思つてやる資格はないのだ。又息子も<u>思つてもらふ必要はない</u>のだ。

2. 造这世界的小子，是怎样的吝啬的东西呵。萤的翅子和金鱼的鳞，都略略多造些，岂不便好！在偌大的世界上，那有这样俭约的必要呢！

（爱罗先珂，《爱罗先珂童话集·春夜的梦》，1921）

原文：この世界を造へた奴は、何と云ふけちん坊だらう。螢の羽も金魚の鱗も、少しも餘計に造へて置けばよいのに！こんな大きな世界に何でそんなに倹約をする必要があらう！

3. 因为倘没有车和轭的压制，马就没有那么地流着大汗，气喘吁吁地奔走的必要的。

（厨川白村，《苦闷的象征》，1924）

原文：車や軛の制壓が無ければ、馬はあんなに汗水垂らして喘ぎながら走る必要は無いのである。

鲁迅后期译作例：

1. 自然，关于物质底援助呢，此刻也还没有值得提起的事。所以，是有将我们的自给自足力，放在更广的轨道上的必要的。

（卢那卡尔斯基，《文艺与批评·苏维埃国家与艺术》，茂森唯士译，1929）

原文：勿論、物質的援助に關しては當分述ぶるほどのこともない。故に我々の自給自足力をより廣い軌道の上に置く必要がある。

2. 这样的不真的矛盾，连从站在唯物史观的确固的地盘上的人们的政治底实践上，也能够寻出来的。不过在这里，有加以极其本质底的批注的必要。

（蒲力汗诺夫，《车勒芮绥夫斯基的文学观》，蔵原惟人译，1930）

原文：かくの如き虚偽の矛盾は、唯物史観の確固たる地盤に立つてゐる人々の政治的實踐に於いても、亦、これを見出すことが出来る。しかし其處では極めて本質的な但書きをする必要がある。

3. 在他们，即使运用历史上的事件之际，是也<u>没有一一遵从史实的必要的</u>。

（山岸光宣，《表现主义的诸相》，1929）

原文：彼等からすれば、歴史上の事件を取扱ふ場合にも，<u>一々史實を辿る必要がない</u>。

从以上各例中可以看出，除了"有……的必要"这一肯定形式，"没有/无……的必要"这一否定形式也不在少数。另外，在"必要"之前加长修饰语的现象也是非常明显，显然增长了句子的总体长度。

另外笔者发现，在鲁迅译作中除了"有……的必要"的结构，还存在少量"有……之必要"的结构。这一半文半白的形式并没有在其早期及中期译作中出现，反而在鲁迅后期译作中有所表现：

1. 总而言之，是相信人类倘若那欲求得到满足，便显示着并<u>无咒诅别的存在之必要</u>的，有活气的存在的。

（卢那卡尔斯基，《文艺与批评·托尔斯泰与马克斯》，金田常三郎译，1929）

原文：つまり人間はその欲求が満たされるならば、<u>他の存在を呪ひ苦しめる必要のない</u>、生ける存在を表はしてゐるといふことを信じてゐる。

2. 重要者，是在力免于饿死也。<u>有减少运动之必要</u>。

（理定，《竖琴》，村田春海译，1928）

原文：<u>運動を少くする必要あり</u>。

以上的各种用例，皆为"必要"在句子后部充当谓语的情况。在鲁迅的翻译作品中，我们还可以找到"必要"充当定语的情况，对应的为日语中的「必要な…」的形式。这种表达方式也应归为"日化"。如以下两例：

1. 英大因为国防上<u>必要的数目</u>，总得造的。

（武者小路实笃，《一个青年的梦》，1920）

原文：英太郎　まあ、國防に<u>必要なだけ</u>はつくらなければなりませんから。

2. 因为我们是素来将精力用惯于必要的事务的，所以苟有余力，则虽是些微的刺戟，也即应之而要将那精力来动作。

（厨川白村，《出了象牙之塔》，1925）

原文：吾々は日常必要な仕事に其勢力を用ひ慣れてゐるが故に、餘力があれば、僅かの刺戟にても直ぐ應じて、その精力を働かさうとする。

鲁迅译作中还有"动词+必要"的形式，主要为"……成为必要"。这种形式是数量最少的，仅举一例：

于是军备成为必要，怎样防御敌国侵入的事成为问题，征兵也必要，重税也必要，杀人的器具，愈加精巧了。

（武者小路实笃，《一个青年的梦》，1920）

原文：其處に軍備が必要になり、如何にして敵國の進入をふせぐべきかが問題になり、徴兵が必要になり、重税が必要になり、人を殺す機械が精巧になります。

为较为全面地了解"必要"引领的新兴用法在鲁迅译作中的出现情况，笔者对鲁迅译文中的"必要"搭配情况进行了统计汇总，详见表10：

表 10   鲁迅译作中的"必要"搭配情况统计

	早期	中期	后期	合计
……是（不）必要（的）	0	15	59	74（22%）
有/没有……的/之必要	0	48	172	220（64%）
必要（的）……	0	12	31	43（13%）
动词+必要	0	2	3	5（1%）
合计	0	77	265	342（100%）

从上表可以看出，鲁迅译作中总共出现了342个"必要"相关用例；其中"有/没有……的/之必要"出现的次数最多，占到了总量的64%；其次为"……是（不）必要（的）"的形式，占到了总量的22%；"必

要（的）……"的形式据第三位，占总量的 13%，"动词+必要"的形式为最少，占总量的 1%。从时间分布上看，鲁迅的早期译作中完全没有出现"必要"有关的新用法；中期、后期译作相比，后期译作出现"必要"新用法的绝对次数更多；在鲁迅的中期、后期译作中，"有……的/之必要"都占据了最大的使用比例。

鲁迅的翻译与写作是相辅相成的，我们在鲁迅的创作作品中，同样可以发现很多"必要"引导的句式及结构。据笔者统计，鲁迅在创作作品中总共使用了 93 例与"必要"有关的句式。

比如，鲁迅创作作品中存在不少"有……的/之必要"的结构，统计共 58 例，列举部分如下：

1. 因此诸公的说理，便没有指正的必要，文且未亨，理将安托，穷乡僻壤的中学生的成绩，恐怕也不至于此的了。

（《热风·估〈学衡〉》，1922）

2. 她未必知道她的悲哀经大家咀嚼赏鉴了许多天，早已成为渣滓，只值得烦厌和唾弃；但从人们的笑影上，也仿佛觉得这又冷又尖，自己再没有开口的必要了。

（《彷徨·祝福》，1924）

3. 我也早觉得有写一点东西的必要了，这虽然于死者毫不相干，但在生者，却大抵只能如此而已。

（《华盖集续编·记念刘和珍君》，1926）

4. 我觉得我的话在上海也没有改正的必要。中国现今的一部份人，确是很有些苦闷。

（《而已集·当陶元庆君的绘画展览时》，1927）

5. 我答以我无遵守该店规则之必要，同人既不自管，我可以即刻退出的。

（《书信·致曹靖华》，1931）

同时，也存在一些"……是（不）必要（的）"的结构，总计 8 例，列举部分如下：

　　1. 但自然，单为了现存的惟妇女所独有的桎梏而斗争，也还是<u>是</u><u>必要</u>的。

　　　　　　　　　　　　（《南腔北调集·关于妇女解放》，1934）

　　2. 即使现在不是水灾，饥荒，战争，恐怖的时代，请求去转居的人，也决不会没有。所以虐待<u>是必要</u>了吧。

　　　　　　　　　　　　　　　　（《准风月谈·后记》，1934）

　　3. 来信上说到用我这里拿去的钱时，觉得刺痛，这是<u>不必要</u>的。

　　　　　　　　　　　　　（《书信·致萧军、萧红》，1934）

　　亦有"必要（的）"作定语的用法，统计共有 25 例，列举部分如下：

　　1. 不过时间太长，就须有一种<u>必要的</u>条件，是带着一点风骚，能受几句调笑。

　　　　　　　　　　　　（《南腔北调集·上海的少女》，1933）

　　2. 文字就是史官<u>必要的</u>工具，古人说："仓颉，黄帝史。"

　　　　　　　　　　　　　（《且介亭杂文·门外文谈》，1934）

　　3. 对于"对象"等等的界说，就先要弄明白，当<u>必要</u>时，有方言可以替代，就译换，倘没有，便教给这新名词，并且说明这意义。

　　　　　　　　　　　　［《花边文学·奇怪（二）》，1934］

　　还有"动词+必要"的结构：

　　用版画装饰书籍，将来也一定<u>成为必要</u>，我希望仍旧不要放弃。

　　　　　　　　　　　　　　　（《书信·致赖少麒》，1935）

　　但这种结构在鲁迅创作作品中也很少，只有 2 例。
　　同鲁迅翻译作品相比，鲁迅创作作品中的"必要"及相关结构在数量上要少了不少。鲁迅创作作品与鲁迅翻译作品中"必要"及相关结构的使用情况的详细比较请见表 11：

表 11 鲁迅创作作品与翻译作品中的"必要"使用情况

搭配类型	鲁迅创作作品	鲁迅翻译作品
……是（不）必要（的）	8（9%）	74（22%）
有……的/之必要	58（62%）	220（64%）
必要（的）……	25（27%）	43（13%）
动词+必要	2（2%）	5（1%）
合计	93（100%）	342（100%）

从上表可以看出，各种"必要"搭配形式在鲁迅创作作品及翻译作品中的比例大致是一致的，占比最多的都是"有……的/之必要"的形式，而且都达到了60%以上。第二的位置略有不同，"必要的……"的形式在创作作品中占比更多，而翻译作品中"……是（不）必要（的）"占比更多。"动词+必要"的结构在创作作品翻译作品中的占比都是最少的。

值得注意的是，"必要"还有一个衍生词语——"必要性"。但鲁迅翻译作品及创作作品中都没有出现这一词语。①

综上所述，现代汉语中的"必要"一词及相关搭配，很可能来自于"欧化"了的日语；"必要"在甲午战争后就已经出现在中国的新式刊物中，并随着白话文运动的发展逐步融入现代汉语中；鲁迅的翻译作品、创作作品中都存在大量与"必要"有关的新兴表达方式。

---

① 据笔者查证，汉语中的"必要性"最早出现魏嗣銮（魏时珍）所做的《空时释体》一文中，载于李大钊主编的杂志《少年中国》1920年第7期。在整个爱如生近代报刊库第一辑中仅有12个"必要性"的用例，查找北大CCL语料库，现代部分找不到一个用例，直到当代部分才出现相关用例。"必要性"一词是何时进入汉语并流行开来的，值得进一步考证。

句 式 篇

在词汇篇中，笔者主要对鲁迅译作中的日源汉日同形词进行了考察。日源汉日同形词，可以说是"日化"现象的一个突出表现，然而词汇方面的交流碰撞，只是两种异质语言进行间接接触的最直观的表现，孤立的词汇需要要通过一定的规则组合起来，才能表达完整的意义。也就是说，间接语言接触也有可能引起语言在句法甚至篇章层面的变化。词汇的借用固然是汉日语语言间接接触中非常突出的现象，但由于清末民初汉日语接触的高强度性、高密度性，日语对汉语的影响并不只局限在借用汉字同形词上。事实上，在清末民初的汉语书面语中，还存在各种超越词汇层面的"日化"现象，比如梁启超"新民体"的创立①，吴梼独具特色的对话语体②。但要说对日文语法模仿的细致深入，还以鲁迅为最。在鲁迅的翻译文字里面，存在很多由于模仿日语中的固定语法结构而形成的"日化"现象。比如：

①有照搬日语中的人称代词前加定语结构的例子：

　　　　感到了性命的危急的他，耸起身来，想跳过栏干，逃到河里去。但实行了他的意志的，却只有他的头颅。

　　　　　　　　　　　　　　　　　　（《现代日本小说集·复仇的话》）

---

①　新民体是一种杂糅了文言、白话及日欧文体的新型语言样式，语势磅礴淋漓，修辞上多用排比、反复、重叠、比喻，用梁启超自己的话说，就是"文条理明晰，笔锋常带情感，对读者，别有魔力"。参见梁启超《饮冰室合集》第八卷，中华书局1989年版，第62页。另，梁启超创造新民体受到了日本著名政治评论家德富苏峰（1863—1957）文体的影响。冯自由曾明确描述过梁启超之新民体与德富苏峰文体之间的关系："苏峰为文雄奇畅达，如长江巨川，一泻千里，读之足以廉顽立懦，彼国青年莫不手握一卷。……而任公之文字则大部得力于苏峰。试举两报所刊之梁著饮冰室自由书，与当日之国民新闻论文及民友社国民小丛书——检校，不独其辞旨多取材于德富苏峰，即其笔法亦十九仿效苏峰。"参见冯自由《革命轶史》（第4集），中华书局1981年版，第252页。此外，梁启超在日记中也曾提及自己阅读德富苏峰作品的情景："读德富苏峰所著《将来之日本》及'国民丛书'数种。德富氏为日本三大新闻主笔之一，其文雄放隽快，善以欧西文思入日本文，实为文界别开一生面者，余甚爱之。中国若有文界革命，当亦不可不起点于是也。"参见梁启超《汗漫录》，《清议报》第35号，1900年12月28日。由于新民体在语势上有慷慨激昂、声势夺人的特点，因此成为梁启超宣传政治主张的利器，在文化界、知识界曾引起强烈反响。
②　吴梼（1880？—1925），字丹初，号亶中，浙江钱塘人。清末民初著名翻译家、书画家。吴梼的翻译颇受好评，学者曾评价其"选本虽亦有所失，然其在文学方面修养，却相当的高"。见阿英：《晚清小说史》，江苏文艺出版社2009年版，第189页。吴梼通日语，通过日本直译及转译了相当数量的文学作品。吴梼对对话体的处理很大胆，在1906年翻译的《灯台卒》一文中，就直接采取了省略说话者称谓的翻译方式，在当时是较为前卫的。有关吴梼的主要译作及与日本、日文的关系问题，可参见吴燕「『燈臺卒』をめぐって」，『清末小説』第33卷，2010年12月。

原文：命の危いを感じた彼は、身を躍らして欄干を越え河中に逃れようとした。が、彼の意志を遂行したのはその首級だけであった。

②有强行模仿日语中表示状态存续的「ように」结构的例子：

家将是蜥蜴似的忍了足音，爬一般的才到了这峻急的梯子的最上的第一级。

（《现代日本小说集·罗生门》）

原文：下人は、守宮のように足音をぬすんで、やっと急な梯子を、一番上の段まで這うようにして上りつめた。

③有模仿日语中的介词结构「に対して」的例子：

个人对于神的责任，个人的对于社会国家的责任，个人的对于自己本身的责任，凡这些严正的责任，每一个人，对于其行为，都应该负担的。

（《思想·山水·人物》）

原文：個人の神に對する責任、個人の社會國家に對する責任、個人の自分自身に對する責任、それらの嚴正なる責任は、各個人が、その行爲に對して凡て擔はなければならない。

④有模仿日语的持续体「…ている」的例子，

恶魔高高兴兴的走了。这就结定了仇；以后只要尽着力量，煽起他们的残酷性便好了。但这等事，原也不必我出手；人里面尽有着十二分呢。

（《一个青年的梦》）

原文：惡魔　よろこんでゆく。之で一先づかたがついた。之から出来るだけ、残酷性をお互に燃え上らせばいゝのだ。しかしそんなことは俺が手を下すまでもない。人間の内に十二分に與へられてゐるのだからな。

⑤有用"事"来对译日语的形式体言「こと」的例子：

　　所谓自然主义小说的内容上，热了人眼的，是<u>在将所有因袭，消极的否定，而积极的并没有什么建设的事</u>。

　　　　　　　　　　　　　　　（《现代日本小说集·沉默之塔》）

　　原文：自然主義の小説というものの内容で、人の目に附いたのは、<u>あらゆる因襲が消極的に否定せられて、積極的には何の建設せられる所もない事であった</u>。

⑥也有为了保持日语的语义重点后置特色而导致句子"头重脚轻"的例子：

　　像人类的王或豪杰似的，借了自己的下属的力量和智慧，来争权利，以及为了一点无聊事，吵闹起来的事，是没有的。

　　　　　　　　　　　　　　　（《爱罗先珂童话集·雕的心》）

　　原文：人間の王様や偉い者の様に、自分の家來の力や智慧を借りて權利を爭つたりつまらないことで喧嘩などを致しません。

　　以上所举例子仅是鲁迅译文中"日化"句法表现的冰山一角。鲁迅译文中句法层面的"日化"现象是十分丰富的；要在有限的时间里把所有的"日化"现象梳理完，是非常有难度的。因此，研究鲁迅在句法层面的"日化"现象，需要寻找到合适的切入点。我们发现，各种日语中固定语法结构翻译成汉语，往往会形成相对固定的表达形式，如以上各例所展现的那样，日语中的人称代词前加定语结构对应着汉语的"……的我/你/他（们）"，日语持续体「…ている」对应着汉语的"有着……"日语复合格助词结构「に対して」对应着汉语的"对于……"也就是说，这些翻译大多是具有鲜明的特征标志的，从汉语语法研究的角度来看，都可被称为"具有特定语义的固定格式"，简单来讲，就是"句式"①。出于本书结构聚焦的需要，同时也出于研究便利的考虑，笔者在本篇将选取

　　① 学界对"句式"的定义繁多，笔者采取的定义为："按照句子的局部特点划分的句子类型，即某些具有特定语义的固定格式"。参见语言学名词审定委员会编《语言学名词》，商务印书馆2011年版，第63页。

语法研究的一个侧面——从句子的"局部特征",即"句式"出发,来考察鲁迅译文中出现的各种"日化"现象。具体来讲,本篇将结合鲁迅的译文,对"关于……""对于……""在……之下""……和……和……""是……(的)""……的我(们)/你(们)/他(们)""底的/底地/的地/地的……"七种"日化"句式进行考察。这些句式,要么早已在现代汉语中落地生根,要么曾在现代汉语形成过程中留下了深刻的印记,都值得重点关注。

第一章

话题标记"关于""对于"构成的"日化"句式

现代汉语被认为是"话题优先型"语言（徐烈炯、刘丹青，2003），存在种类繁多的话题标记。介词类的"关于""对于"，动词类的"比如说""再说"，语气词类的"啊""呢""吧"，都能起到标记话题的作用（邓莹洁，2015：95—96）。其中介词类的话题标记"关于"与"对于"是非常常见的，也是一直以来备受关注的。在语言接触研究的领域，话题标记"关于"与"对于"往往解释成"欧化"（王力，1985；贺阳，2004），但经考察可知，二者属于"日化"的可能性更大。本章将分别考察"关于……""对于……"这两个"日化"句式的来源及在鲁迅译文中的表现。

第一节　"关于……"

"关于"是现代汉语中使用频率很高的介词，用来引进关涉的范围或对象，表示"涉及……"的意思。在现代汉语中，我们可以看到很多这样的例子。

1. <u>关于学生游行的事</u>，他已经听到，而且打定主意不去参加。

（老舍，《四世同堂》）

2. <u>关于恋爱方面</u>，他记起了那天辩论会时章秋柳曾说过朱女士不是真实的理想。

（茅盾，《蚀》）

3. 老郑进了城，马上听到<u>关于举人公与二狗的消息</u>。

（老舍，《火葬》）

　　4. 这本<u>关于人生的小册子</u>，在它年已半百时再版，无疑标志着历史的"公平清楚"以及人生的"意味深永"。

（钱锺书，《写在人生边上》）

　　对作为介词的"关于"，太田辰夫在《中国语历史文法》一书中曾评价道：

　　　用"对""对于""关于"表示关连的用法是很新的，找不出清代以前和清代的用例。（太田辰夫，2003：236）

　　太田辰夫指出了"关于"作为介词用法的新颖性，但这种用法是汉语自身发展的结果，还是受到了语言接触的影响，其并没有进行进一步探讨。而王力在《中国现代语法》第六章"欧化的语法"中提及了"关于"，认为"关于"是"用于范围修饰的，中国本来没有这种说法"（王力，1985：363）。也就是说，王力把"关于"归为了欧化语法。罗慷烈也认为，现代汉语中的介词"对于""关于"都是"在现代欧化语中经常用，中国语本来却没有"（罗慷烈，1963：203）。贺阳也持同样观点，认为"汉语中原本没有介词'关于'，它是在五四前后在英语等印欧语言的影响下产生的"（贺阳，2004：115）。王力、罗慷烈对自己的判断依据并没进行详细的论述，而贺阳则进行了详细的论证，认为在明清白话小说中找不到"关于"的例证，在古代文言文中虽有"关"与"于"组合使用的例证，但仅仅是动词性词组，而不是介词，如"利害关于天下，是非公于人心（《宋史·陈贵谊传》）"中的"关于"只作谓语的动词性成分，五四后作为英语介词"about""on""over""to"等词的翻译，"关于"才形成了现代汉语中作为介词的用法（贺阳，2004：115—118）。

　　对于以上学者的观点，特别是贺阳的论证，笔者认为有其合理的成分，但有两点需要进一步说明。

　　首先，"关于"作为介词的用法，虽然在古代白话文中难觅踪影，但在文言文中也并不是完全不存在。如张成进（2014）考察了"关于"的"词汇化"过程，认为在隋唐五代时期文言文中就已经出现了"关于"作为介词的用法，如"而又环堵之内，关于坟典，思欲叙他日之游谈，迹先王之轨范，不可得矣（《唐文拾遗·卷三十三·剧谈录序》）"一句，其中的"关于"用法已和现代汉语中的"关于"无甚差别,也就是说在隋唐五代已经完成了"词汇化"了(张成进,2014:78)①。由此观之,贺阳的说法有过于绝对之嫌。同时张氏也认为,介词"关于""一直处于'沉睡'状态,使用频率一直较低,它的使用数量真正被激活,出现频率以几何倍数式高速增长则是在近现代时期",不能说介词"关于"是因为语言接触而"形成"的,但可以说其被大量使用是被语言接触所"彻底唤醒和激活"的(张成进,2014:79—81)。笔者认为,同张氏列举的实例及分析来看,介词"关于"确实并非完全在传统汉语中找不到依据,这是必须承认的事实;同时,我们又要承认,某种语法现象的使用频率在某一历史时期由于语言接触的原因出现爆发式增长,那在广义上依然可以将其归为"外来因子",这一辩证关系应得到厘清。

其次,在承认介词"关于"的使用受到外来因素影响的基础上,我们不能忽视,除了"欧化"的观点外,还有学者认为"关于"的大量使用是"日化"的结果。如潘允中曾说:

五四以后,受日语翻译的影响,还从"于"产生出新兴介词"对于""关于""由于"等,这是一种摹借语,用以吸收日语成分「に対して」、「に関して」、「に由して」的。(潘允中,1982:126)

又如王立达所言:

下面一些现代汉语词汇,是在我国人翻译日文时创造出来的。1)基于(〇〇ニ基イテ)2)关于(〇〇ニ関スル,〇〇ニ就イテ)3)对于(〇〇ニ対シテ)4)由于(〇〇ニ由ッテ)5)认为(〇〇ト認メラレテ)6)成为(〇〇ト成ッテ)7)视为(〇〇ト視ナシテ)(王立达,1958a:94)

---

① 也有学者并不同意张成进的观点,如吴玉芝认为张所举隋唐时代例句中的"关于"并非现代意义上的"关于"用法,依然是动介跨层结构,现代意义上的"关于"在20世纪后才出现。详见吴玉芝《介词"关于"源自日语说》,《语言教学与研究》2016年第6期,第92—102页。无论贺阳、张成进、吴玉芝对"对于"的语法化时间持何种观点,在"对于"受到外语影响这一点上是一致的。

　　持同样态度的还有金昌吉、吴玉芝。金昌吉认为"对于""关于"都是五四以后汉语在翻译日语「ニ対シテ」「ニ関シテ」的过程中通过摹借汉语的旧有成分"于"而"创造出来的"（金昌吉，1996：130）；吴玉芝则认为，"'关于'也是受到日语影响产生的"（吴玉芝，2016：98）。

　　从汉语发展的史实来看，说介词"关于"是完全"创造"出来的有些言过其实，但以上几位学者的观点应引起我们的重视：作为介词的"关于"在近代以来被大规模运用，日语的影响确实是不可忽视的因素。笔者认为，日语中的「に関して」本身就是"欧化"的结果，现代汉语中的介词"关于"是汉语与这一"欧化的日语"首先接触从而得到广泛使用的。

　　首先，「に関して」这一日语中的「複合辞」是因为翻译的原因在日语中广泛使用开来的。根据朴宣映的考证，「に関して」是作为英语 about，as for，concerning，with regard to，relating，respecting 等词的对译语出现的，在 19 世纪 80 年代的日英词典『和訳英字彙』（1888）、『明治英和字典』（1889）的词条中，可找到日英语的明确的对译关系，而在更早的日英词典中是没有的（朴宣映，2013：15）；ラナディレクサ・ディンダ・ガヤトリ（Dinda Gayatri Ranadireksa）也持有相同观点，认为「に関して」是"幕末明治初年受到外语的影响，由知识分子率先使用开来的"（ラナディレクサ・ディンダ・ガヤトリ，2014：2）。为验证以上二人的观点，笔者查找了『明六雑誌』（1874—1875）、『国民の友』（1887—1888）、『太陽』（1895—1925）等日本近代杂志的翻译文本，发现其中确实含有不少由「に関して」构成的句式：

　　　1. 此一事に關する公法中の眞理を證するには右に引用せる證據の外更に是より正確なるものあるべからず
　　　（ヒリモア，「『ヒリモア』万国公法の内宗教を論ずる章（撮要）」，柴田昌吉訳，『明六雑誌』第 6 号，1874）
　　　2. 第一、人は己れの權理に關しては全く自由平等に生出し、且永久然るものとす、故に人事上の區別は必ず一般公共の利益に基かざる可からず
　　　（ヘンリー、ジヨージ，「人の權理」，池本吉治訳，『国民の友』第 1 号，1887）

3. 例せば余輩は既に具に日月星辰の體象を講究し審に其轉運を推歩し其大小を測量し其圈運不停の原由と法則とを發見し<u>凡て天文に關する</u>一切事一切物は皆悉く研究し了れりと假定せん乎

（エム、パアヴロフ、「學術と美術との差別」、二葉亭四迷訳、『国民の友』第 19 号，1888）

4. こゝに人間の無限に進步すべきを確信し、就中人道の進步發達すべきを確信し、且件の<u>人道の秩序價値に關する</u>大觀念の、決して空想にあらざるを確信し、其の竟に實現せらるべき豫言的神宣なるを確信せるものあり、あはれ、此れ正義の徒か。

（フイヒテ、「戰爭と文學」、坪内逍遥訳、『太陽』第 1 号，1895）

5. 獨り商人のみならず、北京に於ける<u>外交に關しても</u>、亦猶口を開けば輙ち曰く『何は扨措き、吾儕は吾儕の迷誤を維持せざる可らず』と。

（トルストイ、「あはれ支那人」、岸上質軒訳、『太陽』第 1 号，1901）

据笔者统计，在『明六雑誌』（1874—1875）中出现的「に関して」的相关例证为 28 个，『国民の友』（1887—1888）中为 442 个，『太陽』（1895—1925）中多达 3887 个。而查找日本国立国语研究所的「日本語歴史コーパス」（日语历史语料库），在 1869 年之前找不到与「に関して」相关例证。也就是说，日语中的「に関して」的使用与日本人对印欧语系语言的翻译密切相关，是基本可以确定的。

其次，作为介词的"关于"的用法，是在中译日书过程中被激活，广泛使用开来的。如笔者在绪论中所述，甲午战争后，中国掀起了对日本书籍的翻译高潮，从时间点来看，日语中「に関して」的爆发期也恰好是在这个时候。借助同形汉字的便利，中国的近代化先驱们在翻译日书时把日语中的「関」直接拿来，再用自古有之的"于"来表达格助词「に」的含义，从而形成介词用法的"关于"，可能性是非常大的。事实上，我们在 19 世纪末 20 世纪初我国的一些创办在日本、主要通过日本引进新知识的报刊杂志上，就可以看到非常多由介词"关于"构成的用例：

1. 故康德關於權理之學說復有一格言日。『汝當循法律上所定者以使汝之自由與他人之自由相調諧』。即所謂人人自由而不以侵人之自由爲界也。

(《近世第一大哲康德之学说：论自由与道德法律之关系》，中国之新民译，《新民丛报》第46、47、48号，1903)

2. 然該回答中。關於滿洲條項。悉行削除。以此協商。爲全然關於韓國者。

(《东报随译：日俄交涉颠末之发表》，《浙江潮》第10期，1903)

3. 關於禮之起源。自然說與人爲說。雖氷炭不相容。及詳察其論旨。兩者之所爭不過異其着眼點。非必見解之相反也。

(《穗积陈重氏论礼与法（日本穗积陈重博士演讲稿）》，沈秉衡译，《法政杂志》第1号，1906)

4. 以上所舉實例之外。尙有如一千八百四十一年英法俄奧普五國締結關於禁止賣買黑人之條約。

(《论条约批准拒阻之法理》，译日本法学博士中村进午稿，《东方杂志》第3卷第8号，1906)

5. 然關于此事之精確書類．常爲我軍所得。遂使不得售其詐。

(《论日本战胜之利益》(译日本《太阳报》第13卷第1号)，李傥译，《中国新报》第1年第2号，1907)

以上各例均为中国人对当时日本文章的翻译，其中的“关于”要么可以译为日语的「に関する」，要么可译为「に関して」，在句中做状语或定语，是完全的介词用法。笔者初步统计了《新民丛报》(1902—1907)中介词“关于”的用例，达到了629处之多，如此多的使用数量，表明介词“关于”在20世纪最初的十年就已经被广泛使用了；与其说“关于……”这种句式是受“欧化”影响产生的，倒不如说是由“日化”的影响而被激活的。

作为经历了甲午战争后中译日书高潮、自己亦依赖日语进行翻译的鲁迅，其译作及创作作品中自然少不了“关于……”的踪迹。我们先来看鲁迅译作中的例子：

（一）鲁迅早期译作例：

1. 少将在独立战争时，曾当火药制造厂主任之职，故关于火药的理法，无所不知。

（凡尔纳，《月界旅行》，井上勤译，1903）

（二）鲁迅译作中期例：

1. 第三关于文艺的根本问题的考察（小节标题，笔者注）
原文：第三　文藝の根本問題に關する考察

（厨川白村，《苦闷的象征》，1924）

2. 只因为关于游泳的事，我的父母是尚早论者，因此直到顶发已秃的现今，我不知道浮水。

（厨川白村，《出了象牙之塔》，1925）

原文：水泳に關して私の親が尚早論者であつたばかりに頭の禿げる今に至るまで、私は泳ぎを知らない。

3. 然而也并不专一于自由主义，这证据，是那时我还勤快地搜集着丸善书店所运来的关于帝国主义的书籍的。

（鹤见佑辅，《思想・山水・人物》，1928）

原文：しかしまだ本當に自由主義に固つたのではなかつた証拠には、この時分矢張り丸善に来る帝國主義に關する書物も、せつせと集めて居た。

4. Tolstoi 在那长久的一生之中，徒望着死的来近，且关于死，怀了几回阴郁的观念，都不知道。

（罗迦契夫斯基，《LEOV TOLSTOI》，井田孝平译）

原文：トルストイは、其永い生涯の間に、死の接近を徒らに待望し且つ死に關し陰鬱なる觀念を幾度抱いたか分りません。

5. 一曰关于天力者，二曰关于机力者，三曰关于生命由来者，四曰关于神明者，五曰关于死者。

（上野陽一，《儿童之好奇心》，1913）

原文：（1）自然力に關するもの、（2）機械力に關するもの、

（3）生命の起源に關するもの、　（4）神佛に關するもの及び
（5）死及び天に關するものである。

（三）鲁迅后期译作例：

1. 他应该首先来聚集关于他所要描写的社会的见闻的一切，记录下来。

　　　　　（片山孤村，《壁下译丛·自然主义的理论及技巧》，1929）

原文：彼は第一に彼が描かむと欲する社会に關して見聞する一切を集めて、書き留めて置ねばならぬ。

2. 本质底地来说，则音乐，是有着关于音乐美的深奥的学问的。

　　　　　　　　　　（卢那卡尔斯基，《艺术论》，升曙梦译，1929）

原文：本質的に言へば音楽は音楽美に關する深奥たる学問を有してゐる。

3. 近来，关于托尔斯泰的教义——首先，是关于教义，并非关于艺术——在这世界里，已经接到了颇辛辣的否定底的意见，……（后略）

　　　　（卢那卡尔斯基，《文艺与批评·托尔斯泰之死与少年欧罗巴》，杉本良吉译，1929）

原文：爾來、トルストイの教義に關しては——先づ第一に教義に關してであり、藝術に關してでは無い——この世界に於いては、辛辣な程否定的な意見が受け入れられ、……

4. 关于文艺的论争，大体是和利用熟练的智识阶级的问题相联结的。

　　　　　（《文艺政策·关于对文艺的党的政策》，外村史郎、蔵原惟人共译，1930）

原文：文藝に關する我々の論争は一般に熟練ィンテリゲンチヤの利用の問題と結びついてゐる。

5. 关于这事，批评家是以为和法兰西南部（游什斯）人的父系的血脉相关的。

　　　　　　　　　　　　　　（石川涌，《说述自己的纪德》，1934）

原文：批評家はこれに関して、フラシス南部（ユゼス）の人

である父方の血を引き合ひに出してゐる。

　　经笔者统计，鲁迅在其翻译作品中总共使用了 692 例"关于……"。通过以上例句可以看出，鲁迅对介词"关于"的使用也是非常早的，最早出现在 1903 年的翻译作品《月界旅行》中。由于该译作各种随意增删太多，我们已无法找出其对应的译文，故未列出日语原文。整个鲁迅翻译活动的早期，我们只找到了这 1 个用例，可见此时"关于……"的使用还是很有限的。而到了其翻译活动的中期、后期，相关例证就非常多了，分别出现了 110 次与 581 次。从原文译文对比来看，鲁迅对这一结构的使用也是完全依照原文的；从语法位置来看，"关于"要么做状语，要么做定语，符合当下我们对介词"关于"用法的认知。

　　与翻译作品类似，鲁迅的创作作品中同样存在很多介词"关于"的用例：

　　1. 前校长姓蒋，去如脱兔，海生检其文件，则凡关于教务者，竟无片楮，即时间表亦复无有。

（《书信·致许寿裳》，1900）

　　2. 由是而关于物质之观念，倏一震动，生大变象。

（《集外集·说钼》，1903）

　　3. 关于说话的记载，在故书中也更详尽，端平年间的著作有灌园耐得翁《都城纪胜》，元初的著作有吴自牧《梦粱录》及周密《武林旧事》……

（《坟·宋民间之所谓小说及其后来》，1923）

　　4. 但是前几天，我忽在无意之中看到一本日本文的书，可惜忘记了书名和著者，总之是关于中国戏的。

（《呐喊·社戏》，1922）

　　5. 他接着便讲述解剖学在日本发达的历史，那些大大小小的书，便是从最初到现今关于这一门学问的著作。

（《朝花夕拾·藤野先生》，1926）

　　6. 一个人每月可以领到三千元"，实在特别荒唐，可见关于自己的"流言"都不可信。

（《华盖集续编·无花的蔷薇（二）》，1926）

7. 阮籍不同，不大说<u>关于伦理上的话</u>，所以结局也不同。

　　　　　　（《而已集·魏晋风度及文章与药及酒之关系》，1927）

8. <u>关于政治的论文</u>，这一本里都互相"照应"；<u>关于文艺</u>，则这一篇是登在上面的同一批评家所作的《文学是有阶级性的吗?》的余波。

　　　　　　　　　　（《二心集·"硬译"与"文学的阶级性"》，1930）

9. 倘使日本人不做关于他本国，<u>关于满蒙的书</u>，我们中国的出版界便没有这般热闹。

　　　　　　　　　　　　（《集外集拾遗补编·"日本研究"之外》，1931）

10. <u>关于"《庄子》与《文选》"的议论</u>，有些刊物上早不直接提起应否大家研究这问题，却拉到别的事情上去了。

　　　　　　　　　　　　　　　　　　（《准风月谈·反刍》，1933）

11. <u>关于大众语的问题</u>，提出得真是长久了，我是没有研究的，所以一向没有开过口。

　　　　　　　　　　　　　　（《且介亭杂文·答曹聚仁先生信》，1934）

12. 虾蟆的神经细胞，或只咏梅花，叫妹妹，不发<u>关于社会的议论</u>，那么，自然，不看也可以的。

　　　　　　　　　　　　　　　（《且介亭杂文·随便翻翻》，1934）

　　在鲁迅的创作作品中，笔者总共检索到了 526 个"关于……"的用例。从数量上来讲，可以说使用频度相当高了。从时间上来看，鲁迅在创作作品中使用"关于……"还是非常早的，最早的用例出现在 1900 年（见例1）。例1、例2 都属于鲁迅从事文艺活动的初期，显然当时的鲁迅依然在使用文言体。但就算在文言文体中，其笔下的"关于"与同时期活跃在《新民丛报》等报纸杂志的梁启超等人一样，已经在发挥介词的功能了。其后的例子则转为白话，"关于"则要么充当状语，要么充当定语，同鲁迅在译文中对"关于"的使用并无二致。值得注意的是，在 526 个用例中，有 26 个把"关于……"用做文章题目的现象，如《关于〈苦闷的象征〉》（1925）、《关于知识阶级》（1927）、《关于中国的两三件事》（1934）、《关于翻译的通信》（1932）等，这种对"关于"的使用方式，显然在传统汉语中是没有的。用"关于……"做文章的题目，其实起到的是引导话题的作用。同时我们发现，在鲁迅译作中也好，创作作品中也罢，"关于"放在句首引导话题的用法非常多。有学者认为，现代汉语是话题优先型语言，而古汉语却是难以进行话题化操作的（刘晓林，王扬，2012：22）。至于现代汉语的话题化为何相对容易，恐怕脱离不了近代以来语言接触的因素：在近代中译日书的热潮中，很适合放在句首起到引导话题的作用的介词"关于"被激活并得到了广泛运用，成为凸显现代汉语话题优先特性的一大助力。

第二节　　"对于……"

现代汉语中，"对于"也是一个常用的介词，表示人、事物、行为之间的对待关系，在句中做状语或定语。我们可以在现代文学中找到很多"对于……"的例子。

1. 中国人对于这种观念，是严酷而又片面的，专拿它去压制女子。

（俞平伯，《我的道德谈》）

2. 对于这一方面，我是当然熟习的，就让我来引你们畅游一番吧。

（阿英，《城隍庙的书市》）

3. 男子对于女子最隆重的赞美是求婚。

（张爱玲，《金锁记》）

4. 中国应当对于人类有较大的贡献。

（毛泽东《纪念孙中山先生》）

5. 吴荪甫反过来回，并不表示对于这件事的意见，脸色异常沉静。

（茅盾，《子夜》）

我们在古汉语中也可以找到不少"对于"的用例，但它的用法与作为介词意义的"对于"是不同的，如以下几例。

1. 王赫斯怒，爰整其旅，以按徂旅，以笃周祜，以对于天下。

（《诗经》）

2. 甚似菅（萤）火<u>对于</u>日光，泥弹同于月爱，全不相承，故但见秽恶，不见清净。

（《敦煌变文集新书》）

3. 尝一夕梦德宗召<u>对于</u>便殿，问以经国之务。

（《太平广记》）

4. 吾已诉诸上苍，行理<u>对于</u>冥府。

（《二刻拍案惊奇》）

以上举例中的"对于"动介词组，仅仅存在线性上的连接关系。"对"是动词，有的表"答谢"，有的表"较量"，有的表"皇帝召见"，有的表"当面对质"；"于"是介词，与后面的处所或对象合起来充当"对"的补语。"对"与"于"并不在一个层次上，这与现代汉语中作为一个整体的、用来引出对象的介词"对于"有很大不同（上一节中的"关于"其实也是类似的结构）。另外，古代的"对于"后面多接地点名词及其他实体名词，而介词用法的"对于"后可接抽象意义的词语、短语及小句，也是一个显著的区别。总而言之，现代汉语中的"对于"与传统汉语中的"对于"在意义与用法上是不一样的。

太田辰夫认为，同"关于"一样，"对于"作为介词的用法是很新的，找不到清代及清代以前的用例（2003：236）。对于这一新用法的来源，王力认为，"对于""关于"与英语中的"to""for"相当，是欧化的语法（1985：359）。贺阳也认为，文言文中的"对于"并没有经历一个词化和语法化的过程，应该是在对译印欧语介词的过程中产生的，并通过翻译流行开来的（2004：122）。但在承认外语影响的接触上，也有一些学者表达了不同的观点，如潘允中（1982：126）、王立达（1958a：94）、金昌吉（1996：130），认为介词"对于"的使用是源于"日化"（具体观点引文请见上节）。笔者认为，介词"对于"的用法很可能是首先通过汉语与日语的接触而使用开来的。但与「に関して」不同，「に対して」并非在近代才出现的，而是在古日语中就有其踪迹，如下例。

対牛弾琴 ウシ<u>ニタイシテ</u>コトヲタンズ 非牛之不聞、不合耳之謂。

（『書言字考節用集』，1717）

此例中用片假名书写的部分，实际上为对"对牛弹琴"的训读。"训读"是古代日本常用的读解汉文的方法，古代日本人在汉字左右空隙处加上日语文字与符号，从而实现使用日语语序及日语语法对汉文的阅读。它一方面尽可能地保留了汉字，一方面又照顾了日语本身的语法结构，可谓一种特殊的翻译方式。通过对汉文的训读，日语的语法体系得到了巨大的丰富和发展。① 在此例中，汉语成语"对牛弹琴"的"对"被训读成了「ニタイシテ」。「タイ」是对汉语"对"的音读，而「ニ」则是日语语法中本来就有的表目的、对象的格助词，相当于汉语中的"于"。在汉语的"对牛弹琴"中，"于"是不需要的，但训读为日语时就必须加「に」，否则就不符合日语作为黏着语的特点。「シテ」则是跟在汉语动词后的助动词。如此，对应汉语"对……"的形式，日语中就形成了「…に対（タイ）して…」的格式。从此例来看，「に対して」的产生年代应该远远早于「に関して」，而且很可能是古代日本对汉文古文进行训读的过程中产生的。②

但在古典日语中，「に対して」及其相关形式除了用来训读汉文，其他使用场合并不多。直到明治维新后，这种用法才多了起来，这很可能同翻译西书有密切的关系。而在明治维新以来日本翻译西书的过程中，「…に対（タイ）して…」很适合用来对应英语的"for""to"等结构。笔者查找了『明六雑誌』（1874—1875）、『国民の友』（1887—1888）、『太陽』（1895—1925）等日本近代杂志，找到了很多「に対して」出现在翻译文本中的例子：

　　1. 第一に彼等をして他の人民と齊く其業も亦他の業に於るが如く悉く政府の權下に属せしめ而して之に對して其行状の責を負はしむべし

　　（「宗教」，森有礼訳，ワッテル『明六雑誌』第 6 号，1874）

　　2. 故に吾人は世界各國に對して吾人は東洋の一海國を開くに

---

① 古代汉文训读对日语的具体影响可参看山田孝雄《由汉文训读传下来的日语语法》，黄文溥译注，陕西师范大学出版社 2014 年版；潘均《汉文训读与日语语言文字的形成》，《语言学研究》2013 年年刊，第 1 页。

② 「に関して」是否也是同样由训读汉文产生的，目前并无充分证据。但从「関」的发音「かん」为音读来看，这种可能性是很大的，留待日后考察。

敢て他國の如く不正なる方法を用ゐず

（「日本條約改正を論ず（上）」，米國學士キングニユートン著，上田充訳，『国民の友』第 8 号，1887）

3. 多數の國會議員すら斯くまで籠絡し得るものを况して他の小國に對する條約などは造作もなく取極むる事決して怪むに足らずと思ふべし

（佛國ブール、ヴアシール伯，「伯林社會」，狷堂野史重訳，『国民の友』第 23 号，1888）

4. 近來英國の二大貸本社が出版業者に對して新板小説の價を指定するの權を與へよと請求したるはゆゝしき大事なるに會社は毫も之を咎めず、

（オーイダ，「文學と英國の書肆」，挹翠生訳，『太陽』第 4 号，1895）

5. スペンス、ハーデーが佛教に對する位置は正に或る一派の基教徒を代表せるものなり、彼等が奉ずる所の基教は外道と相去ること只一步に過ぎざるのみならん。

（ポール・ケーラス，「基督教徒の仏陀論」，鈴木大拙訳，『太陽』第 9 号，1895）

以上例子中的「に対して」或「に対する」，都和现代汉语中“对于”的用法是一致的。在『明六雑誌』（1874—1875）中，我们只找到了 32 个「に対して」相关用例，而在『国民の友』（1887—1888）中，我们找到了 499 个相关用例；在『太陽』（1895—1925）杂志中，我们已经可以找到多达 8491 条用例了。

可见明治维新后，「に対して」在日语中得到了广泛使用。而这一结构又顺着中译日书的大潮，反过来被汉语借鉴。在日译中时，这一结构中的日汉字「对（對）」自然可以直接拿来对应汉字“对”，而「に」最适合对应汉语中的“于”，「…に対（タイ）して…」就变成了汉语中“对于”的形式。也就是说，现代汉语借词“对于”的使用，是存在一个日本先受古汉语影响创造出固定的训读格式，随后又拿来翻译西文，进而又反输到中文的过程的。我们可以看到，在「に対して」结构在近代日语中得到广泛使用的同时，我们热衷于翻译介绍日本文章的近代刊物或报纸中也紧随其后出现类似的用法了。

1. 一人對一人言。是可謂對於社會交際上之德行。而未得公德之全體也。

（《军国民之教育》，蒋君译，《新民丛报》第 22 号，1902）

2. 令日發布使諸國驚視之敕諭固内務大臣伯理威對於自由主義之第一讓步矣

（《英法之接近》（日本报），《新民丛报》第 30 号，1903）

3. 對於世界之問題有發言權者。則世界之強國也

（《所谓大隈主义》，饮冰译，《新民丛报》第 57 号，1904）

4. 若對於北京鐵路公司之要求。因他國抗議而有所躊躇。則於清國政府千八百九十八年九月總理衙門與當時英國公使馬克度爾忒所訂之誓約及昨年四月慶親王與薩道公使之公書皆歸無効。恐英國有所不能忍也。

[《列国之竞争中国铁道》（日本外交报），《国民日日报汇编》第 2 辑，1904]

5. 僅使巴比魯公有撤路奇尼王位之望。其對于舊教部和蘭之權利。必使放棄。

[《东报时论：满洲论》（译录独立评论），《浙江潮》第 4 期，1903]

6. 本國對於失去政治上及行政上之權能之人民。有權可撤回其在前記地域之住民權，又可逐出該地域。

[《日俄和约正文录》（译自《大阪每日新闻》，《东方杂志》第 2 卷第 12 号，1906）

7. 今卡伊善爾或學露之故智歟。否則爲對於日清談判之一種口實而已。

[《中国急宜收回租借地论》（译东亚第 7 号），《法政杂志》第 1 号，1906]

以上例证都是出自近代以来国人翻译的日本文章。仅在《新民丛报》（1902—1907）中，我们就可以找到多达 1504 条介词"对于"的用法，可见"对于"作为固定的语法结构已经在 20 世纪初的最早十年流行开

来了。

而翻译了大量日文作品的鲁迅，使用"对于"这种结构也是十分频繁的。我们先看译文中的例子：

（一）鲁迅中期译作例：

1. 没有说些对于这社会有点不平似的话么？

（武者小路实笃，《一个青年的梦》，1920）

原文：何かこの社會にたいして不平のやうなことは云つてはゐませんでしたか。

2. "Nothing at all!"与其说对于我的声张，倒不如说是对于新闻发了不平的口调。

（森鸥外，《现代日本小说集·沉默之塔》，1921）

原文：「Nothing at all!」物を言い掛けた己に対してよりは、新聞に対して不平なような調子で言い放ったが、暫くして言い足した。

3. 母亲是为了对于死要取高的态度，对于你们要留下最大的爱，对于我要得适中的理解……

（有岛武郎，《现代日本小说集·与幼小者》，1922）

原文：母上は死に対して最上の態度を取る為めに、お前たちに最大の愛を遺すために、私を加減なしに理解する為めに、……

4. 所以不但是在读者和作品之间的生命的共感，即对于一切万象，也处以这样的享乐底鉴赏底态度的事，就是我们的艺术生活。

（厨川白村，《苦闷的象征》，1924）

原文：だから單に讀者と作品との間に於ける生命の共感ばかりではなく、一切の萬象に對してかくの如き享樂的鑑賞的態度を以て臨むことが、即ちわれわれの藝術生活である。

5. 个人对于神的责任，个人的对于社会国家的责任，个人的对于自己本身的责任，凡这些严正的责任，每一个人，对于其行为，都应该负担的。

（鹤见佑辅，《思想·山水·人物》，1928）

原文：個人の神に對する責任、個人の社會國家に對する責任、個人の自分自身に對する責任、それらの嚴正なる責任は、各個人が、その行爲に對して凡て擔はなければならない。

（二）后期译文例：

1. 对于眩人目睛的绚烂的文章，和使人出惊的思想，都应该小心留神地想一想的。

（片山孤村，《壁下译丛·思索的惰性》，1929）

原文：人の目を眩ますやうな絢爛な文章や、人をしてアット云はせる底の思想に對しては、宜しく眉に唾して考一考すべきである。

2. 卢梭的对于自然的思想，从现在看来，原有可以论难的余地。

（岛崎藤村，《壁下译丛·从浅草来》，1929）

原文：ルウソオの自然に對する考へは、今日からみれば論難すべき餘地がる。

3. 如果对于美的渴望，依然还活在诸君之中，则这就变形为对于这样的现实的憎恶。

（卢那卡尔斯基，《艺术论》，升曙梦译，1929）

原文：若し美に對する渇望が、依然として諸君の裡に生きてゐるとすれば、それはこのやうな現實に對する增悪に變形する。

4. 对于这事，我们也还是全然合理底地，这样地回答。

（卢那卡尔斯基，《文艺与批评·托尔斯泰与马克斯》，金田常三郎译，1929）

原文：これに對してかういふ抗議がある。

5. 对于诗的形式的他的尊重，也是使他离开所谓闪尔底（Celtic）的感情的原因。

（野口米次郎，《爱尔兰文学之回顾》，1926）

原文：また詩の形式に對する彼の尊重は彼を所謂西利的の感情から離れさせる所がある。

6. 他对于华理亚，对于她的话，对于她的善良的爱之心，几乎觉得是儿子一般的感谢，一面用了未曾有的决心，想。

（法捷耶夫，《毁灭》，藏原惟人译，1931）

原文：と彼はワーリャにたいして、彼女の言葉にたいし、彼女の良き愛にたいしてほとんど息子のような感謝を感じながら、かつてなかつたような決心をもつて考えた。

笔者在鲁迅的译作中总共找到了 1960 个使用“对于……”的例子。在其早期译作里没有出现一例，中期译作里出现了 656 例，后期译作里出现了 1304 例。从时间上来看，鲁迅译作中的“对于”的出现并不是太早，直到 1920 年的《一个青年的梦》里才始现踪迹；对照日文底本我们可以看出，鲁迅译文中的“对于”与其日文底本中的「に対して」亦或「に対する」有着明显的对应关系；从接续上来看，鲁迅译作中的“对于”的使用非常宽泛，实体名词、抽象名词、短语、小句都囊括其中。值得注意的是，鲁迅译作中的“对于”并非全都是与「に対して」对应的，也有与「に」相对应的例子，如：

1. 然而在那时，却并没有觉得这样好。但对于先生的莎士比亚研究，却是早就惊服的。

（夏目漱石，《现代日本小说集·克莱喀先生》，1921）

原文：しかしその時はさほどにも感じなかった。しかし先生のシェクスピヤ研究にはその前から驚かされていた。

2. 我对于你国的历史以及国民性，本来早就钦敬的哩。

（武者小路实笃，《一个青年的梦》，1920）

原文：私はあなたの國の歴史、及び國民性に多大の敬意を拂つてをりました。

由于「に」本身就有表示对象、目的的含义，鲁迅将其翻译为“对于"也在情理之中。这提醒我们，"对于"的来源除了形式上完全对应的「に対して」，「に」或许也是一个可能的来源，这值得我们进一步考证。

我们再来看一些鲁迅创作作品中使用"对于……"的例子：

1. 裴伦初尝责拿坡仑对于革命思想之谬，及既败，乃有愤于野犬之食死狮而崇之。

（《坟·摩罗诗力说》，1908）

2. 所以对于这畸形道德，实在无甚意见。

（《坟·我之节烈观》，1918）

3. 我对于文艺批评家的希望却还要小。

（《热风·对于批评家的希望》，1922）

4. 阿 Q 本来也是正人，我们虽然不知道他曾蒙什么明师指授过，但对于"男女之大防"却历来非常严。

（《呐喊·阿 Q 正传》，1921）

5. 对于魂灵的有无，我自己是向来毫不介意的；但在此刻，怎样回答她好呢？

（《彷徨·祝福》，1924）

6. 但是我对于这个问题完全没有想，所以对于它觉暂且无论什么全不能说。

（《华盖集·通讯一》，1925）

7. 我自己想，我对于外国人的指摘本国的缺失，是不很发生反感的，但看到这里却不能不失笑。

（《华盖集续编·马上支日记》，1926）

8. 这种文字，虽然现在还有许多对于一般识字很少的群众，仍旧是看不懂的，因为这种言语，对于一般不识字的群众，也还是听不懂的。

（《二心集·关于翻译的通信（并 J. K. 来信）》，1932）

9. 但我却并不改订，目睹其不完不备，置之不问，而只对于日本译的出版，自在高兴了。

（《且介亭杂文二集·〈中国小说史略〉日本译本序》，1935）

10. 对于苏联的文学，尤其是对于那些由日本的浅薄的知识贩卖者所得来的一知半解的苏联的文学理论家与批评家的话，我们所取的态度决不该是应声虫式的……

[《且介亭杂文二集·"题未定"草（五）》，1935]

经笔者统计，鲁迅创作作品中总共出现了 1465 个介词"对于"的用例。从数量上来看，与其翻译作品已比较接近。在出现时间上，鲁迅在创作作品中使用"对于"的时间较早，在 1908 年的《摩罗诗力说》中可以找到 2 个用例，但直至 1918 年的《我之节烈观》中再次使用介词"对于"，有长达 10 年的时间鲁迅没有再使用该介词。这也是值得关注的一个现象。

第二章

间隔结构构成的"日化"句式

在各种汉语句式中，有些句式的组成成分并不是紧贴在一起的，而是存在隔断的情况。便宜起见，在本书中，我们将这样的句式归类为"间隔句式"。本章将对三个与日语密切相关的"间隔句式"展开考察，他们分别是"在……之下""……和……和……""是……（的）"。

第一节　"在……之下"

"在……之下"是由介词"在"与方位词"下"构成的句式，在句中充当状语成分。在中国的现代文学中，我们不乏可以看到这样的例子：

1. 我们把她埋在池边桂树之下，立一小小的短碣，砖为之，中镌"稚翠墓"三字，旁列年月日，填以丹朱。

（俞平伯，《稚翠和她情人的故事》）

2. 穷人们倒在柳荫之下作他们的好梦，谁来惹这个闲气。

（老舍，《老张的哲学》）

3. 在这种政治主义之下，人人工作，人人快活，人人安全，社会是个大机器，人人是这个大机器的一个工作者，快乐的安全的工作着的小钉子或小齿轮。

（老舍，《猫城记》）

4. 于是，文城年轻的人在县长领导之下，开始拿起刀枪棍棒，在城门口，在街心，尽着他们守城的责任。

（巴金，《火葬》）

5. 军阀官僚豪绅地主买办资产阶级，在帝国主义指挥之下联合向革命势力进攻，企图根本消灭中国的革命……

（茅盾，《子夜》）

　　但我们可以看到，例1—2与例3—5的"在……之下"用法并非完全相同。例1、例2中的"在池边桂树之下""在柳荫之下"的"桂树""柳荫"都是实体名词，整个"在……之下"结构起到指示方位的作用；而例3—5中的"在……之下"中出现的"政治主义""领导""指挥"都属于抽象名词，整个"在……之下"结构表示的是"事件的条件或伴随状况"。

　　事实上，例1、例2所展示的"在……之下"夹带实体名词来表示方位的用法是自古有之的，我们可以在传统汉语中找到类似的例子：

　　1. 季武子成寝，杜氏之葬在西阶之下，请合葬焉，许之。

（《礼记》）

　　2. 当日，夏侯楙戴金盔，坐白马，手提大砍民，立在门旗之下。

（《三国演义》）

　　3. 大众休言，妖精未走，见在我这钵盂之下。

（《西游记》）

　　然而笔者通过查找爱如生中国基本古籍库，未发现如例3—5的"在……之下"夹带抽象名词表示条件、状态的用法，可见这种用法是近代以后才产生的。有学者认为这种用法是五四后翻译英语的"under/with+行为名词（action non）+of"这一结构造成的：

　　　　英语等印欧语言中，有大量由动词派生出来的行为名词（action noun），这些行为名词常常带上定语后做介词的宾语。五四以后，人们在翻译过程中便模仿这种介词结构，由于汉语缺乏行为名词，模仿时只能用动词去对译其中的行为名词……不过这一新兴介词结构的广泛使用当在1949年新中国成立之后，在此之前这一结构并不活跃。（贺阳，2004：85）

　　贺阳举出了几个译例证明自己的观点，如"under the direction of a

doctor"译为"在医生的指导下","with the assistance of state and federal officials"译为"在联邦和该州官员的帮助下",等等(贺阳,2004:85)。笔者认为,贺阳确实点出了这一新兴结构产生的根源,"在……(之)下"用法的扩大确实是因为受到了印欧语特别是英语的影响。不过对此笔者有两点需要补充。

第一,"在……之下"的来源不一定仅仅为"under/with… of",也有可能是"in the…of""by the…of"等其他英语惯用结构,如"in the name of""by the law of",也就是说,夹带的名词不局限于行为名词,还可以是其他抽象意义强的名词,这并不会改变"在……之下"表示"事件发生条件、状态"的性质(如例3)。

第二,不容忽视的是,"在……之下"的结构是同样出现在欧化的日语中的,日语中写作「…の下に/で」,结合该新兴结构在两国出现的时间先后及中日书籍翻译交流的史实,日语恐怕同样也是现代汉语这一新兴用法不可忽视的来源之一。

在日语中,存在惯用句型「…の下に/で」,它有两种用法:

①指示方位,如:
同じ屋根の下で暮らす家族ほど、大切なものはない。
②表示某件事情进行所伴随的条件、前提、名目。如:
a. 国際連合は、1945 年、人類と世界の平和を守るという理念の下に発足した。
b. 自由と民主主義という大義名分の下で、他国に内政干渉をすることが、果たして許されるのだろうか。(目黒真実:2008)

可以看到,日语中的「…の下に/で」的用法与现代汉语中的"在……之下"用法完全一致,除了指示方位,也可表示事件伴随的条件、状态。第一种用法或许与受到古汉语的影响有关,而后一种新用法应该是日语受到印欧语的影响而产生的。乾亮一在列举日语中的欧化因素时,在「惯用句表现」一节中提到了对英语"under...of"结构的翻译,认为「…の下に/で」这一结构的使用与翻译英语密切相关,并举出了两例说明:

…の口実の下に (under the pretence or pretext of)

…の主催の下に（under the auspices of）（乾亮一，1974：45）

　　乾亮一并未对这一用法进行深入阐述，也没有提及此新用法出现的时间。不过笔者查找了『明六雑誌』（1874—1875）、『国民の友』（1887—1888）、『太陽』（1895—1925）等日本近代杂志，发现在 19 世纪 80 年代末的日语文本中已经可以找到很多表示事件伴随的条件、状态的「…の下に/で…」了：

　　1. 實際は其の形跡だもなきに自ら立憲政治の下に立つものと誤認するものあり、……
　　（佛國ブール、ヴアシール伯，「伯林社會」，狷堂野史重訳，『国民の友』第 23 号，1888）
　　2. 只吾人は人民が艱難苛虐殺戮の下に苦むを忘る可らざるのみ、嗚呼沈默なる順従、無窮の苛役あらずんば彼得の夢想に決して彼得の都府をして不朽ならしむる能はざるなり、……
　　（ステット，「聖彼得堡府の偶感（二）」，译者未署名，『国民の友』第 34 号，1888）
　　3. 泉塲、出養生塲、にある者も、常に老練の醫師の監督の下に立たしめざるべからず。
　　（フュールブリシゲル，「胃病と自転車」，吉田生抄訳，『太陽』第 9 号，1901）
　　4. 太后は希臘皇子ジヨルヂをタリート島の總督となさんと欲し玉ふと同時に、他方に於てはポーブエドノスセ゜ッフ等は土耳其に對して、新十字軍を起しバルカン半島を、希臘人の支配の下にあらしめて、以て對土耳其同盟に味方せしめんと企てたりき。
　　（「露國の宮廷」，日下逸人訳，『太陽』第 13 号，1901）

　　以上例句都出自当时日人的译作，划线部分的「…の下に」都是典型的表示事件发生的条件、状态的用法，这种用法在古日语中也是没有的。而「…の下に」如译为中文，日汉字「下」自然可以照搬，「に」则很容易用汉语的介词"在"进行对应，从而出现"在……之下"的表达方式。经过查找笔者发现，在时间稍后的 20 世纪初的前十年，中国的不少刊物中也出现了"在……之下"的新用法，这也正是中译日书活动的频繁期。请看下面几例：

1. 今帝尼哥拉方爲俄國皇太子。親往視賀。及歸。乃乘哥尼羅艦。<u>在亞歷斯夫指揮之下</u>經卑列港成尼港而達於脫里尼士港。

（《日俄之军国人物》，《新民丛报》第 44、45 号，1903）

2. 中央銀行握全國賀幣之權約。中雖未明言。辦理細章然必<u>在日本人支配之下</u>。

（中国之新民，《朝鲜亡国史略（外交上之经过）》，《新民丛报》第 54 号，1904）

3. 俄國人<u>在北京政府保證之下</u>。得有從直隸正定府（通過北京漢口間之幹路）至山西太原府之鐵道敷設權。

［《列国之竞争中国铁道》（译自《日本外交报》），《国民日日报汇编》，1904］

4. 所謂三韓者今之朝鮮也日本神功皇后曾用兵其地唐時三韓舊壤<u>在日本勢力範圍之下</u>。

（日本三上文学博士讲演，《中日两国交际之回顾》，许同莘述译，《法政杂志》第 1 号，1906）

5. 一曰鐵道英國對於北清。<u>在清國經營之名義之下</u>。

［《欧米列强之对清贸易政策下》（译自《实业之支那》），《法政杂志》第 6 号，1906］

6. 在此一百年中。世界各國之人口。均有增加。而皆不及印度增加之多。此蓋因印度人<u>在英人鐵腕政治之下</u>。謳歌泰平。生命財產得保安寧之結果也。

［有贺長雄，《俄法同盟之进步》（译日本外交时报），许家庆译，《东方杂志》第 9 卷第 5 号，1912］

以上举例的大部分都是对同期日本出版物的翻译。从时间上来看，日语中的「…の下に」的新用法至少在 19 世纪 80 年代已经出现了，而汉语中的"在……之下"的新用法则稍有延后，为 1903 年左右，恰处在中译日书十分频繁的一个时间段。最先出现新用法用例的，依然是热衷学习日本的《新民丛报》。现代汉语的"在……之下"跟随日语的"欧化"而"欧化"了，新用法就这样进入了汉语系统。"欧化的日语"应为这一新用法的一大来源。

　　同样，鲁迅的翻译作品中，也可以发现不少"在……之下"的新用法，举例如下。

（一）鲁迅中期译作例：

　　1. 从古以来，<u>在像我一样的运命之下</u>，死掉的人，固然不知道有几万几十万几百万了；所以也许说，这是不得已的事。

　　　　　　　　　　　　（武者小路实笃，《一个青年的梦》，1920）

　　原文：<u>私のやうな運命のもとに</u>死んだ人は昔から何十萬何百萬とゐる御座いませう。ですからやむを得ないことだとおつしやるかも知れませんわ。

　　2. 从个人夺去了自由的创造创作的欲望，使他<u>在压迫强制之下</u>，过那不能转动的生活的就是劳动。

　　　　　　　　　　　　（厨川白村，《苦闷的象征》，1924）

　　原文：個人から自由な創造創作の欲望を奪ひ去つて、<u>壓迫强制のもとに</u>身動きならぬ生活をさせることが勞働である。

　　3. 这原先的故主，渐渐被新来的欧洲人所驱逐，退入山奥里面去，到现在，在各州的角角落落里，仅<u>在美国政府的特别保护之下</u>，度那可怜的生活了。

　　　　　　　　　　　　（鹤见佑辅，《思想·山水·人物》，1928）

　　原文：その元來の主人は、次第に新來の歐洲人に追はれて、山の中に引きしりぞき、今は各州の隅々で、わづかに、<u>米國の特別保護の下に</u>、細き生活を營んでゐる。

（二）鲁迅后期译作例：

　　1. 现今的社会的法则，是男性编造出来的，<u>在这法律制度之下</u>，女性的行动，都只从男性底见地批判。

　　　　　　　　　　　　（有岛武郎，《壁下译丛·伊孛生的工作态度》，1921）

原文：今の社會の法則は男性によつて組立てられ、而してその法律制度の下にあつては、女性の行動は男性的見地からのみ批判される。

2. 现在的新时势，自然是在世界底协同之下造出来的，但其中应该归功于托尔斯泰的力量的部分，不能不认为很大。

（金子筑水，《壁下译丛·新时代与文艺》，1925）

原文：今日の新時勢は、無論世界的協同のもとに造ら出されたものであるが、其の中にトルストイの力に歸せられる部分は可なり甚大であることを認めざるを得ない。

3. 在资本主义经济之下，虽是文学上的作品罢，但一切生产物的无不商品化，是一个法则。

（青野季吉，《壁下译丛·现代文学的十大缺陷》，1929）

原文：資本主義經濟の下に於て、それがよし文學上の作物であつても、一切の生産物が商品化するのは、一つの法則である。

4. 这样的成团的诸成员，在选定宿营的处所，决定行军开始的时期等事的首长的指导之下，一同彷徨。

（蒲力汗诺夫，《艺术论·原始民族的艺术》，1929）

原文：かゝる成團の諸成員は宿営の場所を選定し、行軍開始の時を決定等する首長の指導の下に一緒に彷徨する。

5. 同志渥辛斯基也许说，这不过是倾向。但在无产阶级独裁之下，反对革命，是不能写得比这更明了了。

（《文艺政策·关于对文艺的党的政策》，外村史郎、蔵原惟人共译，1930）

原文：同志オシンスキイは、それは唯傾向であると云ふかもしれない。しかしこれ以上明瞭にプロレタリヤ独裁下に於いて革命に反對して書くことは出来ないのである。

6. 在这里，就有着我们拉普数年以来，在党的指导和支持之下，和这些一切敌对底的偏向战斗下来的那斗争的基本底的意义。

（上田进，《苏联文学理论及文学批评的现状》，1932）

原文：此處に、わがラップが數年間にわたつて，<u>XX 指導と支</u><u>持の下に</u>、此等全ての敵對的な偏向と闘つて來たその闘争の基本的な意味があるのだ。

以上各例皆为鲁迅中、后期译作中的例子。笔者在鲁迅的早期译文中虽然也找到了"在……之下"的搭配，但皆为传统的表示方位的用法，如："说道我们已过蟠兰特岬，不消几时，即可在大海之下矣。"（《月界旅行》）笔者查找到的鲁迅译作中的最早的"在……之下"的新用法，出现在《一个青年的梦》中（见中期译例 1）。根据笔者统计，鲁迅译作中共出现了 142 次"在……之下"的新用法，这个数量已经不算少了，可见贺阳认为"这一新兴介词结构的广泛使用当在 1949 年新中国成立之后"略有武断之嫌。

表示事件发生条件、状态的"在……之下"结构，是必然要夹带抽象名词的。而抽象名词大致上可分为三类：表行为动作类（多由动词转成），表性质状态类（多由形容词转成），表无形名物类。[①] 笔者对鲁迅译作中"在……之下"结构夹带抽象名词的情况略做统计，详见下表：

表 12　　　　鲁迅译作中的"在……之下"句式夹带
抽象名词情况（出现次数）统计

	早期	中期	后期	总计
行为动作	0	7	58	65
性质状态	0	0	0	0
无形名物	0	17	63	80
总计	0	24	121	145[②]

由上表可以看出，鲁迅的大部分"在……之下"结构都出现在后期

---

① 对抽象名词的分类，此处参考了章士钊《中等国文典》及黎锦熙《新著国语文法》中的论述。详见陈高春、谭达人主编《实用汉语语法大辞典》，中国劳动出版社 1995 年版。

② 此处出现了抽象名词总数与"在……之下"结构总数略不一致的情况。究其缘由，是因为鲁迅译文中有两个"在……之下"结构夹带了不止一个名词所致。具体用例分别为"在自重和坚忍和牺牲之下""在党的指导和支持之下"。这两个表达都出现在鲁迅的后期译作中。

翻译作品中，根据比例计算，占到了总数的 83% 左右。相比之下，中期翻译中出现"在……之下"结构的次数就少了很多，只有 24% 的比重。可见这一新兴用法在鲁译中得到广泛使用要在 19 世纪 20 年代之后。至于这一结构夹带抽象名词的情况，总体上来看，夹带无形名物的抽象名词的次数最多，达到了 80 次，占总量的 55%；其次为表行为动作的抽象名词，总共出现 65 次，占 45%。值得注意的是，行为动作类抽象名词在鲁迅翻译活动的中后期出现次数是存在较大差异的，在鲁迅中期翻译中，行为动作类抽象名词出现了 7 次，占中期总量的 21%，而到了鲁迅后期翻译阶段，行为动作类抽象名词出现了 58 次，占后期总量的 48%，占比有明显的升高。

鲁迅翻译中期阶段出现的抽象名词分别有（括号内为重复次数，无标注者为只出现了 1 次）：

行为动作类：
保护 观察 护视 检束 看护 强制 压迫（2）
无形名物类：
理智　画因　环境　景况　势力　条件　现状　运命
集权政治　社会制度　社会组织　专治政治（2）
资本主义　苏维埃政权

鲁迅翻译后期阶段出现的抽象名词主要有（由于数量众多，此处仅列举一些高频词）：

行为动作类：
压迫（5）　影响（18）　指导（7）　指挥（3）
无形名物类：
经济（7）　理由（5）　名目（4）　条件（24）　现象（4）

在鲁迅的创作作品中，笔者也找到了不少"在……之下"的新用法，如以下几例：

1. 生活在人们的同情之下，已经是不自由了，然而倘有一百个娜拉出走，便连同情也减少，有一千一万个出走，就得到厌恶了，断不如自己握着经济权之为可靠。

（《坟·娜拉走后怎样》，1924）

2. 董卓之后，曹操专权。<u>在他的统治之下</u>，第一个特色便是尚刑名。

（《而已集·魏晋风度及文章与药及酒之关系》，1927）

3. 迦尔洵（Vsevolod Michailovitch Garshin）生于一八五五年，是<u>在俄皇亚历山大三世政府的压迫之下</u>，首先绝叫，以一身来担人间苦的小说家。

（《译文序跋集·〈一篇很短的传奇〉译者附记二》，1929）

4. "大同世界"一样，<u>在革命者们所反抗的势力之下</u>，也决不容用言论或行动，使大多数人统得到正确的意识。

（《二心集·非革命的急进革命论者》，1930）

5. 此外还听说水沫书店也准备<u>在戴望舒先生的指导之下</u>，来出一种相似的丛书。

（《集外集拾遗·〈铁流〉编校后记》，1931）

6. 我若存在一日，终当为文艺尽力，试看新的文艺和<u>在压制者保护之下</u>的狗屁文艺，谁先成为烟埃。

（《书信集·致韦素园》，1931）

7. 还有，<u>在今日似的条件之下</u>，小说是大抵对于布尔乔亚层的读者的……

（《南腔北调集·关于翻译》，1933）

8. 不管你爱不爱，<u>在周公孔圣人的名义之下</u>，你得从一而终，你得守贞操。

（《准风月谈·男人的进化》，1933）

据笔者统计，鲁迅的创作作品中总共出现了71个"在……之下"的新用法。最早的用例，就是上文举出的第一个例句，出现在1924年。在句型夹带抽象名词的具体性质方面，性质状态类依然没有出现，无形名物类出现了30次，占到了总数的42%；行为动作类出现了41次，占总数的

58%，高于鲁迅译作中 45% 的比例。

除此之外，对比一下上文的统计，我们发现以下这些在鲁迅译作中的"在……之下"结构中出现过的高频词，也出现在了鲁迅创作作品中的"在……之下"结构中（括号内为在鲁迅创作作品中出现的次数）：

保护（3）　条件（1）　压迫（3）　影响（3）　指导（3）
制度（4）　指挥（1）

另一方面，笔者将鲁迅作品中"在……之下"夹带抽象名词中的高频词列举如下：

行为动作类：
统治（4）　掩护（3）　指导（3）　保护（3）　压迫（3）
影响（3）
无形名物类：
势力（3）　制度（4）　情形（3）　题目（3）　口号（3）
重压（3）

在鲁迅作品中的"在……之下"结构中出现的高频词里，"行为动作类"中的"统治""掩护"，"无形名物类"抽象名词中，"情形""题目""口号""重压"等词语，没有出现在鲁迅译作中的"在……之下"结构里。从句型的使用与词语的具体选择来看，鲁迅的翻译显然影响到了鲁迅的创作，而在创作活动中，鲁迅显然也根据需要对词语做到了择需而用。

第二节　"……和……和……"

连词为连接词、短语、分句或句子的虚词，用来表达句子各成分之间的并列、选择、递进、承接、转折、因果、假设等逻辑关系。其中表并列关系的连词我们一般称为"并列连词"，在汉语中，主要有"暨、及、与、和、跟"等[1]。根据学界的研究成果，现代汉语中并列连词的用法同

---

[1] 本书中所举并列连词参考了唐钰明，徐志林的汇总成果，详见唐钰明、徐志林《汉语并列连词的历史演变》，《中山大学学报》2015 年第 1 期。

古代汉语相比，有以下两个方面的显著变化：

1. 并列连词的使用频率增加，古代汉语中可加可不加的地方，在现代汉语中往往会使用连词（高名凯，1957：354；王力，1984：469；贺阳，2008：147）。

2. 并列连词的连接成分扩大化，如古代汉语中并列连词绝大多数之用来连接两个实体名词，而现代汉语中，连接功能出现了扩展，除名词外，还可连接动词、形容词，甚至小句（张志公，1959：129；黄伯荣，1997：39；刁晏斌，2007：101；贺阳，2008：162）。

针对这两个变化，以上学者都认为五四以来来自英语的影响是其中的重要因素。笔者同意此观点，在鲁迅的译文及创作作品中，都可以找到很多体现并列连词新用法的例证。如鲁迅译作中的以下几例：

1. 虚伪和惰弱，是他最为憎恶的。

（《罗曼罗兰的真勇主义》）

2. 得生来就是为过一切的雅致和奢华的生活，因此不住的痛苦。

（《苦闷的象征》）

3. 两种力的冲突和纠葛，无论在内底生活上，在外底生活上，是古往今来所有的人们都曾经验的苦痛。

（《苦闷的象征》）

4. 感到了恰如《地主的早晨》中的主人公 Nekhliudov 一般，有着安排七百个农民的幸福和对于神明，负有关于他们的运命的责任……

（《LEOV TOLSTOI》）

又如鲁迅创作中的以下几例：

1. 打开看时，很吃了一惊，同时也感到一种不安和感激。

（《朝花夕拾·藤野先生》）

2. 像一匹受伤的狼，当深夜在旷野中嗥叫，惨伤里夹杂着愤怒和悲哀。

（《彷徨·孤独者》）

3. 我觉得从另外一方面看，还有许多人讲话和写文章，还可以证明人心的没有全死。

(《华盖集·通讯一》)

4. 赴宴会，很少往来，也不奔走，也不结什么文艺学术的社团，实在最不合式于做<u>捏造事实和传布流言</u>的枢纽。

(《华盖集续编·不是信》)

以上各例中的各并列项显然都超出了名词的范围，要么为形容词，要么为动词，甚至还有动词性短语及小句。这些都可以归为鲁迅"欧化"用法的例证。然而我们注意到，除了所谓来自印欧语系并列连词用法的影响，鲁迅及同时代的其他有留日背景的知识分子笔下，还存在用多个并列连词连接超过两个并列项的用法。请看以下几例：

1. 钻进山东，连自己也数不清<u>金钱和兵丁和姨太太</u>的数目了的张宗昌将军，则重刻了《十三经》……

(鲁迅，《且介亭杂文二集·在现代中国的孔夫子》)

2. 我的所谓喝茶，却是在喝清茶，在鉴赏其<u>色与香与味</u>，意未必在止渴，自然更不在果腹了。

(周作人，《喝茶》)

3. 洗完了面，回到楼上坐了一忽，那日本妇人就送了<u>一杯红茶和两块面包和白糖</u>来。

(郁达夫，《南迁》)

4. 明天会有<u>太淡的烟和太淡的酒，和磨不损的坚固的时间</u>。

(穆时英，《Pierrot》)

由两个及以上的并列连词连接超过两个并列项的用法，事实上在古汉语中也并非没有。我们在古汉语中可以找到使用并列连词"与"连接多个并列项的例子：

1. 子罕言<u>利与命与仁</u>。

(《论语·子罕》)

2. 乃是<u>佛与仙与神圣</u>三者，躲过轮回，不生不来，与天地山川齐寿。

(《西游记》)

然而，这种用法在整个古代汉语史上都是较为少见的。当出现多项并列的需要时，同只有两个并列项时的习惯相同，传统汉语更倾向于不使用连词，如：

3. 有八卦之<u>金木水火土</u>，有五行之<u>金木水火土</u>。

（《朱子语类》）

要么在多个并列项的最后两项之间加上并列连词，前面各并列项用标点符号进行区分，这种用法也被认为是近代以来"欧化"的影响①，如：

4. 韩老六的<u>小老婆子、小小子、侄儿侄女，和大枣核</u>，呼拉呼拉一大群，都从里屋跑出来。

（周立波，《暴风骤雨》）

这两种并列多项时的处理方式，鲁迅也都采用过，比如我们可以看到鲁迅混用这两种用法的例子：

5. 现在来抵制左翼文艺的，只有<u>诬蔑，压迫，囚禁和杀戮</u>；来和左翼作家对立的，也只有<u>流氓，侦探，走狗，刽子手</u>了。

（鲁迅，《二心集·黑暗中国的文艺界的现状》）

可以说，使用多个并列连词来连接超过两个并列项的用法，在各种传统及近代的并列连词用法中是存在特殊性的。周生亚（1989：138）在谈到汉语并列连词"与"时曾说："文献中并列结构连词用两个连词'与'，这种情况几乎是没有的。"吕叔湘、朱德熙（2002：73）在《语法修辞讲话》一书中也坦言："'和'的用法（'与'字同）有一个限制：两个部分用一个'和'字连接，三个部分就不用两

---

① 如王力认为："在英文里，三个以上的名词相联结，只用一个'and'，放在末一个名词和倒数第二个名词的中间，现在也有许多人模仿这一个办法。"见王力：《中国现代语法》，商务印书馆1985年版，第360页。向熹也曾言，在现代汉语中需要并列多项时，"绝大多数例子是不管事物的多少，都把连词'和'放在最后两个名词之间，这主要是受了西洋语言的影响"。见向熹：《简明汉语史》，高等教育出版社1993年版，第520页。

个'和'字连接，例如'你和我和她'听起来就不顺耳。当然这只是一个习惯的问题，可是我们知道语法的习惯是很顽强的。"贺阳（2008：258—259）曾对汉语中"和""与""并""及"等词用于多相并列结构的情况进行了统计，指出使用两个或两个以上连词联结并列成分的情况只占所有并列形式的2.4%，其他并列方式则占到了总数的97.6%，这进一步证明，使用多个并列连词连接多个并列项的用法在汉语中是较少的，或者说是处在潜伏状态的。而这种用法在一些近代作家的笔下突然兴起，很可能与外语的影响脱不了干系；而从使用者多有留日背景这一点来看，他们笔下的这种并列用法来自日语的可能性非常大，日语应为这一用法重新被激活的一大要素。

日语中虽然不存在"连词"的说法，但有「並立助詞」，其中代表性的就是助词「と」与「や」，二者在日语中承担了与汉语连词类似的功能，可起到并列同类项的作用。而与汉语的并列连词"与""和"等不同，「と」、「や」经常用于并列多于两项并列成分，形成「AとBとC（と）…」或「AやBやC（や）（など）…」的结构。这种表达方式在古日语中就存在，如『伊勢物語・五〇』中就有「行く水と過ぐるよはひと散る花といづれ待ててふことを聞くらん」这样的例子。而在近代日语中，这种例子就更多了，如：

1. 更に私の奇怪に感ずることは、學校側の學生に對する態度が餘りに教育者としての公明と親切と嚴肅とを缺いて居たことです。

（与謝野晶子，「心頭雜草」，『太陽』1917年第12号）
2. 素明の玲瓏と百穂の清潤と映丘の富麗と靈華の蒼勁とを集め、清方の纖穠を加へて一點紅とした金鈴社は我が藝檀の秀粹である。

（内田魯庵，「案頭三尺」，『太陽』1917年第13号）
3. サテ又其三千の威儀を殺生と偸盗と邪婬と妄語と惡口と兩舌と綺語との七支に於て持つが故に、即ち三七二萬一千の威儀と爲る、……

（大内青巒，「露堂独語」，『太陽』1895年第4号）
4. 五月の花々や、誇りにみちた制服や、明るい笑い声などに対する私の礼儀なのだ。

（『金閣寺』，三島由紀夫著，1956）

　　5. しばらく、壁にかけてある小刀や、弦掛糸鋸や竹割鉈や、挽
鋸などのならんだ道具をみていたが、ひとりで母屋へ帰ってい
った。

（水上勉，『越前竹人形』，1963）

　　6. 十一月の冷ややかな雨が大地を暗く染め、雨合羽を着た整
備工たちや、のっぺりとした空港ビルの上に立った旗や、BMWの
広告板やそんな何もかもをフランドル派の陰うつな絵の背景のよう
に見せていた。

（村上春樹，『ノルウェーの森』，1987）

　　以上各例都是「と」或「や」作为并列助词并列多与两项事物的例
子。其中「と」的并列能力更为显眼，如例 3，出现了用「と」连接的
多达 7 个的并列项。相对来讲，「や」的多相并列相对少一些，这或许与
「と」「や」各自的特性有关：「と」被认为多用来表示"全部列举"，而
「や」则多用来表示"部分列举"（寺村秀夫，1991；益冈隆志・田窪行
则，1992），我们可以推断，出于穷举的需要，「と」连接多项的能力自
然会比「や」更强一些。但不管二者存在何种微弱区别，并列多项的能
力强于汉语中的连词，却是非常明显的。鲁迅及周作人、郁达夫等人都是
日语的精通者，他们在自己的文章里模仿这种日语中常见的并列方式，是
非常自然的。倪立民（1982：155）曾说："并列连词'和'的这种用法，
可以说是现代汉语发展过程中的一个新现象。根据初步观察，我们认为，
可能会有两个方面的原因。一个是受外语，特别是受日语的影响，一个是
受古代汉语的影响。……在现代汉语中，如果并列词组是由三项并列成分
构成的话，那么，各并列成分之间都要使用并列连词。在现代汉语中是没
有这样的用法的。至少在口头交际当中是不会有人这样用的。"
　　对这种并列方式在现代汉语中的兴起时间，笔者进行了查证，发现在
20 世纪初的在日本创办的中国近代报刊杂志中已经出现了这样的用法，
如《新民丛报》中就有这样的例子：

　　1. 至我祖宗我兄弟所固有之土地。虽尺寸不得以授人。吾侪以

此決心立於天地。其有犯不韙而與吾抗敵者。則<u>吾與自由與彼</u>俱斃 榮莫。

（中国之新民，《意大利建国三杰传》，《新民丛报》第 16 号， 1902）

2. 有混<u>統治者與政府與國家</u>之三物而一之者。則"統治者說" 其當之矣。

（小野塚喜平，《国家原论》，饮冰译，《新民丛报》第 74 号， 1906）

3. 樂大人閣下。來示備悉。然僕窃悲不能認閣下有赤誠辦此次 事。精神教育之法。用肉棍與否。看<u>時與地與人</u>而後定。

[《贵阳师范学堂日本教习殴辱学生事件（贵阳來函）》，《新民 丛报》第 61 号，1905]

以上几例都是用"与"来连接各并列项的。例 1 为笔者在近代报纸 杂志中找到的最早的使用并列连词连接多个并列项的用例。例 2、例 3 则 与日语有明显的关联，例 2 是梁启超的对日语文章的翻译，例 3 虽为中国 人所作，但出现并列连词新用法的部分，恰为对日本人所写书信的引用部 分，很可能是对日文的直译。而在同时代的《法政杂志》里，这种并列 连词的新用法则更多，出现的频率要明显高于《新民丛报》。如以下 几例：

1. 特別裁判所。謂裁判特別民事刑事之司法機關。蓋就特別之 <u>人與物與處</u>所設之。

（《论司法权之范围》，林鹍翔译，《法政杂志》第 1 号，1906）

2. 大司徒兼<u>內務大臣與農商務大臣及文部大臣</u>。

（竹中信以论，《中国古代之议会》，张宗儒译，《法政杂志》第 3 号，1906）

3. 於威斯德美斯達集合之僧俗貴族及庶民適法完全代表國內人 民一切之階級。當千六百八十八年二月十三日。各以其適當責格在席 之時。於被呼以<u>奧列傑公及女公維廉及美利</u>之名稱之兩陛下前。呈貴族及庶民所作之書面。其辭如左。

　　　　　　　　　　（《英国宪法正文》，钱应清译，《法政杂志》第 3 号，1906）

　　4. 議員對於刑事訴訟手續及審問以及負債而須拘留者。當該議院之請求時。於會期中可得暫免。

　　　　　　　　　　　　　（《普鲁士宪法正文》，《法政杂志》第 4 号，1906）

　　可以看出，《法政杂志》里面的并列连词新用法所涉及的并列连词除了"与"，还有"及"，比《新民丛报》更显丰富；同日语的关系也是十分明了，均出自对日语文本的翻译。《法政杂志》中的并列连词新用法的出现频率之所以要高于《新民丛报》，恐怕与刊物的特质有关：《法政杂志》旨在介绍普及近代国家法律，其中的文本在涉及法律公文的叙述时，出于法律的严密性需要，撰写者往往喜繁忌简，必须将法律条文涉及的主体尽可能细致全面地列举出来，各被列举主体之间的关系也须清楚地得以展现，这必然导致法律文本使用多个并列连词连接多个并列项的情况高于其他文本。

　　综上所述，使用多个并列连词连接多个并列项的新用法，除了有古汉语传承的因素，也有近代以来译介日语文本、从而受到日文影响的因素。

　　笔者认为，鲁迅虽不是近代以来这一用法的最早使用者，但他的笔下出现了很多这样的用例。用多个并列连词连接多个并列项，可以说是其使用并列连词的一个显著特征。由于鲁迅的译文大部分是以日语为底本的，这一新用法首先体现在了鲁迅的译文中，我们可以在鲁迅译文中找到很多这样的用法。

（一）鲁迅中期译作用例：

　　1. 载使无我与吾鹰与吾蛇，则汝之光曜道途，其亦倦矣。

　　　　　　　　　　　　　　　（尼佉，《察罗堵斯德罗绪言》，1918）

　　2. 这时候，这人便决不要再用憎恶和不平和嫉妒，来苦恼自己的心。

　　　　　　　　　　　　　（武者小路实笃，《一个青年的梦》，1920）

　　原文：かゝる時その人は決して憎恶や、不平や、嫉妬で自分の心を苦しめる必要がありません。

　　3. 你们和母亲和我，至于可以走到海岸的沙丘上，当着太阳，很愉快经过二三时间了。

　　　　　　　　（有岛武郎，《现代日本小说集·与幼小者》，1922）
　　原文：お前たちと母上と私とは海岸の砂丘に行って日向ぼっこをして楽しく二三時間を過すまでになった。

　　4. 托身于双马车上的我，虽然热闷不堪的夹在涌出刺鼻的汗和脂和尘土的气味的村人们，和尽情的发散着腐透的头发的香的村女们的中间……

　　　　　　　　　　（江口涣，《现代日本小说集·峡谷的夜》，1922）
　　原文：二頭立ての馬車に身を托した私は、鼻を刺すやうな汗と脂と埃との匂を漲らす百姓達や、腐り切つた髪の香を無遠慮に田舎娘などの間に蒸し暑くはさまれながら……

　　5. 所以，自然派就将丑猥的性欲的事实，毫无顾忌地写了出来，赞美那罪和恶和丑，在文艺上创始了新的战栗的"恶之华"之诗人波特来尔（C. Baudelaire），被奉为恶魔派的头领了。

　　　　　　　　　　　　　（厨川白村，《出了象牙之塔》，1925）
　　原文：だから自然派は醜猥な性慾の事實を無遠慮に書いた、罪と悪と醜とを讃美して、新しき戦慄を文藝の上に創始した『悪の華』の詩人ポトレエルは悪魔派の頭領に祭り上げられた。

　　6. 与其说我们向镜求看客观底的真，倒不如说是求看阿谀和慰安和鼓舞。

　　　　　　　　　　　　　　（升曙梦，《生活的演剧化》，1928）
　　原文：我々は鏡に向かつて客観的の真を求めてゐるというふよりか、寧ろ阿諛と慰安と鼓舞とを求めてゐる。

（二）鲁迅后期译作用例：

　　1. 她想起来了，四月里，在平野上的一个小车站那里，——那地方，有的是天空和平野和五株白杨树和铁轨和站屋，——曾经见过三个人——两个农夫和一个孩子。

　　　　　　　　　　（毕力涅克，《一天的工作·苦蓬》，平冈雅英译，1929）

原文：彼女は思ひだした四月に、野原の或る小さな停車場で——其處には空と野原と五本のポプラ樹とレールと驛舍があつた——三人の者——二人の百姓と一人の子供とを見たことがあつた。

2. 粮食没有了，铁没有了，有饥渴和死亡和虚伪和艰难和恐怖。

（毕力涅克，《一天的工作・苦蓬》，平冈雅英译，1929）

原文：食物が無かつた。鐵が無かつた。飢渴と死と虚偽と難澁と恐怖しか無かつた。

3. 立体主义和建筑术和走法（音乐的形式），古典派和形式和噶来亚哲学的存在（Sein），活动底信仰和伦理感情和意思——凡这些，大抵是出于精神的。

（片山孤村，《壁下译丛・表现主义》，1929）

原文：立體主義と建築術と走法（音楽の形式）、クラシックと形式とエレア哲学派の存在、活動的信仰と論理感情と意思——これ等は主として精神から来る。

4. 表现主义和抒情的叫声和旋律和融解的色彩，罗曼派和表现和海拉颉利图哲学的发生（Werden），圣徒崇拜，为爱的献身——凡这些，大抵是出于灵魂的。

原文：表現主義と抒情的叫聲と旋律と融解する色彩、ロマンチックと表現とヘラクリート哲学派の發生、聖徒崇拝、愛の為の献身——これ等は主として靈魂から来る。

（片山孤村，《壁下译丛・表现主义》，1929）

5. 左翼艺术家们又在有产阶级底市场上，作不合于无产阶级的病的竞争，所以他们那里，就有着作为那结果而生的奇狂和辈麼和浓腻的倾向。

（卢那卡尔斯基，《文艺与批评》，茂森唯士译，1929）

原文：然しそれと同時に左翼藝術家等は、ブルッジュア市場に於て、プロレタリアートに禁物な病的競争をなし、其結果として生じた奇狂と辈麼と濃厚の傾向が、彼等にある。

6. 他不能像样的过活，只活在污秽和穷苦和衰弱里。

　　　　　（高尔基，《俄罗斯的童话》，高桥晚成译，1935）

原文：満足に生活することも出來ず、垢污と貧窮と衰弱の中に暮してゐた。

7. 垂下的树枝拂着木罗式加的脸，而他，则满怀着愤怒和悉恨和复仇，策了发狂一般的马，奔驰前去。

　　　　　（法捷耶夫，《毁灭》，藏原惟人译，1931）

原文：枝はモロースカの顔をうち、そして彼ば怨みと口惜しさと復響とに満ちて氣ちがいのようになつた馬を前へ前へと走らせていた。

在鲁迅译作中，笔者总共查找到了 211 个使用多个并列连词连接多个并列项的用例，不可谓不多。从具体的并列连词选择上来看，鲁迅选择使用"和"或者"与"连接多个并列项，其中"和"占了绝大多数，而且没有出现使用"共""暨""跟""及""同"等其他并列连词连接多个并列项的情况；从时间上来看，这些用例都来自于鲁迅的中期及后期译作，笔者没有在鲁迅的早期译作中找到相关用法。笔者查找出的鲁迅译作中的最早的用例出现在《察罗堵斯德罗绪言》中（中期译例 1），鲁迅用并列连词"与"连接了"我""吾鹰""吾蛇"3 个并列项（遗憾的是，该作的底本来源目前已不可考，故无法列出出处及源语文本）。从并列项的数量来看，最长的有并列 7 个并列项的，大多数为并列 3 个并列项。鲁迅在译作中对多个并列连词连接多个并列项用法的具体情况，请见表 13：

表 13　　　　　　　　鲁迅翻译作品中的并列连词使用情况

		和	与	总计
前期		0	0	0
中期	名词与名词	52	2	35
	形容词与形容词	10	0	10
	动词与动词	8	0	8
	各词性混合	30	0	30
	小计	100	2	102

续表

		和	与	总计
后期	名词与名词	40	0	40
	形容词与形容词	12	0	12
	动词与动词	11	0	11
	各词性混合	46	0	46
	小计	109	0	109
总计		209	2	211

　　从上表可以看出，在该用法的并列连词的选择上，鲁迅大多使用了"和"，总共有 209 例；"与"总共仅有 2 例，且只出现在鲁迅的中期译文中。而其他汉语并列连词如"共""及""暨""跟""同"等则根本没有出现。① 从整体分布来看，并列连词连接多个并列项的用法在鲁迅中期及后期译文中的分布是相对平均的，分别为 100 次与 109 次，基本持平；从各并列项的性质上来看，不管在中期还是后期译文中，各名词性质的并列项相并列的情况都是最多的，随后是各词性混合占了更大比例，在鲁迅中期、后期译作中分别出现了 30 次与 46 次，占到各种搭配方式总数的 41% 左右。

　　笔者另对鲁迅创作作品中使用多个并列连词连接多个并列项的情况进行了考察，在鲁迅的创作作品中也存在一些这样的用例：

　　1. 你看那女人"咬你几口"的话，和一伙青面獠牙人的笑，和前天佃户的话，明明是暗号。

（《呐喊·狂人日记》，1918）

　　2. 他虽是粗笨女人，却知道何家与济世老店与自己的家，正是一个三角点；自然是买了药回去便宜了。

（《呐喊·明天》，1919）

---

　　① 之所以"共""及""暨""跟""同"等连词连接多个并列项的情况没有出现，恐怕是与并列连词的发展兴替有关。据唐钰明，徐志林考证，"暨"多见于殷商及西周，"及"多见于西周中晚期至唐宋，"共"多见于魏晋，"同"多见于唐宋，"与"多见于春秋至元明，"和"多见于唐宋至清，"跟"则出现较晚，只见于清。也就是说，从历时传承性上来看，鲁迅所处时代理应使用"和"、"与"、"跟"较多。参见唐钰明、徐志林《汉语并列连词的历史演变》，《中山大学学报》2015 年第 1 期，第 50 页。至于"跟"为何在鲁迅译文中也没有出现，或与"跟"偏向口语语体有关，有待进一步考证。

3. 气愤和失望和凄凉，使伊不能不再掘那墙角上的新洞了。

（《呐喊·兔和猫》，1922）

4. 京津间战死之兵士和北京中被炸死之两妇人和被炸伤之一小黄狗，是否即"赤"，尚无"明令"，下民不得而知。

（《华盖集续编·如此"讨赤"》，1926）

5. 我的回答，是：为了我自己，和几个以无产文学批评家自居的人，和一部分不图"爽快"，不怕艰难，多少要明白一些这理论的读者。

（《二心集·"硬译"与"文学的阶级性"》，1930）

6. 我便是那时被两江总督派赴日本的人们之中的一个，自然，排满的学说和辫子的罪状和文字狱的大略，是早经知道了一些的，而最初在实际上感到不便的，却是那辫子。

（《且介亭杂文末编·因太炎先生而想起的二三事》，1937）

在鲁迅创作作品中，笔者总共只找到了 20 例使用并列连词连接多个并列项的用法，同译作中的 211 例相比要少得多。在并列连词的选择上，与译作相同，鲁迅在创作作品更多使用"和"，使用"与"的用例只有 1 例（例2）。从并列项的性质上来看，也是名词性质的并列项居多。鲁迅译作与创作作品中使用"和"与"与"连接多个并列项的具体比较情况请见表 14：

表 14　　　　　鲁迅翻译作品与创作作品中的并列连词使用情况

	搭配类型	和	与	总计
译作	名词与名词	92	2	94
	形容词与形容词	22	0	22
	动词与动词	19	0	19
	各词性混合	76	0	76
	小计	209	2	211
创作	名词与名词	14	1	15
	形容词与形容词	1	0	1
	动词与动词	0	0	0
	各词性混合	4	0	4
	小计	19	1	20
总计		228	3	231

通过上表我们可以看到，在各搭配类型里，鲁迅创作作品中各并列项更倾向于名词性搭配，有 14 例之多，占到了总数的 70%。也就是说，虽然鲁迅在创作作品中使用多个并列连词连接各并列项的用法是很有突破性的，但同其译作中各并列项搭配的多元化相比，鲁迅在其创作作品中对并列项搭配的选择要显然要保守了一些。此外，虽然表中并无显示，但需要特别说明的是，鲁迅译作中最多出现了用 6 个并列连词连接 7 个并列项的情况，而鲁迅创作作品中最多只有用 2 个连词连接 3 个并列项的情况，相比之下，也是谨慎了不少。

在鲁迅创作作品中，有一处对"和……和……"的使用值得特别注意：

> 见天色已是黄昏，<u>和屋宇和街道</u>都织在密雪的纯白而不定的罗网里。

> （《彷徨·在酒楼上》，1924）

对此处的"和……和……"的所连接的并列项可作两解。既可理解为其并列了"屋宇""街道"两词，亦可将其关联范围向前扩大，理解为并列了"天色""屋宇""街道"三词。取第一种理解，我们可以认为此句有浓重的借鉴日语的痕迹：一般来讲，汉语里并列项的数量与使用的并列连词的数量是不相等的，我们把并列项的数量设为 n，并列连词的数量设为 n'，则二者应该是 n'=n−1 的关系，也就是说，不管连接几个并列项，并列连词的数量总要比并列项的数量少 1 项；然而上例中，"和"出现在了第一个并列项之前，导致这一并列结构出现了 2 个并列连词与 2 个并列项。这样的用法在汉语中是很难解释的，但日语中的并列结构经常会出现并列连词与并列项数量相等的情况（如「AとBと」）。或许熟稔日语的鲁迅出于语言试验的目的，意欲给笔下的并列结构也多添加一个并列连词，但将"和"放在最后过于别扭，于是索性移到了最前面。这对喜欢借鉴日语表达方式的鲁迅来讲是有可能的。但同时，我们也可以取另一种解释："和……和……"并列的是"天色""屋宇""街道"三词，只不过由于受到了"天色"之后的"已是黄昏"这一描述的干扰，导致"天色"与后续的"屋宇""街道"产生了空间上的割裂。如此解释虽不如第一种解释那般引人注目，但依然属于使用多个并列连词连接多个并列项这一"日化"范畴，更值得注意的是，鲁迅这种刻意把第一个并列项与其他两个并列项隔开的处理方式，避免了可能产生的单调感，让我们看到了其高明的化用技巧。鲁迅引入"日化"句式与其文章修辞审美的关系，需要得到研究者更多的关注。

第三节 "是……（的）"

汉语的句子基本可以分为三大类：叙述句、描写句和判断句（吕叔湘，1982；王力，1985）。而现代汉语中的判断句经常以"是"为标志，也称作"是字句"，且其中不少是以"是……的"的形式出现的。如下面几例：

1. 一丝发抖的声音，在空气中愈颤愈细，细到没有，周围便都<u>是</u>死一般静。

（鲁迅，《药》）

2. 英国的天时与气候<u>是</u>走极端的，冬天<u>是</u>荒谬的坏。

（徐志摩，《我所知道的康桥》）

3. 露伴的主观<u>是</u>主意的，透谷<u>是</u>主情的。

（周作人，《日本近三十年小说之发达》）

4. 他那清瘦的面貌，和纤长的身体，<u>是在日本人中间寻不出来的</u>。

（郁达夫，《南迁》）

有学者统计，在现代汉语中，"是"字句占总句数的 35% 左右，"是……的"句占"是"字句的 30% 左右（柴世森，1981：93）。然而，我们可以看到，以上 4 句判断句中的"是"及"是……的"并非是不可或缺的，删除之后并未影响原文的基本意义。试比较：

1*……周围便都死一般静。

2*英国的天时与气候走极端，冬天荒谬的坏。

3*露伴的主观主意，透谷主情。

4*他那清瘦的面貌，和纤长的身体，在日本人中间寻不出来。

　　去掉"是"及"是……的"，例1—2就变成了描写句，例3—4变成了叙述句。或者我们可以反过来说，例1—4是由描写句、叙述句加上"是"及"是……的"后变成判断句的。关于系词"是"的发展，有学者认为"是"是产生于先秦、成熟于魏晋隋唐的（董希谦，1985：105—109）。"是"字句在汉语中历史悠久，这固然是没错的，然而从汉语发展的史实来看，汉语的判断句在很多时候是不需要系词的，如"南冥者，天池也，《齐谐》者，志怪者也"（庄子《逍遥游》）、"窈窕淑女，君子好逑"（《诗经·关雎》），又如上文的例1*—4*。针对现代汉语中判断句明显增多的现象，有一种观点认为是受了欧化的影响。如王力说：

　　　　现代欧化的文章里，有些人喜欢在每一句话里都安放一个主语；若遇描写句，也喜欢变为判断句（如"梨花不红"变为"梨花是不红的"）。这种办法，与其说是关心逻辑，不如说是喜欢模仿西文；因为西文叙述句里没有系词，中国人也就不依照传统的逻辑，硬给它加上一个系词。（王力，1984：443）

　　除了王力，魏志成（2005：73）也持这种观点："'是'字句的真正广泛地普及与使用，是在受到以英语为主的西方翻译语言的影响之后。"

　　"是"字句的增多，客观上也会导致"是……的"使用得更频繁。笔者认为，如以上两位学者所言，现代汉语中"是"字句及"是……的"的增多确实和"欧化"存在密切的关系。但不容忽视的是，日语也是非常喜欢使用判断句，有些日语里的结构翻译为中文时，也会出现判断句增多的情况。如：

　　1. 彼はそれを聞いて複雑な心境だった。（他听了这件事，心情很复杂。）

　　2. 明日東京へ行く計画だ。（明天计划去东京。）

这类句子在翻译为汉语时，按汉语的习惯，谓语部分应使用形容词或动词，变成描写句或叙述句，是很难按原文的语序继续使用判断句的。然而在鲁迅的译文中，就有这样的例子：

1. 从京都动身，<u>是初夏的一日里</u>。

　　　　　　　　（菊池宽，《现代日本小说集·复仇的话》，1922）

原文：<u>彼が京を立ったのは初夏の一日であった</u>。

2. 木村是官吏。或一日，也如平常一样，午前六点钟醒过来了。<u>是夏季的出头</u>。

　　　　　　　　（森鸥外，《现代日本小说集·游戏》，1922）

原文：<u>木村は官吏である。ある日いつもの通りに、午前六時に目を醒ました。夏の初めである</u>。

3. <u>是离浚河府不远的山庄</u>。<u>是天正末年酷烈的盛夏的一日</u>。

（菊池宽，《现代日本小说集·三浦右卫门的的最后》，1921）

原文：<u>駿河の府中から遠からぬ田舎である。天正の末年で酷い盛夏の一日であった</u>。

可以看到，在以上例句里，鲁迅固执地遵循原文的语序，日语里是以名词结句，那自己的译文里也这么办，结果导致"是"字句增多了。这样一来，句子的静态感大大增强，但读起来显然是不符合汉语的表达习惯的。按照一般的习惯，以上译文最好调整语序或增加词语，如例1可译为"在初夏的一日里，他从京都动身"，例2可译为"……夏天刚刚出头"，例3可译为"故事发生在离浚河府不远的山庄，正处天正末年，酷夏难挡"。

同时我们注意到，例1—3其实都包含着「は……である」结构，不管是显现的还是隐现的。然而，「は……である」与印欧语的影响又是分不开的，或者说，这种结构就是由模仿印欧语而创造出来的。柳父章认为："日语中的「ある」有表示存在的意思，但没有系词的含义。本来日语里面是没有相当于系词的词语的。但是，表示存在意味的「ある」与表示连接的助词「で」相结合，又进一步与「は」相结合，就成了「は……である」的结构，变成了与系词的功能相当的结构。可以说，日

语里的系表结构「は……である」是被创造出来的。"① （柳父章，2013：51—52）这种结构在日语中逐渐发育成熟，「である」在日语中被当作句子结尾的形式广泛使用，成了日语的言文一致运动中不可或缺的一环。「である」的广泛使用，显然波及到了鲁迅的翻译，让其译文中的判断句相对增多了。

　　除此之外，还有一种形式在日译汉时也容易产生判断句，那就是「……のである」或「……のだ」的形式。「だ」作为判断助词，也是由「である（dearu）」中的「る（ru）」发生脱落而产生的。而「の」被称为「形式体言」（形式名词），用来"承接统括其前面的语句，使之具备整体上的名词资格"② （山口佳也，1983：6）。也就是说，形容词或动词谓语加上「の」再加「である」或「だ」后，就增添了名词句的属性，"从而整体上具备解说、说明的性质"③ （佐治圭三，1981：5）。「……のである」与「……のだ」都是日语中常见的结句形式。我们对『太陽』杂志中用「……のである」及用「……のだ」结句的句子数量进行一个小统计，可以看出，「のである」在1901—1909年迎来了爆发，而「のだ」在1917—1925年出现了大幅增长。整体来讲，在19世纪末20世纪初，日语里的「……のである」与「……のだ」都呈现了大幅增长的态势。

表15　　「……のである」与「……のだ」在『太陽』中的出现情况

	1895 年	1901 年	1909 年	1917 年	1925 年
「のである」	19	550	1892	2786	3182
「のだ」	35	130	404	382	666

---

　　① 附原文如下：日本語の「ある」には、存在を表す意味はあるが、コプラの意味はない。およそ日本語にコプラに相当する言葉はない。ところが、ここで、存在の意味で使われた「ある」が、つなぎの助詞「で」と結び、さらに「は」と結んで、「は……である」となって、コプラに相当する役割の言葉となった。いわば、日本語にコプラ「は……である」が造られたのであった。

　　② 附原文如下：形式名詞（又は準体助詞）の「の」は、上接する一連の語句をまとめて、構文論的に全体として一つの名詞と同じ資格を与える語であるとされている。

　　③ 附原文如下：私は、旧稿において、"のだ"の機能を構文論的に考察し、それは、それの付く文を名詞文にする形式であり、それが付くことによって、全体が、解説し、説明する文になることを指摘した。

从绝对数量来看，直至 1925 年，「……のである」是要高于「……のだ」的。但『太陽コーパス』里的文章是体裁不一的，有政论文，也有文学作品。有学者针对日本的近代文学作品做了调查，在日本的文学作品里，「のだ」似乎更受欢迎。木坂基（1976：218—223）选取了从日本言文一致运动的开山之作《浮云》（二叶亭四迷著，1887 年发表）到《潮骚》（三岛由纪夫著，1954 年发表）为止的 58 部日本文学史上的重要作品，对各作品中「のだ」的出现频率进行了统计，得出结论认为，从言文一致运动的创始期到大正中期，「のだ」的使用比率很低；大正中期以后至昭和时期，「のだ」所占比率就明显升高了，就算在句末形式以「である」为主的作品里（如《山椒鱼》《故乡》《潮骚》），以及在几乎没有特定句末形式的作品里（如《蟹工船》），只要出现了「だ」结尾的句子，五成以上都是用的「のだ」。① 为方便起见，我们以「のだ」为核心展开论述。

日文中使用「のだ」形式的频率非常高，随手打开一篇小说，「のだ」比比皆是：

　　　　登美子は二人の関係について男に責任を負わせようとしているらしかった。寺坂との結婚をことわった事にさえも、江藤に責任があるような言い方をしている<u>のだった</u>。自分に何程の責任があるだろうか……と彼は考えてみた。法律は二人の間に愛情関係があったか無かったかということについて、全く関与しない。二人のあいだに性関係があったかどうかという事すらも、問題にしない<u>のだ</u>。つまりその事自体は法律的責任とは別個のことであり、私的な心情、私的な行為にすぎない。要するに法律的責任以前のことである<u>のだ</u>。したがって登美子が彼に責任を負わせたいような気持になったにしても、それは彼女の身勝手な感情だけのものだ。……それは女の身勝手ではあるけれども、登美子がそういう気持になって来たと

---

　　① 附原文如下：言文一致の創始期から大正中期までは、「のだ」文の「だ」文に対する使用度数の比率は低い。大正中期以後昭和にかけては、明確に「のだ」文の比率は高くなっている。たとえ「である」系であっても（『山椒魚』『故郷』『潮騒』）、あるいは、指定文末形式をほとんど用いない作品（『蟹工船』）であっても、それに「だ」文が現れる場合は、その五割以上が「のだ」文で占められていることが分かる。

いうのは、危険な状態だった。やはり別れなくてはならない時が来たのだ。これ以上現在の状態を持続して行けば、別れはますます困難になってくる。云うまでもなく、破産した印刷屋の娘と法学博士とでは、結婚などということをまじめに考える訳には行かないのだ。……

（石川達三，『青春の蹉跌』，1963①）

　　反观汉语，我们很难找到和日语对应的如此惯用的语言结构。新屋映子曾对中国日语学习者和日本学生的日语习作进行对比，发现前者无论日语学习时间的长短，基本上都没有用到「のだ」；与之相对，日本学生则使用了大量的「のだ」（新屋映子，2003：146）。这反映出，「のだ」在日语篇章构成中占有重要作用，而汉语则缺乏类似的表现。

　　若把「のだ」结构翻译成汉语，大部分情况下是不会出现具体的语言标记的。但由于日语的「だ」经常对应汉语的"是"，「の」往往对应汉语的"的"，于是会出现把「のだ」翻译成"是……的"的情况。据调查，「のだ」译为"是……的"的比例并不算多，不足 10%（王宏，1987：13），但若原文总量够大，汉语译文中的判断句数量理论上也会相应增多，特别是在崇尚直译的译者笔下。我们来看鲁译中的例子：

　　1. "那么，我便是强剥，也未必怨恨罢。我也是不这么做，便要饿死的了。"

（芥川龙之介，《现代日本小说集·罗生门》，1921）

　　原文：「では、己が引剥をしようと恨むまいな。己もそうしなければ、饑死をする体なのだ」

　　林少华译："那好，我剥掉你的衣服！你可不要恨我，要不然我

---

　　①　中文译名《青春的蹉跌》。附中文译文如下："登美子似乎要把两个人关系的责任都推到男方身上，她拒绝同寺坂结婚，江藤也有责任。他想：自己到底有多大的责任呢？……在法律上根本涉及不到两人之间有无爱情关系，甚至也不把两人之间有无性的关系作为一个问题提出来。总之，这件事的本身与法律责任无关，只不过是私人的心情，私人的行为而已。这种行为还不至于追究到法律责任。因此登美子要让他负责任，只是她一厢情愿的感情的表现。可是，即使是登美子一厢情愿的感情，但她的感情既已发展到如此地步，那是十分危险的。终于到了非同她拉倒不可的时候了，再继续下去将会越来越困难。不用说，一个破了产的印刷公司老板的女儿同一个法学博士是无法考虑结为夫妇的。"原文及译文皆出自北京日本学研究中心开发的"CJCS 中日对译语料库"，中文译者金中。

就得饿死!"(芥川龙之介,1997:9)

2. 内供仍然照例,装着对于鼻子毫不介意似的模样,偏不说便来试用这方法;一面微微露出口风,说每吃一回饭,都要劳弟子费手,实在是于心不安的事。至于心里,自然是专等那弟子和尚来说服自己,使他试用这方法的。

（芥川龙之介,《现代日本小说集·鼻子》,1921）

原文:内供は、いつものように、鼻などは気にかけないと云う風をして、わざとその法もすぐにやって見ようとは云わずにいた。そうして一方では、気軽な口調で、食事の度每に、弟子の手数をかけるのが、心苦しいと云うような事を云った。内心では勿論弟子の僧が、自分を説伏せて、この法を試みさせるのを待っていたのである。

高慧勤译:内供照旧摆出一副对鼻子毫不在意之态,故意不提马上就试这偏方。可另一方面,却又说轻巧话:每顿饭都要麻烦徒弟,心中甚是不安。其实他心里,正巴不得徒弟来劝自己试试。(芥川龙之介,2008:9)

3. 危险的洋书媒介了自然主义,危险的洋书媒介了社会主义。翻译的人是贩卖那照样的危险品的,创作的人是学了西洋人,制造那冒充洋华的危险品的。

（森鸥外,《现代日本小说集·沉默之塔》,1921）

原文:危険なる洋書が自然主義を媒介した。危険なる洋書が社会主義を媒介した。翻訳をするものは、そのまま危険物の受売をするのである。創作をするものは、西洋人の真似をして、舶来品まがいの危険物を製造するのである。

隋玉林译:这时候,帕西族里有人发明了"危险的洋书"这个词。危险的洋书传播了自然主义。危险的洋书传播了社会主义。(森鸥外,1988:232)

4. 药物有效呢,还是祈祷有效呢,这可不知道。然而U氏是很愿意服医生的药的,但是不能够。

（有岛武郎,《现代日本小说集·与幼小者》,1921）

原文：薬がきくものか祈祷がきくものかそれは知らない。<u>然し U 氏は医者の薬が飲みたかったのだ</u>。然しそれが出来なかったのだ。

文静译：是药有效呢，还是祈祷有效那就不得而知了。<u>但是，U 先生曾很想服医生的药</u>。却喝不起。（有岛武郎，2008：368）

笔者考察了鲁迅译《现代日本小说集》几个短篇中「の+だ」与"是……的"的对应情况，详见下表：

表 16　《现代日本小说集》中的「の+だ」与"是……的"的对应情况

	原文	鲁译	复译
《克莱喀先生》	12	2	2（李正伦）
《罗生门》	17	5	1（林少华）
《鼻子》	15	5	0（高慧勤）
《与幼小者》	22	9	4（文静）
《沉默之塔》	14	11	2（隋玉林）
总计	80	32	9

可以看出，鲁迅拿"是……的"来对译「の+だ」的绝对数量并不是很多，共 32 个，但已经占到了原文比例的 40%；其他译者译文中的数量更少，仅为 9 个，占原文比例约为 11%，这和上文中提到的通常 10% 的翻译率非常接近。鲁译中的"是……的"数量偏多还是很明显的。

同样，鲁迅创作作品中有大量使用"是……的"的句子：

1. 在这些时候，我可以附和着笑，掌柜<u>是绝不责备的</u>。

（《呐喊·孔乙己》，1919）

2. 我<u>是不喜欢放风筝的</u>，我的一个小兄弟<u>是喜欢放风筝的</u>。

（《集外集拾遗补编·自言自语》，1919）

3. 赵七爷本来<u>是笑着旁观的</u>；但自从八一嫂说了"衙门里的大老爷没有告示"这话以后，却有些生气了。

（《呐喊·风波》，1920）

4. 希望<u>是本无所谓有，无所谓无的</u>。

（《呐喊·故乡》，1921）

5. 这样奇妙的音乐，我在北京确乎未曾听到过，所以即使如何爱国，也辩护不得，因为他虽然目无所见，耳朵是没有聋的。

（《呐喊·鸭的喜剧》，1922）

6. 凡是愚弱的国民，即使体格如何健全，如何苗壮，也只能做毫无意义的示众的材料和看客，病死多少是不必以为不幸的。

（《呐喊·自序》，1923）

7. 我是不善于作序，也不赞成作序的。

（《而已集·写在〈劳动〉问题之前》，1927）

8. 孝文帝曹丕，以长子而承父业，篡汉而即帝位。他也是喜欢文章的。其弟曹植，还有明帝曹睿，都是喜欢文章的。

（《而已集·魏晋风度及文章与药及酒之关系》，1927）

"是……的"结构在鲁迅的译文或创作中产生了什么样的效果呢？我们可以从日语中多使用「のだ」的原因来进行考虑。对「のだ」文不断增多的情况，有学者作如下解释：

明治初期的「のだ」文，主要出现在与人物心境有关的独白性的文章中。伴随着如『坊ちゃん』『平凡』那样的以第一人称主语为主的作品及体验性作品的增加，以及心境小说、私小说群体的出现，「だ体」系及「のだ」文的显著增多在某种意义上来讲是必然的。特别是白桦派的作家、新感觉派的作家及私小说的作家促进了「のだ」文的普及。可以说，体验性的世界及"私"的世界，一边把说话方的单方面的认识与主观倾向交织在一起，一边又在积极地要求状况的客体化。[1]（木坂基，1976：224）

简单来讲，「のだ」的多用，是作家的"主观倾向"与"状况客体

----

[1]　附原文如下：明治初期の「のだ」文の多くは、人物の心境によりかかった独白な文章の中にあらわれる。やがて『坊ちゃん』『平凡』のごとく、第一人称主語による作品、または体験的作品の増加、さらに心境小説、私小説などという群もあらわれるに従って、「だ体」系及び「のだ」文が顕著になってきたのも、ある意味では当然といえる。特に「のだ」文の普及に拍車をかけたのは白樺派の作家であり、新感覚派作家及び私小説作家である。体験的の世界や「私」の世界は、話者側の一方的な認識と、その一方性から出る主観的な色合を絡ませながら、状況の客体化を果たす「のだ」文を積極的に要求したといえる。

化"相互作用的结果,既要表明主观意向,又要强调结果的客观性、不可更改性。佐治圭三（1981）也说:"「のだ」前是谓语的连体形。经过谓语连体形表现出来的判断,并不是说话者负有主观责任的判断,而是把说话者从主观责任中割离开来的、根据客观情况形成的判断。"①

　　我们可以把上文中鲁迅创作作品中的例子去掉"是……的"结构,变成简单的叙述句感受一下,如以下 3 例:

　　　　1*在这些时候,我可以附和着笑,掌柜绝不责备。
　　　　4*希望无所谓有,无所谓无。
　　　　7*我不善于作序,也不赞成作序。

　　其他较长句子就不一一改写了。可以说,鲁迅是在用"是……的"的结构,把静态的、已存的、不容置喙的事实甩了出来,产生令人无力反抗及辩驳、只能予以承认并接受的效果。而改写过后的句子在语意上要轻了不少,缺乏了鲁迅文章里常有的力度。或者说,如木坂基及佐治圭三对「のだ」的解释,去掉了"是……的",原本隐含的主观上的强烈主张与状况的客观性都被破坏了。

　　可以说,鲁迅对"是……的"的使用,其实是在引进一种具有"解说、说明"方式的篇章组织模式,这可谓是鲁迅文体中的一个显著特征。

---

　　① 附原文如下:"のだ"の前は述語の連体形になっている。述語の連体形によって表現される判断は、話して（の主観）が責任を持ち、主張するものとしての判断ではなく、一応、話して（の主観）の責任から切り離されたところで、いわば客体的に成り立つ判断である。

第三章

人称代词前加定语构成的"日化"句式

人称代词指表示动作、行为归属的代词。如现代汉语中的"我（们）""你（们）""他/她（们）"等。人称代词前加定语，往往以上述代词前加"的"的形式出现。如此，就构成了"……的我/你/他（们）"形式的句式。本章将对这一句式的来源及在鲁迅译文中的使用情况做一考察。

第一节　"……的我/你/他（们）"句式的来源

在现代汉语中，我们可以见到很多使用人称代词前加定语结构的句子：

　1. 本来并没有存多大希望的我，到这儿倒认真地开始失望了。

（郭沫若，《洪波曲》）

　2. 她是个勤勉有毅力的女子，所以看不起时常昼寝的我。

（张资平，《木马》）

　3. 在穷乡僻壤生长的你，自幼也不曾进过学校，也不曾呼吸过通都大邑的空气，提了一双纤细缠小了的足，抱了一箱家塾里念过的列女传，女四书等旧籍，到了我的家里。

（郁达夫，《茑萝行》）

　4. 但迷惘的他喝了几口牛乳，以为这是一杯良药，载着再生人间底希望来哩，这不是可怜而可叹吗？

（俞平伯，《灰色马》）

　　有学者认为，这种"……的我/你/他（们）"形式的句式是近代以来才产生的新用法。如赵元任曾说：

　　　代名词通常不能用形容词词组来修饰。比如下面这个例子只在白话文里才看得到："一个无家可归的可怜的我"。在旧小说里头就会写成："可怜我无家可归"这样的语式。（赵元任，1980：316）

　　然而也有学者认为这种用法是在传统汉语中本来就存在的，如王东明（2000），李书超（2001），崔山佳（2004，2012）。如崔山佳（2012：14）举了以下几例，认为人称代词前加定语的用法是汉语固有的：

　　　1. 红绣鞋儿三寸大，天大的人情，送与冤家："送与你，莫嫌丑来休嫌大，在人前，千万别说送鞋的话，你可密密的收藏，瞒着你家的他，他若知道了，你受嘟哝奴挨骂。到那时，方知说的知心话。"

　　　　　　　　　　　　　　　　　　（《白雪遗音·红绣鞋儿（其一）》）
　　　2. 邹小姐道："新娘不消问得，你是今日的我，我是前日的你。三个合来，凑成一个品字，大家不言而喻罢了。"

　　　　　　　　　　　　　　　　　　　　　　　　（《痴人福》第 6 回）
　　　3. 则我之中又区别曰：三代之我，七季之我、汉晋之我、唐宋之我、元明之我。且区别曰：周孔之我、申韩之我、斑马之我、谢鲍之我、李杜之我、程朱之我、金赵之我、杨徐之我。

　　　　　　　　　　　　　　　　　　　　　　（《中国古代孤本小说》）

　　然而，崔氏所举的古汉语例证虽然确实为人称代词前加定语的用例，但与现代汉语中的此类用法还是有区别的。首先，古汉语中的用法有明显的修辞属性。如例 1 中每个小句皆押尾韵 [a]；例 2 中"今日的我"和"前日的你"实为对比的用法，起到了强调作用；例 3 中的"……之我"为一串排比用法，有令人目不暇接之感，语势大大增强。这些例句读起来都朗朗上口，富有韵律感，且注重对仗；而篇首笔者所举现代汉语中的用例，则孤立性大大加强，丝毫不受音韵及对仗的约束，这显然与传统汉语中的用法是有区别的。我们对崔山佳所举 60 余个例句进行分析①，发现其中修辞用法和非修辞用法之比为 7：1，出于修辞需要的运用占到绝大多数。朱德熙（1982：81）就曾说："人称代词和名词的区别是名词前面可以有修饰语，人称代词前边一般不能有修饰语。"太田辰夫也认为："（汉语中）表示人称的代名词也有偶尔带修饰语的。但是，在语言中一般不这样说，而是一种修辞的技巧……一般说来，代名词不受修饰是一条原则。"（太田辰夫，2003：95）其次，在现代汉语的人称代词前加定语结构中，人称代词往往在整个句子处在主语（或话题）位置（如篇首例 1，3，4），甚至有时由于前面的修饰语过长，不得不在人称代词前加一个顿号来舒缓语气；而古汉语用例中这一特征却并不明显，更多处于宾语（或述题）位置（如崔氏所举例 1，2，3）。这是现代汉语中的人称代词前加定语用法与传统汉语中的用法的一个显著区别。最后，崔氏虽举出了很多例句，但与古汉语浩如烟海的文字总量相比，就显得依然单薄了。比如，贺阳曾在明清小说约 1000 万字的文字资料里查找了人称代词前加定语的用法，总共只找出了 19 例（贺阳，2008：88），这表明这一用法在古代汉语中并不是显性的，而是处在蛰伏状态。

　　综合上述理由，我们认为，人称代词前加定语这一结构虽然在传统汉语中存在，但其在近代以来得以大范围使用，显然还是受到了外语的影响，这一结构属于由于受到外语的刺激而由潜性转化为了显性，称其为"受外语影响而激活的新用法"也不为过。对于这一用法的来源，吕叔湘（1955：184）认为是"欧化"，倪宝元（1994：143）也持相同观点；王力（1984：485）则认为日语、印欧语都有可能。然而有更多的学者倾向认为这种新用法是"日化"的结果。如刁晏斌说：

　　　　"大我""故我"等，都是人称代词前加了一个单音节的修饰语，合而构成一个双音的词组，然而，这样的形式也始终没有流行开。"五四"以后，由于受日语的影响，加之汉语中本来就有类似的用例，所以这种形式才为更多的人所接受，进而成了一种比较流行的形式。（刁晏斌，2007：54）

---

　　① 由于涉及到古今对比，崔所举的现代文学中的例句排除在外。例句来源为：崔山佳《近代汉语语法历史考察》一书，崇文书局 2004 年版，第 249—259 页；崔山佳《也说"人称代词受修饰"现象》一文，《语言与翻译》2012 年第 2 期。

　　与之类似，魏志成（2007：416）也认为，"英语（或法语）对汉语的影响是在日语之后，而不是在日语之前，英语（或法语）的影响只是在强化这种结构的使用方面起了作用"，现代汉语中的人称代词前加定语结构首先是"从日语输入的"。笔者赞成以上两位学者的观点。在日语中，确实存在很多人称代词前加定语的结构。如在日本古典作品『万葉集』（约公元 710—784 年）中就能看到这样的用例：

　　1. わが妻も絵に描き取らむ暇もが<u>ゆく吾</u>は見つつ偲はむ
　　2. 流らふる雪吹く風の寒き夜に<u>わが夫の君</u>はひとりか寝らむ

　　由此看来，日语是具备在被翻译成汉语时出现人称代词前加定语结构的基础的。而且，日语与汉语中的人称代词前加定语结构在语序上是最一致的，不需要经过过多的转换就可直译过来，这比主张该结构来自于"欧化"的理由要简单直接得多。① 但需要指出的是，传统日语与传统汉语一样，是习惯于省略主语的，从逻辑上来讲，主语较少明示出来，是会对人称代词前加定语结构出现的频次有所制约的；而日语在日本近代开国之后由于翻译西书出现了明显的变化，通过翻译，第三人称代词「彼」「彼女」被创造了出来，一二三人称代词需要明示的场合越来越多②，这让日语中的人称代词前加定语结构在日本近代文学中得到了充分的解放，我们可以在很多日本近代作家笔下见到这样的结构：

　　1. 本日茲に、此の大會を開き、<u>不肖なる私</u>が、私立大學校設

---

　　① 王力曾对第一人称代词前加定语的结构的来源有所提及，认为其"恐怕只是日化，不是欧化"，但又笔锋一转，认为"若说是欧化，也可以说得通"。理由是英语法语里的系词同位结构译成中文时也可以出现人称代词前加定语的结构，如 "I thought you would know being a friend of the family" 可译为 "当时我以为和那家有交情的你，一定会知道这事的。"王力：《中国语法理论》，山东教育出版社 1984 年版，第 485 页。但笔者认为，英语中的系词同位结构翻译成汉语中的人称代词前加定语结构，显然没有日语方便直接，从语序上讲，王力所举英文例子翻译成"我想你应该会知道这事的，因为你和那家有交情"反而更加自然。

　　② 日本学者柳父章认为，现代日语中的第三人称代词「彼」「彼女」都是西文翻译中的产物；另一位日本学者木坂基则指出，"人称代词的明示"是日语欧化的一个表现，传统日语是习惯于省略人称代词的。详见柳父章「『日本語』をどう書くか」，法政大学出版局 1981 年版，第 15 页；柳父章『翻訳語成立事情』，岩波新書 1982 年版，第 193 页；木坂基「現代欧文脈のひろがり」，『国文学解釈と教材の研究』1987 年第 11 期。

立の ⌉に付、京都府知事を初めとし、……（中略）來賓諸君の前
に出で、一言を吐露するを得るは、私に於て、特の外の面目と存じ
ます。

　　　（新島襄，「私立大學を設立するの旨意、京都府民に告ぐ」，
『国民之友』第 22 号，1888）

　　2. 斯くて男女一同は二週間の後船に乗りサンタウンに向て飛
行せり。発見に富める彼等の快楽や如何ならむ。

　　　（「世界の末日」，徳富蘆花訳，『国民之友』第 120 号，1891）

　　3. 是は西洋にはない例で、多少海外の事情を知つた私には殆
んどなさけない風であると人事には思へなかつた。

　　　（井上哲次郎，「風俗改良問題」，『太陽』第 12 号，1901）

　　4. 自然とやさしみのある言葉が私の口から出て、沈んで涙ぐ
んでゐる彼女を慰めたのである。

　　　（小川未明，「なぜ母を呼ぶ」，『太陽』第 12 号，1917）

　　也就是说，现代日语中人称代词前加定语的用法，是日语中的传统用
法与"欧化"的影响相互催化的结果。而 19 世纪末 20 世纪初的中国已在
大量翻译日文书籍，这种用法通过日汉翻译进入中文，是很有可能的。笔
者用"爱如生近代报刊库"对人称代词前加定语这一结构进行检索，首
先在梁启超在日本横滨主办的《新民丛报》中找到了类似的用例：

　　1. 中道夭折。則是今日之我殺來日之我也。半生萎廢，則是今
日之我侵來日之我之自由也。

　　　（中国之新民，《新民议（二）》，《新民丛报》第 23 号，1902）

　　2. 爲善爲惡者。肉體之我也。現象之我也。知善之當爲知惡之
當去者。靈魂之我也。眞我也。

　　　（中国之新民，《近世第一大哲康德之学说》，《新民丛报》第 28
号，1903）

　　3. 若夫理論。則吾生平最慣現輿論挑戰。且不憚以今日之我與
昔日之我挑戰者也。

　　　（中国之新民，《政治学大家伯伦知理之学说》，《新民丛报》第
38、39 号，1903）

　　梁启超是积极引入日语新名词的开拓者之一，在其文章里出现一些类似日文的语法表现，丝毫不令人意外。但从数量上来讲，这样的表达方式还是很少的。笔者在整个《新民丛报》中，只检索到 12 个用例，在《法政杂志》中只找到 1 例：

　　　　每人心中皆須有一我在。但須此我。將來須成爲如何高尚之我。
　　理想中高尚之我。使成爲實行之我。
　　　　（文學博士井上哲次郎讲演，張宗儒述，《行为与目的之关系》，
　　《法政杂志》第 5 号，1906）

　　除却《新民丛报》与《法政杂志》中出现的这 13 个用例，笔者在 19 世纪末至新文化运动开始（1915 年）之前的其他中国近代报纸杂志中并未找到更多的例证。可见在甲午战争后的将近 20 年的时间里，这一用法的使用频率依然是很低的。更重要的是，从形式上来看，不仅"之"字带着很强的文言色彩，整体搭配也依然没有摆脱对仗、排比之类的修辞功用的束缚。可以说，19 世纪末 20 世纪初的人称代词前加定语的用法虽然与日语有紧密的关联，但并不具备典型性，某种程度上来讲，也可以说是传统汉语用法的延续。
　　然而继续查找后发现，这一情况在新文化运动开始后出现了变化。笔者在新文化运动的代表性刊物《新青年》里，找到了现代意义上的人称代词前加定语用法的首例，这个例子恰恰出自鲁迅的译笔：

　　　　1. 离别的时候，我们都哭了。但看不起对手的我们，却只做着凯旋时的梦，并且单空想着再见时的喜欢。
　　　　（武者小路实笃，《一个青年的梦》，《新青年》第 7 卷第 2 号，1920）

笔者将日语原文引用如下：

　　　　わかれる時に皆泣きました。しかし相手をあなどつてゐた私達は凱旋を夢みてゐました。又逢ふ時の歡びを空想してゐました。

通过与原文的对比，我们可以很明了地判断，此例中的人称代词前加定语结构是对日文语法结构的照搬，既摆脱了音韵与形式上的限制，且定语是个相对复杂的小句，这同梁启超笔下的"今日之我""昔日之我"有明显的不同。在《一个青年的梦》里，鲁迅多次运用了这样的结构，如：

2. 但自以为救了你们的我，可是很觉得对不起人，觉得伤了男子的体面。

原文：しかしあなた達を生命の恩人のやうに思つてゐた私は大變すまない事をしたやうな氣がしたのです。

3. 现在不这样想么？说是我们该为祖国效死的我们里面，生出例外来了。

原文：今はさう思はないですか。我々は祖國の爲に死ななければならないと云つた我々には例外があつたのですね。

据笔者统计，在《一个青年的梦》这部译作里，鲁迅使用了 10 次人称代词前加定语的结构。这几乎相当于整个《新民丛报》里出现的数量。从使用密度上来看，大大高于以往；从形式上来看，鲁迅翻译的《一个青年的梦》更是现代意义上的人称代词前加定语结构的滥觞。从鲁迅开始，同时代的周作人、郁达夫、郭沫若等人也开始使用这一结构，人称代词前加定语的用法才终于流行了起来。有学者统计，郁达夫的《沉沦》短篇小说集中，人称代词前加定语的结构在 358 页文字中出现了近 60 处（张凤琴、冯鸣，2004：55），可见这一用法在新文化运动开始后真正被运用开来了。

第二节 鲁迅译文中的"……的我/你/他（们）"

经第一节中的考察我们得知，"……的我/你/他（们）"是"日化"句式，最早出现在鲁迅翻译的《一个青年的梦》中。鲁迅在其他译作中，是否也有使用人称代词前加定语这一结构的情况？笔者对鲁迅笔下的这一用法进一步查证，发现在鲁迅早期翻译活动中并没有出现类似用法。《一个青年的梦》已属于鲁迅的中期译作，是鲁迅在其中期译作中的最早用例。经查证可知，在其后期译作中，这样的用法也是使用的非常广泛的。可以说，鲁迅笔下的这一"日化"句法，贯穿了其整个文学生涯。以下再举几个其中期译作中的例子：

1. 待到调查完毕，正要就床的十一时前后的时候，<u>已经成了神经过敏的你们</u>，便做了夜梦之类，惊慌着醒来了。

（有岛武郎，《现代日本小说集·与幼小者》，1921）

原文：仕事をすまして寝付こうとする十一時前後になると、<u>神経の過敏になったお前たち</u>は、夢などを見ておびえながら眼をさますのだった。

2. 这男子，并不是自己的仇雠的孙兵卫，那是只一看颊上没有痣，早就知道了的，然而还<u>缺乏于感情节制的他</u>，却不能使怒得发抖的心，归到冷静里去了。

（菊池宽，《现代日本小说集·复仇的话》，1922）

原文：またこの男が自分の敵の孫兵衛でない事は、脇顔のほくろのないことで充分に明らかである事に気が附いて居たが、<u>まだ若くて感情の節制に乏しい彼</u>は、怒りにわななく自分の心を冷静に處置することはできなかた。

3. 是<u>世界的最大的抒情诗人的他</u>，同时也是大的豫言者的一个。

（厨川白村，《苦闷的象征》，1924）

原文：<u>世界の最大の抒情詩人であった彼</u>は、同時にまた大なる豫言者の一人であったのだ。

4. 于是大家将<u>很疲乏的我</u>运到停车场，给坐上了往东京的列车，这事算告终结。

（毕勒涅克，《信州杂记》，井田孝平、小岛修一共译，1927）

原文：で、總ては、<u>疲れ切つた私</u>を停車場へ運び、東京行列車へ乘せて呉れることで終りを告げた。

还有鲁迅后期译作中的例子：

1. <u>不自量度而敢于立在这路上的我</u>，在现在，感到了发于本心的踌躇。

（有岛武郎，《壁下译丛·生艺术的胎》，1929）

原文：私の前には艱難の多い道が遠く續いてゐる事を知る。<u>自ら惴らず敢へてその路上に立つた私</u>は今では心からの躊躇を感ずる。

2. <u>作为罗曼主义破坏者的他</u>的地位，大概可以比培那特萧（Bernard Shaw）之在英文学罢。

（厨川白村，《壁下译丛·西班牙剧坛的将星》，1929）

原文：<u>浪漫主義の破壞者としての彼</u>の地位は、まさに英文學に於けるパアナアド・シヨオに比すべき者だらう。

3. <u>然而不像诺拉，将应该破坏的破坏，却一意忍耐的她</u>，到最后，竟必须别取怎样的收获呢？

（有岛武郎，《壁下译丛·伊孛生的工作态度》，1929）

原文：<u>而してノラの如く破壞すべきものを破壞せずに堪へ忍ばうとした彼女</u>は、最後にいかなる收穫を刈り取らねばならなかつたか。

4. 那时候，<u>在那机关里武装了的我们</u>，总便能够征服自然了罢。

（卢那卡尔斯基，《文艺与批评·托尔斯泰与马克斯》，金田常三郎译，1929）

原文：その時、<u>その機關に武裝された吾々</u>は自然を征服することが出来るであらう。

5. 不要紧的，<u>有血气旺盛的我们</u>跟着呢。

（绥甫林娜，《一天的工作·肥料》，富士辰马译，1931）

原文：何でもねえ、<u>血氣盛りの俺たち</u>がついてゐらあな。

6. "<u>命该灭亡的你哟</u>！"埃夫斯契古纳感叹了。

原文：「<u>滅びに運命付けられし君</u>よ——」と、エウスチグネイは感歎した。

（高尔基，《俄罗斯的童话》，高桥晚成译，1935）

　　通过对比可以看出，鲁译中的人称代词前加定语用法完全是遵循原文形式的结果。按照中文的习惯，这些人称代词前的定语本应做谓语成分，而根据日语的习惯，都被放在了人称代词前。有的定语略微简短，如"疲乏""血气旺盛"等简单的词语或短语，并不会对阅读造成太大不适；而有的长定语达到了句子的级别，如"已经成了神经过敏""不自量度而敢于立在这路上""不像诺拉，将应该破坏的破坏，却一意忍耐"等，就有些过于冗长了，给鲁迅的译文带上了明显的翻译腔。此外，"作为罗曼主义破坏者的他的地位"这种表达方式也值得留意，在此例中，"作为罗曼主义破坏者"修饰人称代词"他"，然而"他"依然不是句子的主语，而是也作为定语来修饰中心语"地位"。这样层层嵌套的结构使译文的复杂程度进一步提升。

　　鲁迅在译作中使用人称代词前加定语结构的具体情况请见下表：

表 17　　　　　　　　　鲁迅翻译作品中的人称代词前加定语结构

	……的我（们）①	……的你（们）	……的他/她（们）	总计
早期	0	0	0	0
中期	92	19	151	262
后期	76	7	104	187
总计	168	26	255	449

　　从上表可以看到，鲁迅的翻译作品中总共出现了 449 例人称代词前加定语的用法，数量相当之多。其中占比最大的是第三人称前加定语的结构，共有 255 例，约占全体的 57%；其次是第一人称前加定语的结构，共 168 例，约占全体的 37%；第二人称前加定语的情况最少，总共只有 26 例，约占全体的 6%。这和第二人称很少用作叙事视角有关，也反映了日语很少使用第二人称的特点。从各阶段的对比来看，鲁迅在其翻译活动的中期尤其喜爱使用人称代词前加定语的结构，比翻译活动后期多出来了 75 例，且主要多在"第三人称前加定语"方面。

---

　　① 有"何况也非植物的你我，即使粘在偶然生了根的地面上，被袭于寒雪，显出绿的凌冬之操，也还说没有什么意味的"（《思想·山水·人物：往访的心》）一句，考虑到"你我"其实指的是"我们"，暂将其归入第一人称之列。

鲁迅不仅是一位翻译家，也是一位作家，考虑到翻译和创作的互动关系，笔者进一步考察了鲁迅创作作品中的人称代词前加定语现象。在鲁迅的创作作品中，也存在一些这样的用法。请看以下例子：

1. 有了四千年吃人履历的我，当初虽然不知道，现在明白，难见真的人！

（《呐喊·狂人日记》，1918）

2. 本来对了庙门立着的他，也转过脸来对他们看。

（《彷徨·长明灯》，1925）

3. 你对于我们，偶而来访问你的我们，也以为因为闲着无事，所以来你这里，将你当作消遣的资料的罢？

（《彷徨·孤独者》，1926）

4. 门口是一块活板，人一进门，踏着活板的这一端，塑在那一端的他便扑过来，铁索正套在你脖子上。

（《朝花夕拾·无常》，1926）

5. "这是对的，"我想，"他怎能相信漠不相识的我的话呢。"

（《而已集·再谈香港》，1927）

6. 是观察周到的现实主义者，也是生活描写者的他，在我们面前，提出生活底的，现代底的相貌来……

（《集外集拾遗·〈不走正路的安得伦〉小引》，1933）

例1出自鲁迅首篇白话小说《狂人日记》，作为中国近代文学的开山之作，其在写作手法上多有创新，文字运用上也是如此。此例即为典型的现代汉语意义上的人称代词前加定语用法，也是在笔者在鲁迅创作作品中找到的最早例证。"有了四千年吃人履历""对了庙门立着""是观察周到的现实主义者，也是生活描写者"等定语都达到了句子的级别，这与其译作中的对人称代词前加定语结构的使用是一致的。笔者对鲁迅作品中人称代词前加定语结构进行了统计，见表18。

表18　　　鲁迅创作作品与翻译作品中的人称代词前加定语结构

	……的我（们）	……的你（们）	……的他/她（们）	总计
创作作品	29	0	15	44

	……的我（们）	……的你（们）	……的他/她（们）	总计
翻译作品	168	26	255	449
总计	197	26	270	493

　　如表 18 所示，鲁迅创作作品中总共出现了 44 例人称代词前加定语的用例。值得注意的是，第一人称前加定语的用例要更多，有 29 例，约占创作作品中总量的 66%，这与其翻译作品中第三人称前加定语用例更多的情况正好相反。可以说，鲁迅一定程度上脱离了日文的行文习惯，在自己的创作作品中更习惯使用第一人称前加定语的形式。而第二人称前加定语的用例，则一个也没有①。总体上来看，鲁迅确实将人称代词前加定语的用法引入到了其创作作品中，但相较其在翻译作品中多达 449 次的数量，鲁迅在创作作品中对这一结构的运用可以说更为谨慎了。

---

① 在鲁迅 1919 年发表的杂感《与幼者》中，存在不少第二人称代词前加定语的用例，如"而留下了四岁和三岁和两岁的你们，在十月杪的凄清的秋日里，母亲是成了一个不能不进病院的人了""我对于教给我爱你们的你们，唯一的要求，只在收受了我的感谢罢了"等，但这些全为鲁迅对自己所译有岛武郎的《与幼小者》中的译文的引用。考虑到这些用例实为译作，故不放在创作作品统计之列。

第四章

复合结构助词构成的"日化"句式

现代汉语中，"的""地""得"等词被称为结构助词，各有分工。如"的"是定中修饰结构的标志，如"金色的阳光"；"地"是状中修饰结构的标志，如"庄严地宣告"；"得"为述补修饰结构的标志，如"哭得像个泪人儿似的"。除此之外，也曾有人主张定语与中心语的关系应进一步细分，用"底"来表示领属关系，如"杭州底西湖"。以上各种"de"在功能上的细分，与近代以来印欧语系对汉语的影响密切相关，对此王力（1984：463—466）、贺阳（2008：169—174）有详细论述，都认为"de"在书面上的细分是"欧化"的结果。然而结构助词"de"在书面上细分的表现，除了单字的"的""地""得""底"之外，还存在一种叠用"de"的现象，即"底的""底地""的地""地的"。在本书中，笔者将以上几种复合结构助词构成的句式称为"底的……"类句式。本章将考察这种句式的来源及在鲁迅译文中的使用情况。

第一节   "底的……"类句式的来源

"底的""底地""的地""地的"构成的句式曾经在汉语中活跃了一段时间，主要出现在新文化运动后的翻译文字中。如以下几例：

    1. 在这样一群活泼<u>地的</u>人里面，突然看见一个忧闷的颜面。

（《时代的牺牲》，瞿秋白译）

    2. 然而他那描写上的罗曼<u>底的</u>色采之还很深厚，则只要并读他的《伽蓝之影》这类的作品，便谁也一定觉得的罢。

（《西班牙剧坛的将星》，鲁迅译）

3. 这并非侮辱作家的意思，部分<u>的地</u>竟是称赞作家的。

（《卢那卡尔斯基底文学论》，陈望道译）

4. 他两手紧捏着装好子弹的枪，连别人的走法也无意识<u>底地</u>模仿着，牵丝傀儡似的跟在人们的后面。

（《十月》，鲁迅译）

如今我们笔下已经几乎不会出现这样的用法，但纵观中国现代文坛，鲁迅、茅盾、瞿秋白、陈望道等都使用过这样的结构，其中鲁迅对结构助词叠用十分偏爱。对于这种结构的来源，有观点认为这也是"欧化"的结果，如徐州师范学院中文系汉语教研组（1979：25）在《语法基础知识》一书中这样说：

> 这是鲁迅把欧语语法引入到汉语里的一种尝试。在欧语里，副词往往由形容词变来，所以先用"的""底"表明原是形容词，再用"地"表明是副词。

这种观点是有其道理的，毕竟单字 de 的分化就首先与"欧化"脱不了干系。然而鲁迅等人使用这样的表达方式，恐怕并非仅仅受印欧语影响那么简单，而是与日语有千丝万缕的联系。黎锦熙、刘世儒（1959：396）曾触及到了这一点：

> 也有学者"的""地"连用的——这是纯欧化、不通行的办法，因为欧语多是通过形容词化才能副词化的，日本语照着办，汉语省了这手续。

两位学者说到"汉语省了这手续"，显然是认为汉语的结构助词是完全没有重叠的必要的，仅靠单字就足以表达形容词的副词形式。不过"日本语照着办"一句给了我们提示：既然日语存在相当于"的""地"连用的形式，那以日语为翻译媒介的鲁迅受到日语启发，从而使用复合结构助词，是很有可能的。

笔者认为，鲁迅笔下的复合结构助词的用法，就是在形式上借鉴"欧化"的日语的结果。

现代日语中存在可作为汉语复合结构助词来源的类似形式。具体来讲，指的是日语中的「形容動詞語幹+的+な/に」结构。日语中有一类表示事物的性质或状态的词语称为「形容動詞」，基本形为「形容動詞語幹+だ」，其中「だ」为词尾。由于黏着语的特性，根据后接词语性质的不同，「形容動詞」的词尾要进行各种变化（如「静かだ」一词可变成「静かだろ」「静かで」「静かに」「静かな」「静かならば」等多种形式）。传统上来看，「形容動詞」的构成主要可以分为两种：一是以和语为词干的，如「静かだ」「滑らかだ」「微かだ」「賑やかだ」等；二是以汉语词汇为词干的，如「妙だ」「変だ」「立派だ」「元気だ」等。然而近代以来，由于翻译西方传来的近代词汇的需要，第二种形容动词出现了一种新的形式，那就是「漢語語幹+的+だ」形式的形容动词。其中的「的」为"带有某种性质""与……有关"的意思①。「的」一词原本为汉语，后传到了日本，曾对古典日语产生过影响，如「泥的」表示"盗贼"的意思（源词应为「泥棒」），「幸的」表示的是人名"幸次郎"②，但这种表达方式并不多见。然而近代以来，伴随着日语翻译印欧语的热潮，「的」这一接尾词在日语中重新使用起来了，被用在汉语名词后面构成形容动词。稻垣智惠曾这样说：

　　……明治以后，在翻译西方语言的时候，「的」因为可以把"science（科学）""democracy（民主）""economy（经济）"等名词容易地变成"scientific（科学的な）""democratic（民主的な）""economic（経済的な）"等形容词，所以产生并传播开来了。③（稻垣智惠，2010：280）

稻垣智惠（2010：281）考察了『哲学語彙』（1881）中的「的」型

---

　　①　『日本国語大辞典（第二版）』（2003）中对附在汉语词干后的「的」的释义为：「①そのような性質を有する、それらしい、の意を表す。②それに関する、それについての、その方面にかかわる、などの意を表す。」（笔者自译：①表示"带有……的性质""如……般的"之意。②表示"与……有关的""与……相关的"之意。）

　　②　前田勇：「『てきや』という語—俗語学者に物申す」，『言語生活』1960年第1期。

　　③　附原文如下：これが明治以降、西欧諸語を翻訳する際、例えば"science（科学）""democracy（民主）""economy（経済）"などという名詞を，"scientific（科学的な）""democratic（民主的な）""economic（経済的な）"などという形容詞へと容易に変更することが可能な接尾辞が日本語に必要となったことから生み出され、広まったのである。

形容动词，发现了很多用例，部分列举如下：

説正的、正面的（Affirmative）　　　合式的（Categorical）

辨證的（Dianoitic）（Discursive）　　不可轉換的（Inconvertible）

不用明證的（Indemonstrable）

也就是说，相当于英语形容词词尾的"–tic""–ive""–al""–able"都是用「的」对照翻译的。至于为什么用「的」而不是其他，有学者认为是由于发音相近的缘故："–tic"类似于日语「的」（teki）的发音，所以就被拿来翻译接尾词了。[①]

总而言之，「漢語語幹+的+だ」形式的形容动词在近代日语中逐渐流行开来了。「漢語語幹+的+だ」只是基本形，在句子中要用来后接「体言」或「用言」时，形容动词的词尾多要变形为「的な」「的に」。而「的な」「的に」这种"欧化"的结构，就是鲁迅使用的复合结构助词的来源。我们在日本的近代杂志中可以找到很多这样的用例：

1．『ふウむ、』と廉藏は<u>機械的</u>な應答をしつゝ顧盻きもしないで急ぎ足に歩いた。

（内田魯庵，「投機」，『太陽』第5号，1901）

2．乞食の親方ではあるが、奇才縱橫眞に一大天才一大豫言者たるに恥ぢない風があるが、この男全く<u>物質的</u>で少しも精神的な所がない。

（厨川白村，「愛蘭文学の新星」，『太陽』第2号，1917）

3．盖し二者に相通ぜるの理は甚だ簡單也、其の實質上に必然の關係なき故、<u>抽象的</u>に其の相關の理を示すは難きことにあらず、……

（坪内逍遥，「戦争と文学」，『太陽』第2号，1895）

---

①　大槻文彦于1901年在东京市教育会上发表题为「文字の誤用」的演说，其中提到了把「的」拿来翻译英语形容词词尾的由来："System 翻译成'组织'就可以了，但 Systematic 就不好译。tic 这个后缀与（日本）小说中的'的'的发音很像，那把 Systematic 译成'組織的'怎么样？大家都说妙，于是就这么办了。"原文为：「Systemを組織と訳するはよいが、Systematicが訳し悪くい。ticといふ後加へは、小説の的の字と、声が似て居る。何んと、組織的と訳したらば、どうであらう。皆々、それは妙である、やッて見やう。」鈴木広光：『復軒雑纂1：国語学・国語国字問題篇』，平凡社2002年版，第25頁。

4. 凡そ時代思想には昔しからの思想を<u>歴史的</u>に繼續する幹流
がある。

（内田魯庵，「ショーペンハワーの著作家論」，『太陽』第 9 号，
1917）

由于这种用法在日语中流行开来了，19 世纪末开始大规模翻译日文
书籍的中国也难免受其影响，在汉语中使用类似的用法。我们来看一下当
时的用例：

1. 然則其報亦不過普通一叢報。而特冠以某省之名。非<u>論理的</u>
<u>科學的</u>也。

（《学界时评：丛报之进步》，《新民丛报》第 26 号，1903）

2. 見込本當註爲希望。頂戴爲給我。（一義爲受領給與一義是<u>客觀的</u>受領
是主觀的也）

（译书汇编社社员，《和文奇字解》，《新民丛报》第 4 号，1904）

3. 若夫領事裁判權。則關於本國人民間之相涉案件。得用己之
法律以為裁判。是明明<u>積極的</u>（Positive）。<u>他働的</u>（Actively）。

（希白，《上海领事裁判及会审制度》，《新民丛报》第 73 号，
1906）

4. 近世社會學家有所謂<u>科學的</u>慈善事業 Scientific Charity 焉。蓋
慈善事業行之不得當。或反足以長人民倚賴之心。

（钱智修，《社会主义与社会政策》，《东方杂志》第 8 卷第 6 号，
1911）

我们看到，在 20 世纪初的中国近代报刊中已经有直接照搬日语中
「的」型的形容动词的例子，以上各例中的「論理的」「科学的」「客観
的」「積極的」等都是日本翻译印欧语形成的新词。由于这些作为形容词
词尾的"的"是"具有……的性质"的意思，在意义上是和汉语中常用
的"的"不一致的，所以作者及译者不得不采取解说或注释的形式（如
例 2，例 3，例 4）。随着中译日书的日趋频繁及译者水平的提高，对这种
来自日语的"的"的非议在新文化运动开始后也出现了。如 1919 年 11
月 13 日《晨报》第 7 版上，有这样的文字：

因为"日本文输入"我们已经用得熟而又熟底一个"的"字，这个"的"字用法在日本是因为翻译西文底需要才创出来底……在中国白话里和其他一切习用底"的"字意味迥然不同，例如"自然的""理想的""利己的""利他的""绅士的""平民的"……（止水，1919）

又如，陈独秀认为直接照搬日语的「的」会造成歧义现象：

例如"科学的研究"、这意思是说研究科学、还是说用科学的方法来研究别的呢？又如"病的状态"、这意思是说病状经过底状态、还是拿病来形容别的东西底状态呢？（陈独秀，1919）

作为新文化运动的重要参与者，也作为日语的熟练运用者，鲁迅面对源于日语的「的」进入汉语后产生问题是不可能无动于衷的。新文化运动以前的译者只是机械地移植「的」，并没有把「的」与其后的「な」或「に」综合在一起考虑，而为尽可能地消除歧义，让汉语的句子变得精密，鲁迅往前迈了一步，采取了把「的」与其后的「な」或「に」复合在一起看待的策略，创造了独具特色的复合结构助词形式。为方便说明，笔者以「具体的」为例来说明鲁迅的具体策略。

当「具体的」要做定语修饰中心语时，需要在「的」后加「な」再加中心语，如「具体的な方法」；当「具体的」要做状语修饰中心语时，需要在「的」后加「に」再加动词，如「具体的に言う」。将其翻译为汉语，如果采取尽量直译、直接照搬日汉字的原则，二者可分别译为"具体的＿＿方法""具体的＿＿说"。根据汉语习惯，用表示定中修饰结构的"的"和表示状述修饰结构的"地"把空缺处补齐，则变成了"具体的的方法""具体的地说"的结构。然而，"具体的的方法"中的第一个"的"并不是汉语的习惯用法，两个"的"堆砌在一起既不美观也易引人疑惑，于是用"底"来替换第一个"的"，第二个"的"保持不变，"具体的的方法"就变成了"具体底的方法"。另一方面，「具体的に言う」译为"具体的地说"是不会出现"的的"重复的问题的，然而为了避免标准混乱，索性把"具体的地说"中的"的"也改为"底"，"具体的地说"就变成了"具体底地说"，与"具体的的方法"中的标准保持一致，如图 2 所示：

图 2　鲁迅所用复合助词结构构成示意图

　　鲁迅就是这样来创造结构助词的重叠形式的。从以上推演过程来看，鲁迅并没有采取完全"直译"、照搬日汉字的模式，而是采用了用"底"替换日文中的「的」的方法，让定中修饰结构、状中修饰结构既不失形式上的规整，又能保持逻辑上的统一。但由于很多人并不了解日语的面貌，且鲁迅本人并没有对该过程进行过详细解释，其中多出的"替换"这一环节，无疑让我们认识鲁迅的复合助词结构与日语的关系增添了难度。更何况，鲁迅的翻译及创作中存在 4 种结构助词的重叠模式，分别是"底的""底地""地的""的地"，这更让人有些不知所措、云里雾里。然而如果了解了上图所示的鲁迅的翻译模式，我们就知道鲁迅的结构助词重叠结构是以"底"（也就是日文的「的」）为核心进行的，抓住了"底"与「的」的对应关系，就抓住了了解鲁迅的复合助词结构的钥匙。基于这个理由，我们可以大胆推测：鲁迅翻译作品与创作作品中的"底的""底地"结构数量应该占据绝对优势；"的地"由于符合了日语源语的结构，存在与"底地"通用的可能，或许有少量存在；而"地的"是最无存在理据的，如果存在，那也应是最少数，或许为特殊表达。事实上，据笔者考察，鲁迅在翻译作品与创作作品中使用"底的"与"底地"共计多达 2589 次，占到了所有用例的 99%，而"地的""的地"的用量分别只有 19 次、3 次，数量非常少，完全印证了我们的推测。

第二节　鲁迅译文中的"底的/底地/的地/地的……"

　　本节将重点考察鲁迅译文中"底的……"类句式的具体使用情况。
　　首先，鲁迅的翻译作品及创作作品中都出现了很多使用复合结构助词的用例。

（一）我们先来看"底的"的例子：

1. 机关车的内部生命的蒸汽力有着要爆发，要突进，要自由和解放的不断的倾向，而反之，机械的外底的部分却巧妙地利用了这力量，靠着将他压制，拘束的事，反使那本来因为重力而要停止的车轮，也因了这力，而在轨道上走动了。

（厨川白村,《苦闷的象征》, 1924）

原文：機関車の内部生命の力である蒸汽力は爆發せんとし突進せんとして、自由解放を來むる不斷の傾向あるに反し、機械の外的な部分は都合よくその力を利用し、之を制壓し拘束することによつて、本來は力によつて停止せんとすろ草輪をも、この力によつて軌道の上を走らしてゐるのである。

2. 所以经了描写在作品上的感觉底具象底的事实而表现出来的东西，即更是本在内面的作家的个性生命，心，思想，情调，心气。

（厨川白村,《苦闷的象征》, 1924）

原文：だから作品に描かれた感覺的具象的な事象を通して表出せられてゐるものは、更にその内面に在る作家の個性生命であり、心であり、思想であり、情調であり、氣分であるのだ。

3. 和这相反，在造形底的文化上，事情是全两样的。

（板垣鹰穗,《近代美术史潮论》, 1928）

原文：之に反して、造形的な文化に於いては事情が全くちがう。

4. 最初，他也随着十九世纪中期的流行，画着色彩本位的写实底的画。

（板垣鹰穗,《近代美术史潮论》, 1928）

原文：初め彼は、十九世紀中期の流行に從つて、色彩本位の寫實的な繪を描いてゐた。

5. 只要履行了这些约束，则为收受一种<u>共产主义底的</u>现实起见，就有施行这些一切可怕的罪恶，这一切的同胞杀戮的必要么？

（卢那卡尔斯基，《文艺与批评·托尔斯泰与马克斯》，金田常三郎译，1929）

原文：もしもそれらの約束が果されさへしたならば、一種の<u>共産主義的な</u>現実を受けるために、これらすべての恐ろしい犯罪、この一切の同胞殺戮を施行する必要があるといふのか。

6. <u>病底的纤细过敏的技巧</u>，要离开了<u>具体底的</u>事象，来表现一般普遍底抽象底的东西的本质，这则作为对它的反抗，是<u>客观底的</u>，确切的现实生活的价值的创造。

（片上伸，《壁下译丛·阶级艺术的问题》，1929）

原文：<u>具體的な</u>事象を離れて、一般普遍的<u>抽象的な</u>ものの本質を表現しようとした、<u>病的な繊細過敏な技巧</u>に対する反抗として、<u>客観的な適確な現質生活</u>の価値の創造である。

7. 但是，倘若历史底意义，在人类里面成熟，人类的过去和未来，自然底地占了我们的心，出于我们<u>个人底的</u>过去和未来之上，则超个人底本能，就容易高扬到<u>理性底的</u>程度的罢。

（卢那卡尔斯基，《艺术论》，升曙梦译，1929）

原文：けれども超個人的な本能は、歴史的意義が人類の裡に成熟し、人類の過去及び未来が自然的に、吾等の<u>個人的な過去及び未来</u>以上に、吾等の心を占めるやうになれば、容易に<u>理性的な</u>程度にまで高められ得る。

据笔者统计，鲁迅的译作中总共出现了 1819 次"底的"结构。鲁迅对这一结构的使用最早出现在其于 1924 年翻译的厨川白村的文艺理论著作《苦闷的象征》中，例 1 即为《苦闷的象征》中的最早用例。同时，"底的"结构也是鲁迅用过的四种复合结构助词中最早出现的一种。但与鲁迅使用的其他"日化"用法相比，复合结构助词可以说是出现较晚的。鲁迅译文中有很多并列定语结构，通过与日文原文比较可以看出，鲁迅在翻译这些并列定语时始终在用"底的"严格地对译日文中的「的な」，有

「な」就加"的"，没有就不加（如例2、例6）。此外笔者注意到，鲁迅的复合结构助词用法多出现在其翻译的文艺理论著作中，"底的""底地""的地""地的"都是如此。

（二）再看一些"底地"的例子：

1. 譬如，水罢，倘说不息的川流，或者甘露似的水，则无论在谁的脑子里，最初就端底地，艺术底地，豁然地现了出来。

（厨川白村，《出了象牙之塔》，1925）

原文：例へば水と云ふものは行く川の流れとか、甘露のやうな水とか言へば、誰の頭にても、端的に初から藝術的にばつと現はれる。

2. 而且将小伶俐地彷徨徘徊的事一切中止，根本底地，彻底底地，本质底地，再将自己从新反省过，再将事物从新思索过才是。

（厨川白村，《出了象牙之塔》，1925）

原文：そして小悧巧に立ち廻る事などを一切止して、じつと根本的に徹底的に本質的に自分を反省し物を考へ直してみるが可い。

3. 最著名的艺术教育家之一的珂内留斯（Cornelius），关于德国，决定底地说过：在那地方，真正的艺术底教化的什么方法，什么艺术教育学，都绝对底地没有。

（卢那卡尔斯基，《文艺与批评·苏维埃国家与艺术》，茂森唯士译，1929）

原文：最も著名なる藝術教育家の一人たるコルネリウスはドイツに關して決定的に言つてゐる、彼の地には、眞正なる藝術的教化の何等の方法も、亦何等の藝術教育舉も絶對的にない、と。

4. 将材料一贯而统一起来的艺术家的意志，意识底地或无意识底地，总不免带着阶级底特色。

（片上伸，《现代新兴文学的诸问题》，1929）

原文：その材料を一貫して統一する藝術家の意志は、意識的にか無意識的にかその階級的特色に色づけられることを免かれない。

据笔者统计，鲁迅译文中共出现 630 次"底地"结构。通过以上例句可以看出，由于日语原文中存在很多并列状语结构，导致鲁迅译文中出现了很多"底地"连用的形式，导致句子进一步复杂化。此外，例 2 中出现的"彻底底地"也需要注意，两个"底底"重叠在一起，略为影响读者观感。在前文中我们曾说，鲁迅用"底"来对应日语中的形容动词接尾词「的」，除了「的」的性质的原因，恐怕也有避免两个"的的"在书写上重复的考虑。然而有意思的是，这固然避免了"的的"的重复，但在翻译「徹底的に」时，会导致译文中会出现"底底"重复。或许出于减少重复的考虑，鲁迅并没有将所有的「徹底的に」都翻译成"彻底底地"，有时会翻译成了"彻底地"。

　　　　不是<u>彻底地</u>误了的人，也不能<u>彻底地</u>悟。

　　　　　　　　　　　　　　　（厨川白村，《出了象牙之塔》，1925）
　　　　原文：<u>徹底的に</u>誤った人でなければ<u>徹底的に</u>悟る事も出来ない。

在鲁迅的中期译文中，"彻底地"出现了 13 次，"彻底底地"只出现了 5 次。然而或许出于统一标准的需要，等到了鲁迅翻译的后期阶段，鲁迅就基本放弃了这种处理方式，在鲁迅的后期翻译文本的里，我们只找到了 1 例"彻底地"，而"彻底底地"则出现了 10 次，占了绝大多数。毕竟相较而言，出现"底底"的概率要比"的的"要小得多，鲁迅也只能"两害相权取其轻"了。

除了"底的""底地"，鲁迅的翻译及创作作品中也有少量使用"的地""地的"的情况。我们也看一下具体例子。

（三）含有"的地"的用例：

　　　　1. 如果摆开了许许多多的学问上的术语，将明明白白的事情，也不<u>明明白白的地</u>写出来，因为是"之乎者也"，便以为写着什么了不得的事情，高兴地去读。

　　　　　　　　　　　　　　　（厨川白村，《出了象牙之塔》，1925）
　　　　2. "锻冶厂"一派的无产阶级文学底特色，是在<u>绝叫的地</u>歌唱热情和兴奋。

（冈泽秀虎，《文艺政策·以理论为中心的俄国无产阶级文学发达史》，1930）

3. 八 无产阶级文学是和资产阶级文学<u>对蹠的地</u>相对立着的。

（冈泽秀虎，《文艺政策·以理论为中心的俄国无产阶级文学发达史》，1930）

　　笔者在鲁迅的译作中只找到了包含"的地"结构的 10 个用例。"的地"在结构上类似于日语的「的+な/に」，并非完全没有理据，所以鲁迅偶尔对其有所运用，也是可以理解的。笔者认为，鲁迅笔下的"的地"与"底地"是没有区别的，比如在译作《现代新兴文学的诸问题》中，出现了与例 3 几乎一模一样的例句，然而鲁迅使用的是"对蹠底地"。

3* 八 无产阶级文学和有产阶级文学<u>对蹠底地</u>相对立。

（片上伸，《现代新兴文学的诸问题》，1929）

　　可以说，"的地"与"底地"在鲁迅笔下的意义用法是一致的，但相较于有系统性考量的"底地"，"的地"对鲁迅来讲只是一种可有可无的替代用法。

　　（四）含有"地的"的用例：

　　1. 诗仅生于<u>活泼泼地的</u>心。

（武者小路实笃，《论诗》，1926）

原文：詩は生き<u>生きとした</u>心からのみ生まれる。

　　这是鲁迅译文中仅有的 1 个"地的"的用例。如前文所述，"地的"在鲁迅的复合助词结构中处在最没有理据的位置，其存在或许是出于某种特殊需要。对比下日文原文，这一点就很明了：原文中「生き生き」是一个副词，副词一般是不能做定语的，非要做定语，则要用后接「とした……」的形式，而不是加接尾词「的」。正因为其特殊性，鲁迅就没有用对应「的に」的"底地"来翻译它，于是用了本来最无存在理由的"地的"，恰恰算得上是物尽其用。

鲁迅翻译作品中的复合结构助词使用情况请见表 19：

表 19　　　　　　　鲁迅译文中的复合结构助词使用情况

	早期	中期	后期	总计
底的	0	344	1475	1819
地的	0	0	1	1
的地	0	1	9	10
底地	0	127	503	630
总计	0	472	1988	2460

从表 19 可以看出，鲁迅译作中的"底的"与"底地"结构在中后期的分布是不均衡的，"底的"中期出现了 344 次，然而后期则爆发式地出现了 1475 次；"底地"也是从中期的 127 次增长到 503 次。从这或许和鲁迅在其后期翻译阶段更多地转译来自苏俄的文艺理论类书籍有关：「形容動詞+的+な/に」的形式本来就是日语为翻译印欧语而使用开来的，逻辑上来讲，日本人翻译的苏俄文艺理论书籍中出现这种结构的概率显然要比日本人自己写的文章中出现同样结构的概率要大。鲁迅再把这些作品转译为汉语，各种复合结构助词出现的频率自然也会升高。

由于"底的"与"底地"是鲁迅的复合结构助词系统的关键，笔者认为有必要对这两个结构中的词汇使用情况做更细致的考察。"底的"结构中的词汇使用情况请见表 20：

表 20　　　　　　鲁迅译文中的"底的"结构的使用情况

词干	一字 （次数/词数）	二字 （次数/词数）	三字 （次数/词数）	四字 （次数/词数）	五字及以上 （次数/词数）	合计
中期	8/4	290/163	32/26	14/9	0/0	344/202
后期	44/13	1251/400	103/64	63/41	14/11	1475/529
合计	52/17	1541/563	135/90	77/50	14/11	1819/731

从与"底的"结构搭配的词干长度上来看，二字的居多，四字、五字及以上的也有，但五字及以上的词干只出现在鲁迅的后期译文里。笔者将鲁迅译文中出现频率较高的复合结构助词结构列举如下：

（一）在鲁迅中期译文中出现频次较高的"底的"结构有（括号内为出现次数）：

1. 一字词+"底的":

外底的（4）　　病底的（2）

2. 二字词+"底的":

造形底的（13）　写实底的（11）　罗曼底的（7）　具象底的（6）

空想底的（6）　　实际底的（6）　　革命底的（5）　本质底的（4）

表面底的（4）　　代表底的（4）　　独创底的（4）　科学底的（4）

客观底的（4）　　立体底的（4）　　思想底的（4）　相对底的（4）

演剧底的（4）　　音乐底的（4）　　装饰底的（4）　组织底的（4）

抽象底的（3）　　典型底的（3）　　感伤底的（3）　精神底的（3）

空间底的（3）　　皮相底的（3）　　现实底的（3）　消极底的（3）

英雄底的（3）

3. 三字词+"底的":

超现实底的（5）　　基督教底的（2）　　纪念品底的（2）

4. 四字词+"底的":

理想主义底的（4）　　古典主义底的（2）　　自由主义底的（2）

（二）在鲁迅后期译文中出现频次较高的"底的"结构有（括号内为出现次数）：

1. 一字词+"底的":

病底的（10）　诗底的（9）　　内底的（8）　　外底的（5）

动底的（3）　　静底的（2）　　美底的（2）　　全底的（2）

2. 二字词+"底的":

个人底的（34）　具体底的（28）　积极底的（24）　一般底的（22）

直接底的（21）　革命底的（19）　实际底的（19）　抽象底的（18）

根本底的（18）　决定底的（18）　艺术底的（18）　本质底的（17）

悲剧底的（16）　类型底的（16）　现实底的（16）　基本底的（15）

消极底的（15）　天才底的（12）　象征底的（12）　敌对底的（11）

独创底的（11）　功利底的（11）　形式底的（11）　意识底的（11）

原始底的（11）　典型底的（10）　个别底的（10）　规则底的（10）

绘画底的（10）　空想底的（10）　历史底的（10）　律动底的（10）

人类底的（10）　理想底的（9）　　合理底的（8）　　经济底的（8）

客观底的（8）	理性底的（8）	罗曼底的（8）	宗教底的（8）
必然底的（7）	科学底的（7）	普遍底的（7）	社会底的（7）
颓废底的（7）	一时底的（7）	自然底的（7）	古典底的（6）
滑稽底的（6）	阶级底的（6）	精神底的（6）	绝望底的（6）
内面底的（6）	神秘底的（6）	世界底的（6）	特殊底的（6）
相对底的（6）	英雄底的（6）	哲学底的（6）	主观底的（6）
成功底的（5）	贵族底的（5）	国际底的（5）	绝对底的（5）
理智底的（5）	美学底的（5）	生产底的（5）	威吓底的（5）
物质底的（5）	性格底的（5）	有机底的（5）	组织底的（5）
彻底底的（4）	创造底的（4）	道德底的（4）	否定底的（4）
国民底的（4）	节奏底的（4）	进步底的（4）	乐天底的（4）
破坏底的（4）	调和底的（4）	外面底的（4）	协同底的（4）
战斗底的（4）	保守底的（3）	常态底的（3）	传统底的（3）
代表底的（3）	单元底的（3）	斗争底的（3）	封建底的（3）
感伤底的（3）	合法底的（3）	怀疑底的（3）	机械底的（3）
基础底的（3）	集团底的（3）	计画底的（3）	精力底的（3）
均齐底的（3）	利己底的（3）	盲目底的（3）	魅惑底的（3）
破灭底的（3）	人工底的（3）	市民底的（3）	瞬间底的（3）
特色底的（3）	特征底的（3）	通俗底的（3）	外部底的（3）
享乐底的（3）	宿命底的（3）	虚无底的（3）	一面底的（3）
运命底的（3）	致命底的（3）	中心底的（3）	专门底的（3）

3. 三字词+"底的"：

无意识底的（8）　　有产者底的（7）　　第二义底的（4）

反美学底的（4）　　纪念碑底的（4）　　不规则底的（3）

非合理底的（3）　　观念论底的（3）　　全世界底的（3）

小市民底的（3）

4. 四字词+"底的"：

共产主义底的（6）　　社会主义底的（4）　　歇斯迭里底的（4）

个人主义底的（3）　　道主义底的（3）　　无产阶级底的（3）

5. 五字词及以上+"底的"：

马克斯主义底的（3）　　非个人主义底的（2）

作为鲁迅笔下第二位常用的复合结构助词结构，"底地"结构的词汇使用情况请见下表：

表 21   鲁迅译文中的"底地"结构使用情况

	一字 （次数/词数）	二字 （次数/词数）	三字 （次数/词数）	四字 （次数/词数）	五字及以上 （次数/词数）	合计
中期	7/5	117/68	3/3	0/0	0/0	127/76
后期	11/4	457/162	27/11	6/3	2/2	503/182
合计	18/9	574/230	30/14	6/3	2/2	630/258

（一）在鲁迅中期译文中，出现频次比较高的"底地"结构有（括号内为出现次数）：

1. 一字词+"底地"：

端底地（3）　　灵底地（1）　　静底地（1）　　动底地（1）
性底地（1）

2. 二字词+"底地"：

根本底地（6）　　写实底地（5）　　意识底地（5）　　彻底底地（4）
个人底地（4）　　精神底地（4）　　外面底地（4）　　必然底地（3）
消极底地（3）　　艺术底地（3）　　政治底地（3）　　总括底地（3）

3. 三字词+"底地"：

自叙传底地（1）　　全人格底地（1）　　第一义底地（1）

（二）在鲁迅后期译文中，出现频次较高的"底地"结构有（括号内为出现次数）：

1. 一字词+"底地"：

病底地（4）　　静底地（3）　　诗底地（2）　　动底地（2）

2. 二字词+"底地"：

决定底地（25）　　意识底地（17）　　根本底地（15）
必然底地（12）　　积极底地（12）　　艺术底地（12）
彻底底地（10）　　一般底地（10）　　政治底地（10）
具体底地（9）　　理论底地（9）　　规则底地（8）

客观底地（8）　　　　美学底地（8）　　　　本质底地（7）

部分底地（7）　　　　个人底地（7）　　　　历史底地（7）

文学底地（7）　　　　组织底地（7）　　　　内面底地（6）

神经底地（6）　　　　文化底地（6）　　　　自然底地（6）

机械底地（5）　　　　精神底地（5）　　　　实际底地（5）

外面底地（5）　　　　原则底地（5）　　　　比较底地（4）

抽象底地（4）　　　　合理底地（4）　　　　痉挛底地（4）

论理底地（4）　　　　悲剧底地（3）　　　　本能底地（3）

绝对底地（3）　　　　科学底地（3）　　　　律动底地（3）

批判底地（3）　　　　批评底地（3）　　　　社会底地（3）

时间底地（3）　　　　思想底地（3）　　　　天才底地（3）

现实底地（3）　　　　形式底地（3）

3. 三字词+"底地"：

无意识底地（11）　　无条件底地（4）　　生理学底地（2）

物理学底地（2）

4. 四字词+"底地"：

观念形态底地（4）　　布尔乔亚底地（1）　　社会主义底地（1）

5. 五字词及以上+"底地"：

布尔塞维克底地（1）　　共产主义者底地（1）

综合以上对"底的""底地"的统计，鲁迅在整个翻译生涯中以"底的"与"底地"结尾的高频词有以下这些（括号内为出现次数）：

1. 底的（前20位）：

个人底的（36）　　　　具体底的（28）　　　　实际底的（25）

积极底的（25）　　　　革命底的（24）　　　　一般底的（22）

本质底的（21）　　　　抽象底的（21）　　　　直接底的（21）

根本底的（20）　　　　现实底的（19）　　　　艺术底的（19）

悲剧底的（18）　　　　消极底的（18）　　　　决定底的（18）

基本底的（16）　　　　空想底的（16）　　　　类型底的（16）

独创底的（15）　　　　罗曼底的（15）

2. 底地（前20位）：

决定底地（25）	意识底地（22）	根本底地（21）
必然底地（15）	艺术底地（15）	彻底底地（14）
积极底地（14）	政治底地（13）	个人底地（11）
具体底地（11）	一般底地（11）	无意识底地（11）
理论底地（10）	本质底地（9）	部分底地（9）
规则底地（9）	精神底地（9）	客观底地（9）
历史底地（9）	外面底地（9）	

我们知道，翻译与创作相互影响、相互促进的。鲁迅通过翻译精心设计并实践了其独特的复合助词结构，自然也要将其运用到创作中。在鲁迅的创作作品中，我们也可以找到很多使用复合结构助词结构的用例。现列举部分如下：

（一）首先，有"底的"结构做定语的例子：

1. 凡是科学底的人们，这样的很不少，因为他们精细地研钻着一点有限的视野，便决不能和博大的诗人的感得全人间世，而同时又领会天国之极乐和地狱之大苦恼的精神相通。

（《集外集拾遗·诗歌之敌》，1925）

2. 但作者是诗人，所以那文中有许多诗底的辞句，是无须赘说的。

（《集外集·〈奔流〉编校后记（一——十二）》，1928）

3. 蒲力汗诺夫，生了几回大动摇，倒是总和革命底的马克斯主义违反，并且走向门塞维克去了。

（《二心集·〈艺术论〉译本序》，1930）

4. 性情如此的他，在文学上也力斥旧时代俄国特色的沉重的忧郁的静底的倾向，而于适合现代生活基调的动底的突进态度，加以张扬。

（《译文序跋集·〈竖琴〉后记》，1933）

(二) 也有"底地"结构做状语的例子：

1. ……然而本来底地说起来，则读书时，我们的脑已非自己的活动地。

(《华盖集·碎话》，1926)

2. 文学有阶级性，在阶级社会中，文学家虽自以为"自由"，自以为超了阶级，而无意识底地，也终受本阶级的阶级意识所支配，那些创作，并非别阶级的文化。

(《二心集·"硬译"与"文学的阶级性"》，1930)

3. 这就使莱奋生必然底地和穷困的大众联结，而成为他们的先驱。

(《译文序跋集·〈毁灭〉后记》，1931)

(三) 再看"的地"结构做状语的例子：

1. 听说厦门市上今天也很热闹，商民都自动的地挂旗结彩庆贺，不像北京那样，听警察吩咐之后，才挂出一张污秽的五色旗来。

(《两地书·五十三》，1926)

2. 所以现在世界的糟，不在于统治者是男子，而在这男子在女人的地统治。以妾妇之道治天下，天下那得不糟！

(《集外集拾遗补编·娘儿们也不行》，1933)

3. 是他说新形式的探求不能和旧形式的采用机械的地分开。

(《且介亭杂文·论"旧形式的采用"》，1934)

(四) 还有少数"地的"结构做定语的用例 (所有创作作品只有以下 2 例)：

1. 假公济私，谋杀学生，通缉异己之际，"正人君子"时而相帮讥笑着被缉诸人的逃亡，时而"孤桐先生""孤桐先生"叫得热剌剌

<u>地的</u>时候一比较，目下诚不免有落寞之感。

（《华盖集续编·再来一次》，1926）

2. 幸而靠了作者的纯熟的手腕，令人一时难以看出，仍不失为<u>活泼泼地的</u>作品；又得译者将丰神传达，而且朴素无华，几乎要令人觉得倘使夏娃用中文来做日记，恐怕也就如此一样：更加值得一看了。

（《二心集·〈夏娃日记〉小引》，1931）

鲁迅的创作作品中总共出现了 152 个复合结构助词的用例，相比鲁迅在翻译作品中的使用量，要少了不少，但绝对数量也称得上可观了。鲁迅创作作品中最早出现的复合助词结构为"底的"结构（例 1），出于 1925 年的《碎话》一文，这与鲁迅在翻译中运用这一结构基本上同步。鲁迅译作中出现的 4 种复合结构，在鲁迅创作作品中也都出现了。但笔者在查证中发现，译作中经常出现的并列定语、并列状语结构在鲁迅创作作品中几乎没有出现，这在一定程度上降低了阅读的难度。在这些用例中，"地的"的使用值得特别留意。"活泼泼地的"与"热剌剌地的"是鲁迅创作作品中仅有的两个"地的"的用例，"活泼泼地的"出现在 1931 年 10 月 1 日出版的刊物《夏娃日记》中的《〈夏娃日记〉小引》中，"热剌剌地的"出现在 1926 年 6 月 10 日出版的《莽原》半月刊第 11 期的《再来一次》中；而在 1926 年 6 月 25 日出版的《莽原》半月刊第 12 期的《论诗》这一译作中，鲁迅使用了"活泼泼地的"。也就是说，"热剌剌地的"与"活泼泼地的"的出版时间仅仅相隔半月，我们无法判断鲁迅究竟先构思了哪一个"地的"，但这两个类似的 ABB 副词结构是很有可能存在相互启发的关系的。在 ABB 副词结构后面不加"底的"，而是加"地的"而来修饰名词——这很可能是鲁迅从对日语的翻译中延伸出来的一条独特的复合结构助词使用标准。

鲁迅创作作品中的复合助词结构的具体使用情况请见表 22：

表 22   鲁迅创作作品中复合助词使用情况

	一字（次数/词数）	二字（次数/词数）	三字（次数/词数）	四字（次数/词数）	五字及以上（次数/词数）	合计
底的	5/3	96/60	8/5	4/3	2/2	115/73

续表

	一字 （次数/词数）	二字 （次数/词数）	三字 （次数/词数）	四字 （次数/词数）	五字及以上 （次数/词数）	合计
地的	0/0	0/0	2/2	0/0	0/0	2/2
的地	0/0	9/5	0/0	0/0	0/0	9/5
底地	0/0	24/17	2/2	0/0	0/0	26/19
合计	4/3	129/82	12/9	4/3	2/2	152/99

由表22可知，在鲁迅创作作品中出现的各复合结构助词用例中，"底的"出现次数最多，有115次，占到了总量的约75%的比例，"底地"位居第二，出现了26次，占比约17%。二者加起来占到总量的92%，可以说，与鲁迅的译作相同，鲁迅的创作作品中的"底"系的复合结构同样也占据了绝对优势。相比之下，"的地"结构出现了9次，"地的"结构只有2个用例，处在几可忽略的位置。从词干长度上来看，与译作中的表现一样，词干多为二字词语，然而与译作不同，鲁迅创作作品中只有"底的"有前接一字词干的例子，另外超过三字的词干也非常少。

笔者将在鲁迅创作作品中出现的复合助词结构中的高频词列举如下：

（一）首先是"底的"结构：

1．一字词+"底的"：

动底的（2）　静底的（2）　诗底的（1）

2．二字词+"底的"

革命底的（9）　独创底的（4）　个人底的（3）　经济底的（3）

乐天底的（3）　煽情底的（3）　世界底的（3）　通俗底的（3）

典型底的（2）　国际底的（2）　建设底的（2）　决定底的（2）

破坏底的（2）　人类底的（2）　生活底的（2）　视觉底的（2）

现实底的（2）　性格底的（2）　意识底的（2）　政治底的（2）

宗教底的（2）

3．三字词+"底的"：

超阶级底的（2）　超现实底的（2）　无政府底的（2）

（二）其次是"底地"结构：

1. 二字词+"底地"：
必然底地（3）　斗争底地（2）　积极底地（2）　具体底地（2）
决定底地（2）　意识底地（2）
2. 三字词+"底地"：
无意识底地（1）　有产者底地（1）

（三）再次是"的地"结构：

机械的地（5）　直觉的地（1）　艺术的地（1）　女人的地（1）
自动的地（1）

（四）最后是"地的"结构：

热剌剌地的（1）　活泼泼地的（1）

　　与鲁迅的译作比较可知，这些在鲁迅创作作品中的高频复合结构助词几乎都在鲁迅的译作中出现过。
　　总而言之，鲁迅的翻译及创作作品中都存在大量的使用的复合结构助词的用法，具体可分为"底的""底地""的地""地的"四种；这种用法是鲁迅比照日语中的"形容动词词干+「的」+な/に"的形式创造出来的；而日语中的"形容动词词干+「的」"的用法，则与印欧语的影响脱不了干系。

结　　语

　　在现有的语言接触研究中，关于"欧化"现象的研究为数众多，而关于"日化"的研究数量有限。而聚焦鲁迅的译文，从对比语言学的视角切入探讨鲁迅译文中的"日化"现象、探讨鲁迅译文与源语关系的，更是屈指可数。因此，本书抓住以往语言接触研究中的不足，通过鲁迅译文与日语原文的对比，较为系统地考察了鲁迅译文中的"日化"现象，尤其着重考察了鲁迅译文中存在的各种"日化"句式。通过本研究我们得知，较"欧化"而言，现代汉语中的很多新兴用法更适合被称为"日化"，有的直接来自日语的固有表达方式，有的来自"欧化的日语"。鲁迅译文中存在大量的"日化"现象：鲁迅的译文中，含有大量的直接照搬自日语原文的汉日同形词；鲁迅译文中的很多惯用句式，也都是源于对日语句式的模仿与改造；这些"日化"表现，不仅在鲁迅的译作中存在，还被鲁迅运用到了创作作品中，是鲁迅独特风格的组成部分；鲁迅对"日化"表现的运用，是在其"直译"翻译观的指导下的"试错"之旅，是现代汉语形成过程中的有机组成部分。

　　本书的创新点主要体现在以下几个方面。

　　（一）提出了"日化"的概念，为研究现代汉语的发展过程提供了另一个侧面。在现代汉语与外界语言的接触研究中，"欧化"研究是绝对的主流，其中不乏真知灼见，但由于近代中国的大规模翻译活动始于翻译日书，缺少了对这一环节的研究，显然不利于描绘现代汉语发展的全貌。经笔者考察，很多现代汉语里中新兴用法都与日语有紧密联系，更适合被称为"日化"。

　　（二）重视句法层面的研究。在近代中日语言交涉研究中，汉日同形词（亦或"日语借词"）始终是讨论的重点。然而，日语在句法层面对现代汉语的影响，鲜有人涉及。本书虽然也涉及了汉日同形词的研究，但是，研究重点有目的地放在了"日化"句式上，一定程度上拓宽中日语言交涉研究的范围。

（三）把长期受忽视的鲁迅翻译文本作为研究对象，从对比语言学的角度进行了汉日双语的对比，力图找出鲁迅翻译文本的译学特点。王向远在评价近年来的翻译研究特点时曾说："中国的近年的翻译研究，就出现了避难就易、避重就轻的倾向。所谓'避难就易'的'难'，所谓'避重就轻'中的'重'，指的都是研读译本，并且将译文与原文对读，并在对读过程中，发现具体的问题。"（王向远，2018：3）不研究鲁迅的翻译，就无法真正全面的评价鲁迅的文学活动；而不俯下身来进行基础性的原文译文的对比，特别是基于日语文本的对比，则无法切实评估翻译这一"内在面"对鲁迅的影响程度，也无从解决鲁迅翻译思想评价与鲁迅翻译实践相互脱钩的矛盾。笔者通过回归文本的形式回到语言交涉的现场，避免空谈鲁迅翻译观，这对今后的鲁迅翻译研究或许有一定的启发意义。

（四）涉及了一些对现代日语形成过程的研究。同汉语一样，现代日语的形成过程中也夹杂了"异化"的因素。在考察鲁迅笔下的"日化"现象过程中，本书涉及了一些对现代日语"欧化"现象的描述，有助于国内学界对比现代汉语的发展历程。

（五）在日源汉日同形词领域也进行了一些有益的探索。对鲁迅译文中的日源汉日同形词进行了筛选、分类，这在学界尚属首次；筛选过程中，发现了一些在汉语中经常使用而未被确认过的日源词汇；总结了一些与鲁迅密切相关的日源词汇，如"童话""直译""小市民"等。

（六）进行了一些定量统计的工作。通过定量统计，一定程度上给论证"日化"提供了较有力的支撑，也有助于勾勒鲁迅译文中的"日化"现象的轮廓，有助于彰显鲁迅译文的文体特征。

（七）除了鲁迅译文中的"日化"现象，还附带考察了鲁迅创作作品中的"日化"现象，一定程度上展现了鲁迅的翻译对其创作的渗透、影响。

通观本书的主要研究内容，我们也得到了一些启示。

（一）溯源"日化"现象的最佳时间段选择问题。本书涉及了不少"日化"句式，从出现时间上来看，有不少"日化"句式多集中在19世纪末与20世纪初的前十年，这比"欧化"现象研究所强调的时间节点——"'五四'之后"要早了不少。本书中各"日化"句式的具体出现时间如下表所示：

表 23　　　　　　　　　　**各"日化"句式首出时间表①**

句式	首出时间
关于……	1903
对于……	1902
在……之下	1903
和……和……	/
是……（的）	/
"……的我（们）"等	1920
"底的……"等	1924

　　从上表可以看出，"关于……""对于……""在……之下"在 20 世纪初的几年内就已经出现了，当时尚处在甲午战争刚结束的晚清，距"五四"还有十多年的距离。而且由于查找材料的客观限制，这些"日化"句式或许还能找到更早的出处。这很明确地告诉我们：在现代汉语的形成进程中，一些"日化"现象是要早于"欧化"的，同时，我们也可以合理设想，如果要对各种句法层面的"日化"现象进行更细致、广泛的研究，甲午战争后到"五四"开始前的这段时间的文本材料应该受到重点关注。如本书中所使用的语料库中所涉及的《新民晚报》《东方杂志》《法政杂志》，都可作为研究的重点。本书中使用的爱如生近代报刊库包括了以上各报刊杂志，但该报刊库并非针对语言学研究设计，并未配备完全适合语言研究需要的检索方式。如有可能，可比照日本国立国语研究所的「近代語コーパス」（日本近代语语料库），建立起以上三种中文报刊杂志的语言学专用语料库，这对研究"日化"现象，特别是在对"日化"现象进行追根溯源上，可以提供很大的帮助。

　　（二）在"日化"句式的形成过程中，汉字起到的作用不容忽视。共用汉字是中日书面文字的一大特征，基于此，我们往往把共用汉字作为近

---

　　①　多项并列连词构成的"……和……和……"句式与判断句式"是……（的）"在传统汉语中并非没有，只是由于日语的影响要么被激活、要么使用频率出现了上涨。故不列首出时间。

代以来大量日源外来语进入汉语书写系统的理由。这固然是没有问题的，然而汉字在汉日语言交流中起到的作用并不止于此。一般来讲，在间接语言接触中，最容易受影响的是词汇系统，语法系统是较难被异质语言入侵的，这是语言学界所公认的（吴福祥，2007：6）。贺阳（2008：298）认为，汉语与印欧语系接触的强度本不足以让汉语在短时间内受到印欧语的广泛影响的，之所以汉语中出现了众多的"欧化"句法，当时社会对西方文化、西方语言的崇敬态度"起了至关重要的作用。"这当然能算一个主观方面的原因，但经过本书的调查分析，我们发现"日化"句式相比"欧化"句式是具有接受上的优势的，原因就在于很多"日化"句式都是以汉字为骨架的。例如，本书中的"关于……""对于……""在……之下"等句式，它们对应的日语句式分别为「…に関して」「…に対して」「…の下に/で」，我们可以很直观地看出，日汉字在这些句式中起到了核心作用，可以说，日语句式及语法的这种形态特点为我国的翻译家们将它们译为汉语提供了天然的便利。这导致相比"欧化"的表达方式，"日化"的句式、句法更容易率先进入汉语书写系统。在"日化"句式、句法已经进入汉语的情况下，"五四"以来崇尚"欧化"的作家也顺其自然地沿用已经在汉语书面语中出现过的"日化"表达，从而进一步巩固了这些新兴表达方式在汉语中的地位。如果我们注意到了"日化"句式的这一特性，就可一定程度上解释为何汉语中出现那么多"欧化"句式的问题——它们多是先以"日化"的形式进入汉语的，而且由于汉字的便利，接受起来很容易。

同时，汉字在"日化"句式传播中的重要作用告诉我们，查找和确定"日化"句式，汉日语同形汉字是一个极佳的突破口。由于笔者能力有限，只在本书中讨论了较为典型的一些"日化"句式，其实仍有一些疑似"日化"句式是值得我们注意的，它们的书写形式中也是包含汉字的，略列举几例如下：

①"永远的……"

"永远"一词在现代汉语中很常用，但多是做状语修饰动词，如"永远热爱""永远怀念"等。这是有其副词性质决定的，一般来讲，副词只能在句中做状语（张斌，2010：293）。然而现代汉语中却存在"永远的……"这样的形式，也就是"永远"做定语的情况，如：

　　1. 不待说，他们是在那里创造永远的爱了。

（沈从文，《流光》）

　　2. 不知道而赞颂者是可恕的，否则，此辈当得永远的诅咒！

（鲁迅，《灯下漫笔》）

　　彭玉兰（2006：60—61）在《"永远"的句法功能研究》一文中说："通常认为，副词是由实词虚化而来……我们发现副词'永远'并不能找到它的实词原形，并且它从一产生开始就已经是一个副词，在古代汉语中，我们也找不到'永远'的用例。"

　　经笔者查证，"永远"做定语的用法，确实是近代以来才出现的。而在日语中，「永遠」后加「の」做定语修饰名词的情况是很多的，至少在19 世纪末，在日本『太陽』杂志里已经相关用例了，如「永遠の成功」「永遠の凱歌」「永遠の平和」「永遠の真理」「永遠の愛」等。因此，现代汉语中"永远的……"这一语法结构，很可能也是来自日语，是由于照搬汉字的便利性而在汉语中发展起来的。

　　② "对……抱有期待"

　　这一疑似"日化"句式与日语的关联也很明显。传统汉语中一直都有"期待"一词，如南朝时期沈约的《还园宅奉酬华阳先生》诗："早欲寻名山，期待婚嫁毕。"但"对……抱有期待"这种用法在传统汉语中是没有的。而在日语里，「…に（对して）期待を抱く」则是个常用句式，虽然出现的时间并不早，但至少在20 世纪20 年代已经出现了：

　　1. けれども考へて見ればそんな期待を抱いた私が間違つてゐたのだ。

（水野仙子著，『輝ける朝』，1920）

　　2. まだはっきりした形をとらない未知のものに対して、楽しい期待を抱いています。

（宮本百合子，『十年の思い出』，1926）

　　而现代汉语中出现"对……抱有期待"的句式则要更晚，经笔者初步查证，最早的"对……抱有期待"要在20 世纪70 年代末才出现：

共同社的消息说，佐藤反动政府"对爱知外长这次访问苏联抱有期待，因为苏联的党政首脑最近表现出急速要接近亚洲的姿态，倡议建立'亚洲集体安全体系'"。

（《苏日反动派加紧拼凑反华军事联盟》，《人民日报》1969 年 7 月 7 日第 6 版）

这篇报道稿是新华社驻东京分社发出的，例句是援引自日本共同社的消息。"对……抱有期待"直接照搬日语表达的可能性是很高的。与本书中其他"日化"句式不同，"对……抱有期待"应该是近几十年才出现的"日化"句式。

③ "从而……"

"从而"是现代汉语中常见的连词，经常用来连接有因果关系的复句。如：

他想不出一个中心的道理，可以使他抓着它不放，从而减削了他的矛盾与徘徊。

（老舍，《四世同堂》）

"从而"一词也是在传统汉语中就存在的，表递进或因果关系，如：

1. 劳之来之，匡之直之，辅之翼之，使自得之，又从而振德之。
（《孟子·滕文公上》）
2. 亡十九年，守志弥笃。惠、怀弃民，民从而与之。
（《左传·昭公十三年》）

但有人认为，现代汉语中的"从而"与传统汉语中的"从而"是不一样的，现代汉语中的"从而"是没有主语的；而传统汉语中的"从而"是需要主语的，就算表面没有也可以补出（王俊毅，2009：101）。从"从而"在句子中的出现位置来解释，那就是现代汉语中的"从而"多出现在复句小句的句首，而传统汉语中的"从而"多出现在句中。笔者使用北大 CCL 语料库进行了查证，现代汉语例句中的"从而"确实都是出现在复句小句的开头的，与传统汉语中的"从而"迥异。而这种把"从而"放在复句小句句首的用法，很可能是从日语中学来的。因为日语的「従って」就是放在小句句首表递进的，如：

　　1. 昨日までは督責されなければ取出さなかった書物をも今日は我から繙くやうになり、<u>従がって</u>学業も進歩するので
（二葉亭四迷，『浮雲』，1887—1889）

　　2. つまり彼等は、むかしをばかり慕ひ、今日の大御世のありがたさ、たふとさを知らないで、現在の社會の潮勢にも入らず、<u>従て</u>同胞のために一臂の力を盡す事をも知らないのだらうと存じまする。
（上田萬年，『國語研究に就て』，1895）

　　日语中的「従」是"从"的异体字，中国人在翻译日语时，看到「従」很容易想起汉语中同样表示递进的"从而"，虽然在句中出现的位置不同，但由于意义相近，汉字又相同，就用汉语的"从而"来对应日语的「従がって」，从而形成现代汉语中用在复句小句句首的"从而……"新用法。据笔者查证，这个疑似"日化"句式，很可能是在清末民初由于留学生囫囵吞枣的翻译而产生的。

　　当然，以上三个句式是否为"日化"句式，笔者目前并未完全确定，还需要进一步考证。但这几个疑似"日化"句式都是以汉字为主轴进行查找而得来的，这无疑对今后的研究是一个有益的启示。

　　（三）要动态地看待鲁迅译文的"佶屈聱牙"现象，动态地看待现代汉语。鲁迅译文里很多语句确实非常拗口，这与其坚持直译的翻译观及改造汉语的语言观有关。照搬外语中的词汇、语法结构，难免会造成读者接受度下降。鲁迅的直译观确实曾惹来不少非议，如梁实秋曾评价鲁译"离'死译'不远了"（梁实秋，2002：347）。鲁迅对此不以为然，做了如下回应：

　　　　一面尽量的输入，一面尽量的消化，吸收，可用的传下去了，渣滓就听他剩落在过去里。所以现在容忍"多少的不顺"，倒并不能算"防守"，其实也还是一种的"进攻"。……但这情形也当然不是永远

的，其中的一部分，将从"不顺"而成为"顺"，有一部分，则因为到底"不顺"而被淘汰，被踢开。[鲁迅，2005（Ⅳ）：392]

我们可以结合本书中出现的"日化"表达来验证鲁迅的这番论述。比如，我们可以拿与鲁迅紧密相关的三个"日化"表达——复合结构助词结构、多项并列结构、人称代词前加定语结构为例，来看它们在当今汉语中的使用状况。

首先，"底的""底地""的地""地的"等复合结构助词的使用状况。除了鲁迅，民国时期的一些文人也使用过该结构，如陈望道、瞿秋白等，这一点笔者在论述中曾提到了。但此用法在当今汉语中是否存在呢？答案是否定的，我们在 CCL 语料库和 BCC 语料库的文学作品部分，检索不到任何相关用例。复合结构助词的用法在现代汉语的形成过程中曾经留下过印记，但是"名人效应"还是抵不过语言规律，由于违背了语言的经济原则，这种复杂的复合结构助词用法还是被淘汰了，鲁迅自己精心建立起的复合结构助词系统最终成了其口中的"渣滓"，被扫进了语言的垃圾桶。

其次，"……和……和……"为代表的多项并列结构。鲁迅的译文及其创作作品中，存在数量颇多的该用法的用例，然而此用法在当下已较为稳定的现代汉语中留存情况如何？我们使用 BCC 语料库中的"历时检索"功能，检索了现代汉语中由连词"和"连接三名词并列项、四名词并列项并列的情况，结果如图 3 所示：

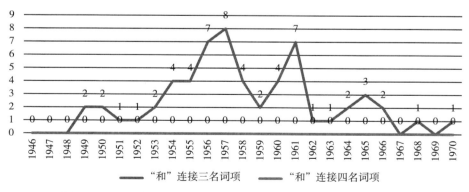

图 3　BCC 语料库中"和"连接三名词项、四名词项频率图

　　可以看出，至少在 BCC 语料库的收录语料范围内，从 1946—2015 年使用两个"和"连接三个名词项的用法出现频率并不高，高峰为 1957 年，出现了 8 次；而三个"和"连接四个名词项的用法则完全没有出现。考虑到"和"连接名词项已经为最普遍的情况，我们基本可以判断：由多个并列连词连接多个并列项的新用法并未在现代汉语中稳固下来，鲁迅在这一句式结构上的尝试并不成功。究其原因，该新用法也违反了经济性原则，和传统汉语中多项并列的处理方式相比并没有显示出语义及语用上的优势，被淘汰也在情理之中。

　　然而我们再来看而人称代词前加定语这一用法，会发现它的命运和两面二者迥异。在 CCL 语料库的当代作品中，笔者以"……的我，……"为关键词进行查询，得到了多达 926 个用例。可见这一用法在现代汉语中已经站稳了脚跟。笔者进一步查证发现，甚至有一些包含人称代词前加定语结构的当代文学作品还入选了中学及大学的语文教材，如：

　　1. 偷看书的时候，<u>羞愧不已的我</u>根本不敢回头去看他那张瘦削的脸。
　　［许申高，《别饿坏了那匹马》，人教版《语文》（六年级上册），人民教育出版社 2006 年版］

　　2. <u>远离了车流、高楼和霓虹灯的我们</u>，竟情不自禁地趴在地上，大声喊着："我回来了！"
　　［杜卫东，《明天不封阳台》，《语文》（八年级上册），江苏教育出版社 2007 年版］
　　3. <u>向来对颜色没有深刻研究的我</u>，圣华问起来，才开始思考这个问题。
　　［林青霞，《有生命的颜色》，陈洪、陶型传主编《大学语文（理工版）》，华东师范大学出版社 2009 年版］

　　能进入我国的语文教材，这说明人称代词前加定语的结构已经完全被现代汉语接受了。这是鲁迅口中所谓的从"不顺"变成"顺"、进而留在了现代汉语系统中的典型例证。鲁迅俨然把自己的译文当成了语言试验场，他把异质语言引进来，让其与古老的汉语尽情冲突、混合、磨砺，试图锻造出面目一新的、更加精细的、与现代性相契合的"新汉语"。为给"新汉语"提供最大的养分，争取最大的可能性，鲁迅难免会遵循"取法乎上，仅得其中；取法乎中，仅得其下"的逻辑，尽可能地把异质的语言引进来，宁肯承受"死译"的指责，也毫不退缩。引进的新表现法足够多了，总会有适合汉语的留下，不适合的任其被淘汰掉即可——了解了鲁迅这种充满进化论色彩的语言观，我们对鲁迅译文的晦涩难懂就不至于过于责难了——有谁忍心去责怪一个普罗米修斯般的盗火者呢？毕竟，我们如今所研究的鲁迅译文，在鲁迅眼里也只不过是语言进化链条上的"中间物"罢了。由此，我们还可以来思考另一个问题——当今汉语语言表达固化的问题。鲁迅的译文固然难读，但鲁迅并非随意乱译，在佶屈聱牙中，各种"日化"表现同时也成为鲁迅的文体标记，让我们感受到现代汉语草创期汉语多姿多彩的一面。了解了鲁迅对"日化"表现的处理方式，鲁迅的译文也同其创作作品一样，展现出相当高的区分度，鲁迅被称之为"文体家"（Stylist）[①]，可谓实至名归。然而，当代的中国文坛很少再产生如鲁迅一般有独特风格的作家或翻译家，称得上"文体家"的则更是几乎没有。在常年的应试教育下，我们学会了"规范"的汉语，但似乎丧失了如鲁迅一般的对汉语进行改造的兴趣，丧失了对汉语重新进行排列组合的能力。郜元宝道："今天的青年作家还有几个真正熟悉现代作家的语言经验？今天的汉语写作并不完全是在现代作家造成的现代汉语书面语的成就上往前走，而是在 70 后、80 后、90 后作家的应试教育和相应的语言环境出发，在这里面翻一点筋斗，做一点花样。……我们现在的翻译所使用的汉语国语固化和狭窄化了，已经很难容纳另一种语言精神。所谓'规范'的汉语，既不能容纳我们的先辈像鲁迅的现代汉语，也无力容纳西方或日本的语言。"（郜元宝，2012：11—12）我们现在研究鲁迅译文中的"日化"现象，意义恐怕不仅在于理清当年的语言接触的脉络，更是在启示我们观察它能否延伸、如何延伸。对待现代汉语，我们除了"观以往"，我们还要"思当下""虑将来"。

最后，再谈一下本书的不足之处。由于笔者水平有限，再加上一些客观条件的限制，本书难免存在一些不尽如人意之处。首先，笔者指出了现代汉语中很多欧化现象其实是"日化"现象，并以句式为核心进行了论

[①]　首先将鲁迅定义为"Stylist"的是五四时期的作家黎锦明。鲁迅本人也很满意这一称呼。详见李国涛《STYLIST：鲁迅研究的新课题》，陕西人民出版社 1986 年版，第 1—2 页。

述，但目前学界列举出的各种现代汉语欧化现象中具体有多少是来源于日语的，或者说，现代汉语欧化研究成果中具体有多大的比侔是需要从汉日语接触的角度进行修正或补充的——对于这一点，笔者力有不逮，并未进行全盘的判断与描述。其次，笔者在鲁迅翻译及创作作品中找出了很多"日化"表达方式，然而"日化"表达方式与鲁迅独特语言风格之间的联系，笔者虽有涉及，但并未深入。再次，鲁迅译自日语的文本可以细分为直接译自日本作家的原创作品与转译作品两类，对"日化"现象在这两类作品中的表现有何异同，本书没有明确区分。另外，笔者在清末民初的近代报纸杂志中查找到不少"日化"用例，虽然在论证过程中尽量选用了译自日语的作品，但由于资料收集的限制，相应的日文原文未能全部找出。最后，在定量统计方面，也存在不够全面细致的情况。

　　本书对鲁迅译文中"日化"现象的考察，是在微观层面进行的一次尝试。从语言接触的角度来看，鲁迅的译作中是否还存在其他"日化"表达方式，以及现代汉语中是否还存在其他"日化"表达方式，这值得进一步发掘；如果跳出对比语言学的范畴，从中日文学交涉的角度来考虑问题，鲁迅的"日化"无疑会涵盖更加丰富的内容，如日本流行的"私小说"对鲁迅创作视角的影响、夏目漱石的"余裕"论对鲁迅创作风格的影响等。这些课题都有待今后进一步探讨。

附录

鲁译中的日源汉日同形词
（按拼音排序）

一字（5）

呎 吋 科 属 腺

二字（1659）

愛称	愛嬌	愛人	凹角	白軍	版画	版権	伴奏	邦訳	傍系
包装	胞子	薄膜	保健	保険	暴動	暴挙	暴圧	爆発	爆音
悲観	悲劇	北欧	背景	背嚢	被動	本部	本隊	本能	本題
本位	繃帯	鼻翼	筆触	筆名	閉会	閉幕	必要	壁紙	編訳
編制	弁証	変態	変造	標本	標語	表決	表面	表現	表象
兵站	病床	病毒	病菌	病理	病態	波線	波長	剥制	博士
歩調	部面	部員	財政	裁判	採決	参観	参加	残存	残留
惨劇	操典	操作	草原	側板	策動	挿画	挿話	挿図	茶代
産出	産地	産額	産品	常識	場面	場所	超人	潮流	車台
車掌	成分	成立	成因	成員	吃音	持続	歯車	歯腔	赤旗
赤色	衝動	充血	憧憬	寵児	銃丸	抽象	丑聞	出版	出品
出席	出演	初版	初歩	初等	初号	初老	初恋	初期	雛菊
雛形	触角	触手	川柳	川下	伝導	船橋	船員	創刊	純化
純理	辞典	辞書	磁力	雌蕊	次長	刺冲	刺激	粗銅	促進
醋酸	催眠	村会	存在	錯覚	達成	大老	大農	大気	大正
大佐	代表	代議	担架	担任	単純	単発	単婚	単調	単元
耽美	但書	弾創	弾痕	弾機	弾性	弾薬	弾奏	当選	当薬

党派	党員	道程	道具	道楽	道庁	徳利	灯台	登録	登載
等価	低級	低廉	低劣	低落	低能	低調	敵視	敵意	抵制
地殻	地峡	地質	地軸	典型	点呼	点線	点字	電車	電池
電磁	電灯	電化	電話	電力	電鈴	電流	電飾	電柱	店員
澱粉	雕塑	吊電	吊意	丁目	定律	定義	錠剤	東欧	東亜
冬眠	動詞	動機	動力	動脈	動態	動向	動議	動因	豆科
毒筆	独白	独和	独特	読本	読物	短歌	短評	段階	断面
断片	隊員	対比	対策	対立	対外	対象	対応	鈍重	多量
多数	惰気	惰性	額縁	厄年	悪感	悪化	悪用	悪戦	顎骨
顎須	二元	発表	発達	発見	発明	発展	法案	法科	反比
反動	反対	反感	反抗	反射	反応	反証	飯盒	範疇	販路
方案	方式	方則	方針	芳紀	防具	放射	非戦	分隊	分化
分解	分局	分泌	分時	分野	分業	分子	風潮	風説	風圧
封建	封鎖	否定	否決	否認	孵化	伏線	服務	服用	浮標
浮雕	府立	父権	父系	複合	復員	複製	副詞	副次	副腎
改訂	改進	改良	改善	改組	概観	概況	概括	概論	概念
概形	概要	甘蔗	感得	感官	感覚	感情	感染	感想	感性
幹部	幹事	綱領	高潮	高等	高級	高温	高圧	告白	歌劇
歌沢	革命	閣員	個別	個人	个体	个性	工兵	工場	工会
工具	工業	公表	公徳	公海	公開	公理	公売	公民	公僕
公式	公許	公演	公益	公園	公債	共産	共感	共和	共鳴
共通	共学	構成	構図	構想	鼓膜	固定	固体	雇員	怪談
関係	観測	観点	観客	観念	観衆	官報	官費	官界	官能
官営	棺桶	冠詞	慣例	光斑	光差	広場	広告	広義	広縁
帰納	貴社	桂冠	国粋	国籍	国技	国際	国有	国語	果物
過程	過敏	過剰	還歴	海抜	海老	海里	海流	海綿	海峡
海員	海原	害虫	害毒	含量	漢薬	汗腺	行進	航行	航路
好感	好機	好例	号数	号外	合金	合致	和服	和漢	和琴
和訳	河床	黒潮	黒柳	黒幕	後方	後略	互助	戸棚	花冠
花火	花束	花序	化合	化膿	化石	化粧	画報	画伯	画布
画風	画幅	画会	画廊	画因	歓送	環節	環境	幻灯	幻覚
黄燐	会話	会社	会所	会談	会員	会志	混浴	活画	活力

活躍	火口	火線	獲物	惑星	機構	機関	機能	機械	機制
機転	積極	積木	基点	基金	基調	基線	基音	基準	激増
激戦	極点	極東	極度	極端	極光	極左	集団	集中	脊柱
技法	技工	技師	季刊	既存	寄席	佳良	仮定	仮設	仮説
仮想	価格	間接	肩身	肩章	監事	検査	検事	検痰	検印
剣劇	健脚	健康	艦隊	艦長	鍵盤	講師	講壇	講座	奨金
交流	交通	焦点	脚光	教材	教程	教室	教授	教壇	教員
酵素	階層	階段	階級	接種	掲載	結核	結論	金額	金櫃
金将	金牌	金融	金属	筋覚	緊張	進化	進展	近代	近東
浸剤	京人	経済	経理	経験	鯨油	警部	警察	警笛	警官
警務	浄罪	痙攣	競技	静脈	静物	静学	境涯	酒精	旧劇
旧派	臼炮	就任	就業	居候	局員	局長	菊科	巨額	巨匠
巨頭	具体	具象	劇場	劇化	劇界	劇評	劇曲	劇詩	劇壇
劇薬	距離	絶版	絶対	絶縁	軍曹	軍閥	軍歌	軍旗	軍神
軍靴	均整	菌核	菌類	開催	開幕	開業	開議	開映	開祖
考慮	科学	可決	客観	可能	客室	客体	課題	課員	課長
肯定	空間	空漠	空気	口笛	口蓋	口調	苦力	酷評	快感
狂熱	狂宴	砿区	砿物	砿業	困惑	拡散	拡張	括弧	来電
癲菌	蘭科	蘭学	浪漫	浪人	労農	労資	労作	楽隊	楽観
楽劇	楽壇	楽長	雷名	類型	冷静	冷酷	冷罵	冷評	冷血
冷遇	礼帽	礼装	理化	理論	理念	理想	理性	理由	理知
理智	力説	力学	力作	歴史	立場	立憲	立証	利潤	利子
例会	連絡	連載	連作	聯邦	聯系	聯想	恋人	両極	両性
列車	列強	臨床	鱗茎	霊感	鈴蘭	零点	零度	零下	領地
領分	領土	領有	領域	領主	留針	流域	陸影	路標	路線
露店	露和	乱視	倫敦	輪舞	論点	論法	論拠	論客	論理
論壇	論文	論戦	裸麦	落伍	落選	落語	旅行	旅路	旅団
律動	緑門	略伝	略画	略式	略図	略語	麻酔	買収	邁進
麦角	満都	満幅	漫画	漫談	慢性	盲従	毛蟲	矛盾	帽章
没収	美点	美感	美化	美神	美術	美学	美育	魅惑	魅力
門松	猛進	猛射	猛襲	猛卒	迷宮	迷夢	迷信	秘書	密度
免除	面積	面影	苗床	民法	民話	民権	民主	敏感	敏腕

名産	名詞	名所	名著	明治	命題	模型	模作	摩擦	魔術
末期	末人	黙認	黙殺	黙視	母国	母上	母体	母系	母性
母語	目標	目的	牧歌	幕府	男生	男性	南欧	南洋	脳病
脳症	内部	内面	内幕	内容	内在	能動	擬声	逆説	逆襲
逆運	年産	年度	年鑑	農場	農奴	農園	濃度	濃縮	暖房
女帯	女生	女性	欧風	欧人	欧文	欧洲	拍車	俳句	俳人
俳味	排出	排除	排日	旁聴	炮術	炮塔	噴火	噴烟	皮質
片面	品詞	品質	平板	評伝	評壇	迫害	破風	破調	樸歯
普通	七草	七度	期間	騎士	旗印	企図	企業	啓示	起点
起業	気流	気品	汽船	汽灯	汽笛	汽機	契機	器官	器楽
前景	前略	前屈	前提	前衛	前線	前肢	潜力	潜流	潜勢
欠点	強度	強化	強権	強調	切削	親子	青酸	青星	軽度
傾向	清算	清元	情操	情熱	情調	請願	球茎	趨勢	取得
取締	取消	趣旨	圏外	権利	全般	全景	全量	全欧	全市
全線	全野	全紙	拳斗	確保	群像	熱誠	熱狂	熱力	熱烈
熱望	熱性	人波	人称	人格	人間	人気	人種	認可	認知
任命	韌性	日和	日刊	日露	日清	日像	日曜	容量	容器
容認	溶出	溶剤	溶解	溶液	熔解	冗談	肉感	乳剤	入超
入党	軟化	若女	弱点	桑科	喪章	掃射	色覚	色盲	色素
色調	殺菌	沙翁	山襞	山葵	杉箸	商標	商店	商界	商品
上演	上院	焼栗	焼失	少将	少尉	少佐	設備	設施	社会
社交	社前	社説	社員	社長	摂影	伸張	深度	深化	神話
神経	神社	生産	声帯	声楽	聖夜	勝訴	失恋	詩劇	詩形
湿疹	時報	時計	時間	時空	時評	時効	実地	実感	実践
実況	実例	実権	実習	実現	実験	実質	拾集	史観	史劇
史上	史実	士官	氏族	示指	世紀	市場	市況	市立	市区
市庁	市長	市政	事象	試算	視点	視官	視角	視覚	視力
視野	適例	適切	適応	室温	笹縁	収量	収容	手術	手套
手桶	手続	首府	首相	受動	獣欲	書記	輸出	輸入	塾長
属性	術語	竪琴	刷新	水分	水雷	水素	水引	水準	説教
説明	司令	思潮	思考	思想	死面	俗衆	素描	素因	素質
速度	速記	速力	速率	酸化	酸素	酸性	縮図	所員	索引

他律	台石	談判	炭化	炭素	唐画	唐橋	特別	特点	特価
特色	特性	特征	特質	梯隊	提案	提出	提供	提琴	提示
提言	提議	題材	体操	体温	体系	体型	体育	天皇	天幕
田坂	条件	跳馬	鉄火	鉄則	聴官	聴覚	聴診	庭面	停会
停刊	挺子	通読	通告	通信	通性	通学	同化	同級	同権
同氏	同性	銅版	童話	瞳孔	統覚	痛烈	頭韵	投稿	投影
投資	透察	凸角	図案	図表	図嚢	塗料	土台	吐根	団体
団員	退場	退化	退会	退院	豚箱	瓦斯	歪曲	外題	外延
頑強	網膜	威圧	唯美	唯物	唯心	偉力	衛生	味得	味読
味覚	胃癌	尉官	温床	温度	温覚	文化	文界	文科	文庫
文盲	文明	紋章	握力	无産	无機	武具	武者	舞台	舞踊
物心	物語	物質	物種	誤審	誤訳	誤診	夕顔	西欧	吸茶
析出	犠牲	習癖	喜劇	系列	系統	細胞	細部	細菌	蝦夷
下顎	下級	下略	下線	下野	下肢	夏期	先進	先刻	先天
繊維	舷門	現代	現行	現況	現実	現勢	現象	現像	現状
線画	憲兵	憲法	腺毛	腺体	相対	象征	消毒	消極	硝酸
硝烟	小型	小著	校区	校庭	校長	笑劇	効果	効用	協会
協約	纈草	心材	心像	心状	新潮	新劇	新派	新知	新種
新宗	信号	信念	信用	星章	刑事	興奮	幸福	幸運	性別
性向	性欲	胸壁	胸像	休戦	宿舎	宿主	嗅覚	虚線	序幕
緒言	蓄電	宣誓	旋律	旋盤	選砿	選良	選手	選者	衒学
靴音	学窓	学費	学風	学会	学級	学界	学科	学理	学歴
学齢	学名	学年	学士	学説	学位	血清	血統	勲記	勲章
旬刊	訓話	馴鹿	遜色	圧迫	圧縮	亜科	亜門	亜欧	亜鉛
岩波	塩酸	眼窩	演出	演技	演説	演壇	演題	演者	演奏
洋灯	洋服	洋傘	洋装	養分	養料	要点	要件	要石	要素
要項	要因	野辺	野薊	野莓	野球	業績	叶柄	夜会	夜着
液体	液状	腋生	一括	一興	医員	移行	遺伝	遺品	遺贈
義務	義足	芸妓	芸術	刈萱	議案	議席	議員	議長	異臭
異性	訳筆	訳稿	訳詩	訳述	訳載	翌年	翌周	意力	意識
意訳	因数	因子	音符	音階	音色	音訳	銀幕	引力	飲料
印画	印象	英領	桜草	蛍篭	営養	営業	映写	硬化	用具

用量　用役　優麗　優勝　優勢　優秀　郵船　游離　有機　右傾
右翼　幼虫　誘拐　余白　魚飯　漁場　雨蛙　語根　語彙　語学
語原　芋虫　浴場　欲望　裕福　元禄　元素　原典　原料　原人
原始　原素　原型　原則　原著　原状　原作　円舞　月界　月刊
運動　雑多　雑婚　雑誌　雑質　再版　再現　早期　造花　噪音
搾乳　債券　債務　粘力　粘土　展開　展覧　展望　嶄新　占領
占有　戦記　戦況　戦線　戦野　戦友　張力　長唄　昭和　沼沢
照尺　朝顔　哲学　真空　真髄　診断　枕木　陣地　陣容　震顫
震域　鎮痛　蒸発　蒸溜　整形　正比　正常　正規　正確　正則
正座　証券　政策　政党　政敵　政見　政界　政局　政客　政庁
政友　政戦　政争　政治　支部　支点　支隊　支配　支線　知覚
直伝　直感　直観　直航　直後　直覚　直接　直系　直訳　職工
植（殖）民　指標　指命　指針　制版　制汗　制帽　制品　制図
制約　質点　中本　中点　中将　中量　中略　中尉　中性　中音
中佐　終点　終結　終刊　種差　種皮　種族　重力　重量　周間
周刊　昼顔　主筆　主潮　主催　主導　主点　主動　主都　主観
主力　主任　主題　主体　主我　主席　主眼　主義　主因　主旨
主著　助教　注射　柱状　祝炮　祝日　祝宴　転載　装甲　装置
壮挙　壮美　撞球　着物　姿勢　資本　資料　子房　自動　字幕
漬物　宗教　綜錯　綜合　総局　総体　総長　縦隊　組成　組合
組織　最中　左派　左傾　左翼　佐官　作風　作品　作物　座長

三字　（1498）

阿仙薬　愛国心　安息日　暗褐色　暗紅色　暗示性　暗紫色
八字須　把握力　白兵戦　白樺派　白南天　白熱点　白熱度
白熱化　白檀油　白装束　百合科　百日草　百日咳　拝火教
拝物狂　敗残者　半病人　半世紀　半透明　半意識　半音階
半制品　傍聴席　薄荷脳　保管証　保護者　保守党　飽和色
報告書　爆発力　爆発性　爆裂弾　卑俗化　北欧人　背教者
被害者　被虐者　被選者　被造物　本部長　本年度　本願寺
鼻眼鏡　筆竜胆　必然性　閉鎖機　避雷針　弁護士　弁証法
便宜上　変装術　標準化　驃騎兵　表現法　別動隊　別世界

別問題	兵児帯	兵器廠	兵学校	兵站部	病理学	病原菌
波状線	博覧会	博識家	博物家	博物学	哺乳瓶	不成立
不承認	不徳義	不定形	不規則	不健康	不健全	不経済
不利益	不名誉	不明朗	不平家	不熱心	不人情	不適当
不適応	不条理	不同意	不一致	不正確	不忠実	不作為
猜疑心	財政家	財政界	財政庁	財政学	裁定官	裁判長
裁判官	裁判所	採配蘭	参考書	参事会	参議員	参政権
側線法	策源地	測地学	産出地	産褥熱	産業者	懺悔録
長広舌	長期間	長時間	長椅子	長音階	常設館	倡導者
超現実	超自然	朝鮮薊	陳列窓	成年期	成年者	成熟期
懲治監	吃音派	赤十字	赤衛軍	赤芽柏	抽象化	抽象論
愁嘆場	出版界	出版社	出版所	出版物	出版者	出発点
出身者	出生地	出世作	除虫菊	除幕式	処女地	処女作
創刊号	創造性	創作家	創作物	春宮坊	唇形花	唇形科
純精神	純文学	純物質	純芸術	慈善会	慈善家	次中音
従業員	従業者	催眠剤	催眠術	催眠薬	催吐薬	催淫薬
存在者	大本営	大変動	大変事	大部分	大打撃	大都市
大多数	大工場	大国民	大和心	大和煮	大回転	大会社
大機械	大機運	大恐慌	大口魚	大森林	大勝利	大時代
大使館	大事件	大試験	大通人	大統領	大新聞	大学生
大学校	大学院	大学者	大原野	大衆性	大資本	大自然
代表権	代表作	代理店	代理人	代名詞	代用品	担任者
単純化	単税論	単元性	単子葉	淡黒色	蛋白質	誕生地
当事者	党派心	党派性	導火線	道徳律	道徳性	灯台草
灯台守	低能児	敵対者	抵抗力	地動説	地方色	地理学
地下茎	地下室	地下水	地震学	地質学	逓信省	第六感
第三党	第三紀	第三者	第一期	癲狂院	電磁波	電話機
電話口	電話線	澱粉質	雕刻家	釣鍾草	調色板	調味料
蝶形花	定期市	東半球	東洋風	東洋学	動物界	動物学
動物園	都会人	都市風	毒瓦斯	独裁期	独裁者	独創力
独創性	独立国	独立心	独自性	読者層	短距離	短期間
短時間	短時日	短音階	断末魔	断頭台	鍛冶場	対位法

多方面	多年草	多年生	多趣味	多数党	悪感情	悪魔性
多数者	多血質	多様化	堕落者	悪感情	悪魔性	悪趣味
悪影響	児童画	二部作	二年生	発電所	発動機	発行所
発明家	発起人	発信人	法理学	法律家	蕃瓜樹	反対党
反対論	反対者	反革命	反射鏡	反射炉	反射性	汎神論
販売品	方法論	防腐剤	防水布	妨害者	非国民	非合理
非人格	非文化	非戦論	飛行機	肺壊疽	肺結核	分類学
分離派	分泌物	分析法	分業化	分業者	雰囲気	風吹雪
風景画	風俗画	風俗劇	風信子	諷刺画	福寿草	付属品
副産物	副知事	副作用	婦人語	複雑性	改進党	改宗者
甘味剤	柑皮症	感化院	感覚論	感受性	感嘆詞	高等官
高等科	高等係	高調子	高架橋	高圧線	告白録	革命党
革命歌	革命家	革命軍	革命性	革命者	革新者	个性化
根拠地	工場法	工業化	工芸品	工作場	公会堂	公刊物
公民権	公使館	公証人	共産党	共感性	共和党	共和国
共和歴	共和制	共済会	共鳴器	共通点	共通性	共同体
枸櫞酸	構想力	構造式	古典劇	古賀液	古文学	官僚派
官僚式	関係者	観察眼	観念論	管理人	管弦楽	管状花
光琳派	広告費	帰納法	鬼千匹	桧皮色	貴婦人	貴族制
国際法	国際歌	国際間	国際性	国民軍	国民性	囯権党
果樹園	過渡期	過激派	海岸線	海軍部	海泡石	海人草
含油率	寒暖計	漢方薬	漢方医	行進曲	行政官	航海術
好成績	禾本科	合評会	合適性	和大黄	和漢薬	鶴嘴働
黒死病	后頭部	候補生	護民官	花剛石	花山院	滑稽劇
化合物	化学家	壊血病	緩下剤	換気法	黄金比	揮発性
揮髪油	回教徒	回数券	回想録	茴香精	茴香油	会議所
絵空事	混合酒	混合物	混血児	活動家	活人画	活社会
火酒灯	火山脈	火曜日	基礎剤	機関車	機関誌	機械化
機械力	機械論	機械学	積極性	極左党	集合地	集合体
技巧派	技術者	計量器	計算尺	紀行文	紀念碑	紀念日
紀元前	記念碑	記念物	記憶力	寄宿舎	加工品	加盟者
加速度	家庭劇	家政婦	検査官	検温器	減摩油	簡易化

建設者	建造物	建築家	建築物	健胃剤	鑑定人	講演者
講義録	降神術	交換手	交際場	交際家	交際式	交尾期
交響楽	角質層	矯臭剤	教会堂	教科書	教育家	教育界
教育学	教育者	接触点	階級性	階級戦	結婚式	解決者
解剖学	戒厳令	金曜日	金魚鉢	金字塔	緊張力	近代化
近代劇	近代詩	近縁種	浸出液	進化論	経済家	経済界
経済学	経済戦	経世家	精神病	精神界	精神力	精神史
井上勤	警保局	警察官	警察署	警察庁	警察医	警戒線
警視庁	警庁長	浄罪界	静物画	境界線	競争心	競走場
九柱戯	久保田	旧世界	旧文化	圧搾機	圧制者	具体化
具体性	倶楽部	劇作家	巻袖縄	巻揚機	決定論	決断力
決算期	決算書	決議案	絶対境	絶対美	絶対派	絶対善
絶対者	君影草	軍国化	軍用語	軍楽隊	峻下剤	開会式
開拓者	凱旋門	刊行物	看護兵	看護婦	看護士	看守人
看守者	考察法	科学化	科学家	科学者	殻斗科	可能性
可逆性	可燃性	客観性	口中薬	苦味薬	酷評家	誇張法
快男児	狂信者	闊叶樹	来年期	浪費者	浪漫派	浪漫者
労働党	労働力	労働日	労働者	老大家	肋膜炎	類人猿
類似点	冷蔵庫	黎明期	礼拝式	理髪店	理髪師	理化学
理論家	理事会	理想化	理想家	理想境	理想狂	理想論
理想派	理想郷	立脚点	立体派	利尿薬	歴史観	歴史画
歴史家	歴史論	歴史上	歴史譚	歴史学	両極端	両棲類
劣敗者	劣等化	隣人愛	臨時会	留学生	流動性	流行児
流行語	硫黄華	竜騎兵	陸軍部	陸戦隊	鹿児島	卵円形
倫理学	論理法	論理学	羅馬人	羅生門	旅行記	旅行家
麻酔剤	麻酔性	馬鈴薯	蔓竜胆	漫画家	慢性病	盲腸炎
毛筆画	冒険家	冒険譚	没常識	媒介物	媒介者	媒染剤
美容院	美術館	美術家	美術品	美術史	美文家	美文学
猛毒性	梦想家	梦游病	泌尿器	免疫性	民間薬	民事法
民友社	民衆劇	民主党	民主化	民族性	敏腕家	模倣説
模造品	魔術師	黙示録	母性愛	木版画	木犀草	木曜島
木曜日	目的地	目的物	募金局	耐久力	男欧人	脳貧血

脳神経	内容美	内生活	内務省	内用薬	逆比例	逆光線
黏滑液	黏液質	農産物	農民会	農学校	農学者	農業国
農作物	女生徒	女性美	女学校	女主人	欧洲人	爬虫類
排泄物	派出所	判断力	判決書	判決文	培養基	配糖体
噴火口	噴火山	批判力	批評家	皮膚科	片仮名	片栗粉
貧民窟	平安朝	平仮名	平均点	平面化	評論家	評釈者
評議会	破壊力	破壊性	破壊者	普遍化	普遍性	普通人
普通日	七里靴	企業家	起重機	気管支	気象学	前哨戦
前時代	前世紀	前舞台	前意識	潜水艇	遣唐使	強心剤
薔薇科	勤務兵	勤務軍	青年期	青年団	青叶城	清教徒
清算人	請求書	請願人	親和力	求心力	駆虫剤	全人類
全生涯	全盛期	全速力	全体論	全系列	全音階	拳斗家
確実性	熱心家	人格化	人間性	人類愛	人類学	人力車
人生観	人事界	人頭税	人文史	人物評	人種学	忍耐力
認識論	日本風	日本海	日本式	日本語	日曜日	日用品
日章旗	栄養分	溶砿炉	肉桂色	肉親愛	肉体美	乳母車
撒水車	三部作	三次元	三等分	三多港	三角筋	三角台
三稜鏡	三年生	三色旗	散兵線	散瞳薬	散文詩	色情狂
殺虫剤	殺菌剤	殺鼠剤	山独活	煽動家	商店街	商品化
上級生	上落合	少年期	少数党	少数派	奢侈品	社会党
社会悪	社会化	社会劇	社会人	社会性	社会学	社交家
社交界	社寺局	設計図	神経痛	神経系	神経性	神経質
神学者	審査官	審査員	審美学	生産力	生産品	生産者
生存権	生活法	生活費	生活力	生活難	生活体	生醤油
生理学	生命感	生命力	生物界	生物学	生殖器	声明書
声請書	声楽家	昇降機	昇降口	勝利者	失業者	失楽園
十字花	十字軍	石版画	石炭酸	実行力	実際家	実見者
実権者	実人生	実社会	実生活	実世間	実世界	実務家
実業家	実在性	食道楽	食料品	食肉類	食堂車	時代劇
時代史	時代相	時間表	始発点	世紀末	世界観	世界史
世界語	市街戦	市女笠	市政庁	事実上	事務家	事務室
事務所	事務員	事業家	事業者	室内楽	視神経	嗜好品

試験場	試験管	試験所	試験紙	適応性	手風琴	手工業
手榴弾	受信人	抒情詩	書記長	書記局	書簡文	輸出額
輸出品	輸出入	輸入品	双子葉	水兵帽	水彩画	水晶体
水圧機	水力学	水平器	水平線	水溶液	水曜日	水蒸気
水族館	司令部	司令官	私生児	私生子	思想家	思想界
思想劇	死亡率	四次元	四条派	松叶杖	速記録	速記者
砕冰船	砕砿機	所有権	所有者	太陽系	弾力性	弾薬箱
探海灯	唐大黄	糖尿病	特殊性	特効薬	特異性	特有性
提琴家	体温計	天保銭	天理教	天然痘	天然界	天堂界
天文台	天文学	鉄格子	鉄条網	聴講生	聴覚器	停車場
停留場	通風機	通行人	通経剤	通俗化	通信員	通用語
通有性	同胞愛	同級生	同時代	同性愛	同一法	同一性
同義語	同族体	童話劇	統計学	統治権	統治者	投機家
投機心	投機者	投射機	頭蓋骨	頭状花	透視法	突撃隊
突進性	図書館	徒刑囚	土壌学	土曜日	退化児	退嬰家
外光派	外交官	外交家	外交団	外用薬	完全品	万年筆
万叶集	危険性	微生物	唯理論	唯美派	唯物論	唯心論
委任状	委員長	委員会	偽善者	未成年	未成品	未発表
未開国	未来派	未知数	衛生隊	衛生課	衛生員	温泉場
文筆家	文部省	文化人	文化史	文学部	文学会	文学家
文学界	文学論	文学史	文学者	文芸家	文芸欄	文芸者
問答法	問題劇	問題作	烏帽子	無産者	無党派	無抵抗
無感覚	無患子	無教育	無批判	無神論	無生物	無条件
無政府	無秩序	無宗教	五加科	午餐会	武士道	舞台面
勿忘草	物理学	西欧人	西洋紙	吸入薬	吸血鬼	犠牲者
喜歌劇	喜望峰	細工人	下顎骨	下級生	夏帽子	夏水仙
先進国	先進者	先駆者	先史期	閑事業	現代化	現代劇
現代人	現代文	現行犯	現実化	現実家	現実界	現実性
腺病質	相対論	香味料	想象力	向導者	象牙塔	象征派
肖像画	消費者	小道具	小劇場	小品文	小人物	小商人
小市民	小学校	小夜曲	脅本陣	斜体字	纈草根	写生文
写実家	写実性	写真地	謝肉祭	瀉下薬	心理学	辛味料

新大陸	新発見	新発明	新紀元	新教徒	新教育	新階級
新歷史	新批評	新傾向	新生活	新生面	新生命	新時代
新思潮	新天地	新文化	新聞社	新小説	新造語	新宗教
刑事法	刑務所	形容詞	形式法	形式論	形式美	幸福者
幸運児	性行為	興奮剤	修辞法	修道女	修道院	宿根草
宿命観	宿命論	虚栄心	虚無党	叙事詩	蓄電池	旋盤廠
旋盤工	選挙区	学士院	学院派	雪割草	巡洋艦	亜鉛板
言語学	研究会	塩基物	演劇化	演繹法	演奏者	硯友社
厭生家	厭世観	厭世家	燕雀類	燕尾服	験温器	洋楽器
養蜂場	様式化	要注意	薬剤師	薬局方	薬理学	薬物学
薬学会	野心家	夜学校	一般化	一等国	一等星	一里塚
一幕物	一年草	一年生	一人称	一時期	一系列	一元論
一周間	一転機	衣食住	医学家	医学校	医薬品	遺伝性
異教徒	異性体	異種人	義太夫	義務者	義勇兵	義勇軍
音響学	音楽会	音楽家	陰萎症	銀行家	引赤薬	飲食店
印刷局	印刷品	印象派	英文学	英雄譚	営養品	影戲院
影響力	映画劇	永遠性	用度品	優越性	郵便箱	郵信夫
游歩場	游撃隊	游牧民	游芸者	游走腎	有産者	有害者
有機体	右衛門	右旋性	幼稚園	魚市場	宇宙観	宇宙人
語構成	育児院	元老院	元日草	円錐形	原産地	原動力
原稿紙	原始人	原形質	園游会	遠近法	月桂冠	月見草
月経痛	月世界	月下香	月曜日	越年草	楽天家	伝令使
伝染性	伝統性	芸術観	芸術化	芸術家	芸術界	芸術論
芸術美	芸術派	芸術品	芸術史	芸術性	芸術学	芸術眼
運動場	運動会	運動家	運根鈍	雑記簿	雑木林	再評価
再入学	賛美歌	沢桔梗	責任者	粘液質	展覧会	戦斗力
戦利品	戦線隊	戦争画	張本人	召集令	遮蔽物	哲学家
哲学史	哲学者	真善美	真実性	針叶樹	診断書	鎮痙薬
鎮静剤	鎮咳剤	鎮痛剤	鎮痛薬	蒸馏水	蒸気力	正反対
正会員	正統派	正義感	正円形	政略家	政治家	政治学
証明書	支持者	支配力	支配権	支配人	支配者	支庁長
知識欲	脂肪酸	脂肪油	植民部	植民地	植物界	植物性

殖民地	職業者	指導者	指揮刀	指揮官	指針盤	紙障子
制薬師	制薬室	治罪法	致命傷	智識者	中国語	中間層
中間派	中間期	中立国	中流人	中生代	中世紀	中童子
中西部	中心地	中学生	中学校	忠実心	鍾状花	重要性
衆議院	諸流派	逐字訳	主産地	主成分	主力軍	主権者
主人公	主戦論	住居国	注意力	著作者	鋳型師	専売局
専売品	専門家	転換期	装身具	装飾品	壮年期	撞球場
滋養分	滋養料	資本家	資本金	資本論	資産家	紫外線
自動車	自負心	自己愛	自己流	自然児	自然法	自然界
自然力	自然律	自然美	自衛団	自由党	自由画	自由論
自由民	自治体	自転車	自尊心	宗教画	宗教家	宗教劇
宗教性	宗務院	総攻撃	総選挙	卒業者	組織化	組織力
組織体	最大級	最大限	最高峰	最前列	最小限	最新式

四字 （773）

愛国主義	愛他主義	安寧秩序	安全地帯	安楽椅子	白色人種
百科辞典	百科全書	敗北主義	半神半人	保守主義	保険会社
報告文学	悲観論者	北欧神話	被覆材料	被子植物	比較多数
比較研究	必要条件	便宜本位	表現主義	冰河時代	博愛主義
哺乳動物	不可知論	不売同盟	材料本位	財政大臣	財政危機
財政学家	財政総長	測量器械	産業革命	産業主義	長路競走
常夏之国	朝日新聞	出版機関	初等教育	吹奏楽器	純芸術品
慈善病院	慈善事業	雌雄淘汰	雌雄異株	従軍記者	大黒帽子
大滑稽家	大化改新	大量生産	大事業者	大学総長	大言壮語
大英帝国	大芸術家	大衆文学	大衆運動	大衆作家	大資本家
耽美主義	徳川幕府	登場人物	地下鉄道	地主階級	帝国大学
帝国劇場	帝国文学	帝国主義	帝政時代	第二革命	第三階級
第四階級	第一人者	第一速力	第一原因	電気鉄道	東洋風物
独立不羈	独立宣言	独立運動	独立戦争	独善主義	読売新聞
対症療法	多種多様	悪魔主義	児童文学	二等大尉	二月革命
二重人格	発表機関	発売禁止	発音器官	反芻動物	反対論者
反革命家	方向転換	放任主義	非常手段	非人間性	非戦闘員

非戦論者	非戦文学	非職教授	封建時代	封建制度	封建主義
風俗小説	婦人公論	改良主義	感覚器官	感情教育	感情移入
高等動物	高等教育	高等試験	高等数学	高等学校	高等中学
革命文学	革命運動	革命戦線	革命政府	革新論者	個人主義
個体発生	根本精神	工業化学	工業学校	公共事務	公民教育
功利主義	攻守同盟	共産主義	共同経営	共有財産	構成主義
購売組合	古典建築	古典文学	古典主義	古典作家	古生花被
固形培養	固有名詞	寡頭政治	官僚生活	官僚政府	官僚政治
関税同盟	観念論者	観念形態	貴族主義	国会議員	国際会議
国際問題	国家機関	国家経済	国家主義	国家資本	国立劇場
国立銀行	国民経済	国民文学	国民議会	国民主義	国務大臣
行動主義	合法則性	合理主義	紅藻植物	後方勤務	後生花被
湖畔詩人	戸外運動	化学薬品	懐中電灯	黄金時代	回旋運動
機関雑誌	機会均等	機械工業	機械文明	急進主義	急転直下
脊椎動物	既成作家	祭政一致	加水分解	家庭教師	家宅捜索
家族制度	家族主義	間接射撃	検事総長	漸進論者	講和条約
焦熱地獄	教授小説	教育機器	教育総長	階級闘争	階級構成
階級国家	階級社会	階級文化	階級心理	階級意識	階級意欲
階級芸術	階級政党	街頭演説	解放戦争	金権政治	金融資本
筋肉感覚	筋肉労働	近代社会	近代思想	近代文学	近江八景
近世文学	進歩主義	進化段階	禁欲主義	経済政策	経理部長
精神病学	精神病院	精神分析	精神労働	精神生活	精神文明
精神主義	精神作用	競争試験	圧縮作用	局所麻酔	絶対必要
絶対創造	絶対多数	絶対理念	絶対無限	絶対主義	絶対自由
絶縁材料	君権主義	軍法会議	誇大妄想	苛性加里	科学小説
客観描写	客観主義	空理空論	誇大妄想	快楽主義	浪漫主義
労働運動	労働組合	労働階級	労働組合	労農政府	労資衝突
類似療法	冷酷無情	理論闘争	理論戦線	理想主義	理学博士
理智文学	立憲政治	利己主義	利他主義	歴史画家	歴史趣味
歴史文学	歴史小説	歴史哲学	隷属階級	鎌倉時代	恋愛関係
臨床医学	臨時政府	六号活字	六十余州	陸軍部員	陸軍総長
裸子植物	落葉灌木	落葉喬木	落葉松属	落葉松薹	落葉藤本

盲唖学校	冒険小説	没食子酸	毎日新聞	美辞麗句	美的感情
美的快感	美術学校	朦朧状態	泌尿器科	秘密警察	描写音楽
民本主義	民事法廷	民治主義	民衆芸術	民主政治	民主主義
民族文化	明治天皇	明治維新	末梢神経	母性本能	目的意識
奈良人形	男女共学	南北戦争	南洋風物	内部生活	内部生命
内面生活	内務大臣	内務総長	能動意識	擬古典派	農民階級
農民文学	農民運動	農奴解放	農業学校	奴隷制度	暖房装置
女子大学	偶像破壊	拍手喝采	炮煙弾雨	皮下註射	平等主義
平和会議	平和条約	平和主義	平面描写	平民主義	普通教育
普通選挙	七年戦争	七月革命	啓蒙思想	契約関係	前衛階級
潜在内容	潜在能力	潜在意識	強迫観念	強制労働	勤労大衆
勤労階級	慶応医学	全部動員	全権大使	権力意志	群集心理
熱帯植物	人道主義	人格主義	人間本位	人口問題	人類歴史
人民委員	人権蹂躙	人身攻撃	人文主義	人種差別	認識不足
日本主義	日常茶飯	揉烏帽子	肉食動物	肉穂花序	三段論法
三国同盟	三面記者	三月革命	色彩本位	山東問題	商業道徳
商業都市	商業学校	商業主義	商業資本	上部構造	上層階級
上流階級	上流社会	尚古主義	社会道徳	社会集団	社会科学
社会生活	社会問題	社会現象	社会小説	社会心理	社会学部
社会運動	社会政策	社会制度	社会秩序	社会主義	社会組織
身体検査	神経過敏	神経衰弱	神経系統	神経興奮	神経組織
神秘主義	神明本位	神聖家族	生産関係	生産機具	生存競争
生地壁画	生活感情	生活環境	生活態度	生活様式	生活戦線
生理活動	生理学家	生理作用	生命保険	生体解剖	生殖機関
剰余価値	屍山血河	師範学校	十二使徒	十二月党	十月革命
十字花科	十字勲章	石板印刷	石器時代	実地調査	実地考察
実地試験	実地研究	実科学校	実業学校	実用本位	実証主義
食用植物	時代精神	時代思潮	時代小説	時事新報	士官学校
氏族制度	示威運動	世界大戦	世界革命	世界経済	世界文化
市街電車	市況調査	市民階級	市民戦争	侍従武官	室内装飾
視覚器官	勢力範囲	手工業者	授業時間	水力発電	私有財産
思想本位	思想系統	思想戦線	四民平等	寺院建築	訴訟事件

瑣末主義	太政大臣	特派大使	特権階級	天路歴程	鉄道馬車
聴覚器官	同類療法	同盟罷工	同盟罷業	統一戦線	統治権者
投機事業	投資市場	外部寄生	外国貿易	外国資本	外科療法
外科手術	万有神道	王政維新	危険思想	唯美主義	唯物論者
唯物史観	唯物主義	唯心史観	未来永劫	未来主義	衛生次長
衛生隊員	衛生監督	衛戍病院	温情主義	文化闘争	文化革命
文化工作	文化生活	文化世界	文化事業	文化水準	文化運動
文化戦線	文明批評	文学博士	文学青年	文学系統	文学芸術
文芸復興	文芸批評	文芸戦線	文芸政策	文章世界	無産階級
無神論者	無為徒食	無限軌道	無線描法	無政府党	五倍子虫
五体不全	五月革命	武断政治	武門武士	舞台監督	舞台効果
舞台芸術	舞台装置	物質代謝	物質文化	物質文明	物質主義
西部戦線	西洋事情	吸血蝙蝠	襲撃隊員	系統発生	下卑根性
下部構造	下層階級	下層社会	下等動物	下等社会	下瀬火薬
下流社会	顕在内容	顕在意識	現実世界	現実主義	現状維持
相互扶助	相互組合	相互作用	享楽主義	象牙之塔	象徴主義
消費組合	消化不良	硝煙弾雨	小学教育	小資本家	協同戦線
協同組合	写実小説	写実主義	心境小説	心理描写	心理小説
心理学家	心理学者	心理作用	心臓麻痺	新陳交謝	新感覚派
新古典派	新婚旅行	新技巧派	新進作家	新聞記事	新聞記者
新聞小説	新興階級	新興文学	信仰告白	刑事裁判	形而上学
形式主義	性格描写	胸甲騎兵	休憩時間	修学旅行	嗅覚器官
虚无主義	虚心坦懐	宣伝機関	宣戦布告	学生運動	学士院賞
学位論文	血清註射	血液循環	亜麻仁油	言語構成	言語学家
厭世主義	揺籃時代	薬理作用	薬用植物	野戦病院	意識形態
意志薄弱	義務教育	因果関係	音楽学校	印象批評	印象主義
英雄崇拝	英雄主義	営利主義	優勝劣敗	遊撃隊長	遊撃隊員
有産階級	有毒植物	有機化学	有色人種	有史以来	有閑階級
幼年時代	娯楽機関	語尾変化	御用記者	御用商人	原始社会
原始時代	原始宗教	越後獅子	楽天主義	伝統主義	芸術本位
芸術都会	芸術劇場	芸術理論	芸術批評	芸術評論	芸術生活
芸術価値	芸術文学	芸術問題	芸術学校	芸術意欲	芸術運動

芸術戦線　芸術中枢　芸術中心　芸術作品　運動競技　運動中枢
運命論者　造形美術　造形芸術　沢庵漬物　戦闘単位　帳場格子
折衷主義　哲学系統　真勇主義　針葉樹林　正面衝突　政治闘争
政治革命　政治教育　政治運動　政治哲学　支配階級　知覚器官
脂肪組織　直接行動　殖民政策　職業軍人　職業組合　指導原理
智（知）識分子　智（知）識階級　製造業者　中産階級
中間階級　中心人物　中央公論　中央機関　中央集権　種種雑多
竹節人参　主観主義　専売局長　専門教育　専門学校　専制君主
専制政治　専制主義　装飾美術　状態変化　資本市場　資本王国
資本制度　資本主義　資産階級　自給自足　自己保存　自己否定
自己告白　自己観察　自己満足　自己矛盾　自己批判　自己紹介
自己犠牲　自己意識　自来水管　自然発生　自然法則　自然科学
自然描写　自然神教　自然淘汰　自然現象　自然主義　自由奔放
自由行動　自由競争　自由世界　自由意志　自由運動　自由主義
自伝小説　宗教改革　宗教哲学　宗務会議　総理大臣　最大限度
最短距離　最高機関　最後通牒　尊王開国　尊王攘夷　左翼戦線
作戦計画

五字（114）

被搾取階級　弁証法論者　超自然主義　創造的進化　春機発動期
大金融資本　地方事務官　帝政主義者　定期刊行物　二十四時間
法律事務所　反資本主義　非資本主義　高等女学生　高等女学校
革命裁判所　革命策源地　共産党宣言　共和主義者　古生花被類
国会議事堂　国立博物館　国立出版局　国立出版所　国立歌劇場
国立美術館　国立美術院　国立音楽院　後生花被類　機械産業者
家屋委員会　教育委員会　精神物理学　旧支配階級　局所麻酔剤
軍国主義者　快楽主義者　労働者階級　労働組合員　労働者組合
歴史小説界　利子生活者　歴史方法論　歴史哲学者　馬鈴薯澱粉
民衆芸術家　民主主義者　女性労働者　女子大学生　貧窮問答歌
平行四辺形　平面描写論　気管支肺炎　人道主義者　人身保護令
日本薬局方　三段論法派　色情狂主義　商務印書館　商業会議所
社会的存在　社会革命党　社会民主党　社会生物学　社会運動家

神経衰弱症　生殖器崇拝　十二指腸虫　十重二十重　実験心理学
士官候補生　枢密顧問官　特別委員会　田園交響楽　投機防止局
万国博覧会　王立美術院　衛生局監督　衛生試験所　衛生予防具
文学研究会　文学戦線派　無産者戦線　無抵抗主義　無条件降伏
無線電話機　無政府主義　無政府状態　先進文明国　相対性原理
小姑鬼千匹　小官僚階級　小市民階級　小手工業者　小資産階級
写実主義者　心理治療法　新古典主義　新経済政策　新理想主義
新自由主義　虚無主義者　尋常小学校　有産階級性　執行委員会
治安警察法　中央委員会　資本主義者　自動調節機　自動音楽機
自然的態度　自由思想家　自由主義者　最大限度派

六字及以上（11）

不等辺平行方形　非資産階級主義　国際労働者階級
国立学術委員会　基督教社会主義　社会主義共和国
无産者教育機関　資産階級文学者
無産階級作家同盟　最高美術教育機関
国際社会主義者会議

参考文献

A. 专著

中文

阿英，2009，《晚清小说史》，江苏文艺出版社。

北京师范学院中文系汉语教研组编，1959，《五四以来汉语书面语言的变迁和发展》，商务印书馆。

常晓宏，2014，《鲁迅作品中的日语借词》，南开大学出版社。

陈福康，2000，《中国译学理论史稿（修订本）》，上海外语教育出版社。

陈红，2019，《日语源语视域下的鲁迅翻译研究》，浙江工商大学出版社。

陈力卫，2019，《东往东来：近代中日之间的词语概念》，社会科学文献出版社。

程湘清，1992，《汉语研究》，山东教育出版社。

［日］川濑生郎，2015，《日语教育学概论》，王宝锋译，北京大学出版社。

崔山佳，2004，《近代汉语语法历史考察》，崇文书局。

刁晏斌，2007，《初期现代汉语语法研究（修订本）》，辽海出版社。

董炳月，2012，《同文的现代转换：日语借词中的思想与文学》，昆仑出版社。

方卫平，2015，《法国儿童文学史论》，湖南少年儿童出版社。

冯天瑜，2004，《新语探源：中西日文化互动与近代汉字术语生成》，中华书局。

冯自由，1981，《革命轶史》（第 4 集），中华书局。

高名凯、刘正埮，1958，《现代汉语外来语研究》，中国文字改革出版社。

高名凯，1957，《普通语言学》，新知识出版社。

顾钧，2009，《鲁迅翻译研究》，福建教育出版社。

郭沫若，1979，《文艺论集续集》，人民文学出版社。

韩迪厚，1969，《近代翻译史话》，辰冲图书公司。

贺阳，2008，《现代汉语欧化语法现象研究》，商务印书馆。

洪汛涛，2014，《洪汛涛论童话》，海豚出版社。

胡从经，1982，《晚清儿童文学钩沉》，少年儿童出版社。

胡适，1998，《胡适文集》（第 3 集），北京大学出版社。

胡适，1935，《中国新文学大系·建设理论集》，上海良友图书公司。

黄伯荣，1997，《现代汉语（增订二版（下））》，高等教育出版社。

蒋风韩进，1998，《国儿童文学史》，安徽教育出版社。

［日］芥川龙之介，2008，《芥川龙之介精选集》，高慧勤等译，北京燕山出版社。

［日］芥川龙之介，1997，《罗生门》，林少华等译，漓江出版社。

金昌吉，1996，《汉语介词和介词短语》，南开大学出版社。

金兆梓，1955，《国文法之研究》，中华书局股份有限公司。

黎锦熙、刘世儒，1959，《汉语语法教材第 2 编：词类和构词法》，商务印书馆。

李国涛，1986，《STYLIST：鲁迅研究的新课题》，陕西人民出版社。

李寄，2008，《鲁迅传统翻译文体论》，上海译文出版社。

李颖玉，2012，《基于语料库的欧化翻译研究》，复旦大学出版社。

李运博，2006，《中日近代词汇的交流：梁启超的作用与影响》，南开大学出版社。

李长之，2003，《鲁迅批判》，北京出版社。

连燕堂，2000，《从古文到白话：近代文界革命与文体流变》，中央民族大学出版社。

梁启超，1989，《饮冰室合集》，中华书局。

刘凡夫、樊慧颖，2009，《以汉字为媒介的新词传播：近代中日间词汇交流的研究》，辽宁师范大学出版社。

［美］刘禾，2002，《跨语际实践：文学民族文化与被译介的现代性中国 1900—1937》，宋伟杰等译，生活·读书·新知三联书店。

刘进才，2007，《语言运动与中国现代文学》，中华书局。

刘宓庆，2005，《新编当代翻译理论》，中国对外翻译出版公司。

刘少勤，2004，《盗火者的足迹与心迹：论鲁迅与翻译》，百花洲文艺出版社。

柳和城，2011，《孙毓修评传》，上海人民出版社。

卢惠惠，2007，《古代白话小说句式运用研究》，学林出版社。

鲁迅博物馆鲁迅研究室编，2012，《鲁迅年谱长编第 1 卷（1881—1921）》，河南文艺出版社。

鲁迅，2005，《鲁迅全集》，《鲁迅全集》修订编辑委员会编，人民文学出版社。

鲁迅，2008，《鲁迅译文全集》，北京鲁迅博物馆编，福建教育出版社。

鲁迅，2009，《鲁迅著译编年全集》，王世家、止庵编，人民出版社。

陆俭明、李英，2014，《现代汉语词汇答问》，北京大学出版社。

罗大经，2012，《鹤林玉露》，上海古籍出版社。

罗慷烈，1963，《中学中文教学法（下篇）》，人人书局有限公司。

罗秀美，2005，《近代白话书写现象研究》，万卷楼图书公司。

罗志田，2003，《国家与学术：清季民初关于国学的思想论争》，生活·读书·新知三联书店。

吕叔湘，1955，《汉语语法论文集》，科学出版社。

吕叔湘、朱德熙，2002，《语法修辞讲话》，辽宁教育出版。

吕叔湘，1999，《现代汉语八百词（增订本）》，商务印书馆。

吕叔湘，1982，《中国文法要略》，商务印书馆。

［意］马西尼，1997，《现代汉语词汇的形成：十九世纪汉语外来词研究》，黄河清译，汉语大词典出版社。

茅盾，2009，《茅盾集》，花城出版社。

民国教育部中国教育年鉴编审委员会编，1934，《第一次中国教育年鉴》，开明书店。

［芬］明娜·康特，2007，《明娜·康特作品选》（第 2 部），余志远译，昆仑出版社。

倪宝元，1994，《大学修辞》，上海教育出版社。

潘允中，1982，《汉语语法史概要》，中州书画社。

彭定安，2005，《鲁迅探索》，辽宁人民出版社。

彭定安，2001，《鲁迅学导论》，中国社会科学出版社。

［日］森鸥外，1988，《舞姬》，隋玉林译，浙江文艺出版社。

申丹，2001，《叙述学与小说文体学研究》，北京大学出版社。

［日］沈国威，2010，《近代中日词汇交流研究：汉字新词的创制、容受与共享》，中华书局。

［日］实藤惠秀，2012，《中国人留学日本史（修订译本）》，谭汝谦等译，北京大学出版社。

［日］实藤惠秀，1944，《日本文化给中国的影响》，张铭三等译，新申报馆。

［日］实藤惠秀，1971，《明治时代中日文化的连系》，陈固亭译，台湾书局。

孙常叙，1956，《汉语词汇》，吉林人民出版社。

孙郁，2015，《民国文学十五讲》，山西人民出版社。

［日］太田辰夫，2003，《中国语历史文法》，蒋绍愚等译，北京大学出版。

谭汝谦，1980，《中国译日本书综合目录》，中文大学出版社。

［日］丸山升，2005，《鲁迅·革命·历史》，王俊文译，北京大学出版社。

王秉钦，2004，《20世纪中国翻译思想》，南开大学出版社。

王国维，1996，《王国维学术文化随笔》，佛雏编，中国青年出版社。

王宏志，2010，《翻译与文学之间》，南京大学出版社。

王宏志，1999，《重释信达雅：二十世纪中国翻译研究》，东方出版中心。

王家平，2018，《鲁迅译文全集翻译状况与文本研究》，社会科学文献出版社。

王力，1958，《汉语史稿》，科学出版社。

王力，1989，《汉语语法史》，商务印书馆。

王力，1985，《中国现代语法》，商务印书馆。

王力，1984，《中国语法理论（王力文集第一卷）》，山东教育出版社。

　　王泉根，1989，《中国现代儿童文学文论选》，广西人民出版社。

　　王向远，2007，《日本文学汉译史》，宁夏人民出版社。

　　王向远，1998，《中日现代文学比较论》，湖南教育出版社。

　　王向远，2018，《译文学：翻译研究新范式》，中央编译出版社。

　　王友贵，2005，《翻译家鲁迅》，南开大学出版社。

　　吴钧，2009，《鲁迅翻译文学研究》，齐鲁书社。

　　伍铁平，2006，《普通语言学概要（第二版）》，高等教育出版社。

　　谢六逸，1929，《日本文学史》，北新书店。

　　谢天振，1999，《译介学》，上海外语教育出版社。

　　谢耀基，1990，《现代汉语欧化语法概论》，光明图书公司。

　　熊月之，2011，《西学东渐与晚清社会（修订版）》，中国人民大学出版社。

　　徐烈炯、刘丹青，2003，《话题与焦点新论》，上海教育出版社。

　　徐时仪，2007，《汉语白话发展史》，北京大学出版社。

　　徐州师范学院中文系汉语教研组，1979，《语法基础知识》，江苏人民出版。

　　许寿裳，2006，《亡友鲁迅印象记》，上海文化出版社。

　　杨树达，2008，《高等国文法》，湖南教育出版社。

　　叶蜚声、徐通锵，2007，《语言学纲要》，北京大学出版社。

　　［日］伊藤虎丸，2000，《鲁迅与日本人：亚洲的近代与个"的思想》，李东木译，河北教育出版社。

　　［日］有岛武郎，2006，《致孩子》，文静译学林出版社。

　　于元根，1999，《语言哲学对话》，文化艺术出版社。

　　赞宁，1987，《宋高僧传》，中华书局。

　　张斌，2010，《现代汉语描写语法》，商务印书馆。

　　张静庐，2003，《中国近现代出版史料二编》，上海书店出版社。

　　张晓焱，2014，《儿童文学》，江苏大学出版社。

　　张之洞，1998，《劝学篇·外篇·游学第二》，中州古籍出版社。

　　张志公，1959，《汉语语法常识（改订版）》，上海教育出版社。

　　张中行，2001，《文言和白话》，中华书局。

　　赵景深，1934，《童话评论》，新文化书社。

［美］赵元任，1980，《中国话的文法》，中文大学出版社。

周光庆，2001，《汉语与中国早期现代化思潮》，黑龙江教育出版社。

周国伟，2006，《鲁迅与日本友人》，上海书店。

周作人，1957，《鲁迅的青年时代》，中国青年出版社。

周作人，2002a，《周作人自编文集·谈虎集》，止庵校订，河北教育出版社。

周作人，2002b，《周作人自编文集·苦竹杂记》，止庵校订，河北教育出版社。

周作人，2012，《周作人译文全集》第九卷，止庵编，上海人民出版社。

朱德熙，1982，《语法讲义》，商务印书馆。

朱一凡，2011，《翻译与现代汉语的变迁（1905—1936）》，外语教学与研究出版社。

朱自强，2015，《日本儿童文学导论》，湖南少年儿童出版社。

诸葛苹，2001，《汉俄语音对比实验研究》，南京大学出版社。

外文

［美］アン・Y・ハシモト，1988，『中国語の文法構造』，［日］中川正之、［日］木村英樹訳，東京：白帝社。

［日］池上嘉彦，1981，『「する」と「なる」の言語学：言語と文化のタイポロジーへの試論』，東京：大修館書店。

［日］大江三郎，1972，『日英語の比較研究』，東京：南雲堂。

［日］大野晋，2002，『日本語の教室』，東京：岩波書后。

［日］大野晋，1978，『日本語の文法を考える』，東京：岩波新書。

［日］大野晋，1999，『日本語はどこからきたのか：ことばと文明のつながりを考える』，東京：中公文庫。

［日］高野繁男，2004，『近代語の研究』，東京：明治書院。

［日］広瀬幸生，1997，『日英語対比——指定と照応と否定』，東京：研究社。

［日］荒川清秀，1997，『近代日中学術用語の形成と伝播：地理学用語を中心に』，東京：白帝社。

［日］吉武好孝，1959，『明治・大正の翻訳史』，東京：研究社。

［日］金田一春彦，1988，『日本語』，東京：岩波新書。

　　［日］金田一春彦，1991，『日本語の特質』，東京：日本放送出版協会。

　　［日］井上史雄，1998，『日本語ウォッチング』，東京：岩波新書。

　　［日］久野章，1978，『談話の文法』，東京：大修館書店。

　　［日］柳父章，1982，『翻訳語成立事情』，東京：岩波書店。

　　［日］柳父章，1981，『日本語をどう書くか』，京都：PHP 研究所。

　　［日］柳父章，2013，『未知との出会い：翻訳文化論再説』，東京：法政大学出版局。

　　［日］楳垣実，1975，『日英比較表現論』，東京：大修館。

　　［日］木坂基，1976，『近代文章の成立に関する基礎的研究』，風間書房。

　　［日］千葉謙悟，2010，『中国語における東西言語文化交流：近代翻訳語の創造と伝播』，東京：三省堂。

　　［日］森岡健二，1991，『近代語の成立（文体篇）』，東京：明治書院。

　　［日］森岡健二，1999，『欧文訓読の研究：欧文脈の形成』，東京：明治書院。

　　［日］山本正秀，1965，『近代文体発生の史的研究』，東京：岩波書店。

　　［日］山本正秀，1978，『近代文体形成史料集成・発生篇』，東京：桜楓社。

　　［日］山本正秀，1971，『言文一致の歴史論考』，東京：桜楓社。

　　［日］上野恵司，1979，『魯迅小説語彙索引』，東京：龍溪書舍。

　　［日］沈国威，1994，『近代日中語彙交流史：新漢語の生成と受容』，東京：笠間書院。

　　［日］寺村秀夫，1991，『日本語のシンタクスと意味』，東京：くろしお出版。

　　［日］益岡隆志・田窪行則，1992，『基礎日本語文法（改訂版）』，東京：くろしお出版。

　　［日］玉村文郎，1992，『日本語学を学ぶ人のために』，京都：世界思想社。

　　朱京偉，2003，『近代日中新語の創出と交流：人文科学と自然科学の専門語を中心に』，東京：白帝社。

［日］竹内好訳，2009，『魯迅文集（3）』，東京：筑摩書房。

［日］最所フミ，1977，『英語と日本語：発想と表現の比較』，東京：研究社。

［日］佐久間鼎，1995，『日本語の特質』，東京：くろしお出版。

Edward, G., 1991, *Rewriting Chinese: Style and Innovation in Twentieth-Century Chinese Prose*, Stanford: Stanford University Press.

Kubler, C. C., 1985, *A Study of Europeanized Grammar in Modern Written Chinese*, Taipei: Student Book Co.

B. 论文集

中文

艾伟，1984，《译学问题商榷》，中国翻译工作者协会、翻译通讯编辑部编《翻译研究论文集（1894—1948）》，外语教学与研究出版社。

胡明扬，2007，《语言接触和语言之间的相互影响》，薛才德主编《语言接触与语言比较》，学林出版社。

赵京华，2013，《活在日本的鲁迅》，寿永明、王晓初主编《反思与突破：在经典与现实中走向纵深的鲁迅研究》，安徽文艺出版社。

朱京伟，2011，《〈遐迩贯珍〉的词汇及其对汉语书面语的影响》，张西平、吴志良、彭仁贤编《架起东西方交流的桥梁：纪念马礼逊来华200周年学术研讨会论文集》，外语教学与研究出版社。

外文

宫島達夫，1967，「現代語いの形成」，国立国語研究所編，『言葉の研究（3）』，東京；秀英出版。

乾亮一，1974，「国語の表現に及ぼした英語の影響」，文化庁編，『複刻文化庁国語シリーズⅤ：外国語と日本語』。東京；信光社。

C. 期刊论文

中文

柴世森，1981，《"是……的"句初探》，《河北师院学报（哲学社会科学版）》1981年第2期。

陈红，2002，《汉字造字模式与日语的"国字"》，《解放军外国语学院学报》2002 年第 7 期。

陈力卫，2004，《〈汉语大词典〉在处理日语借词上的几个问题》，《日语研究》2004 年第 2 期。

陈力卫，1995，《从英华字典看汉语中的日语借词》，《原学》1995 年第 3 期。

陈仲奇，2005，《鲁迅作品中的日语表现指摘》，《绍兴文理学院学报（社科版）》2005 年第 3 期。

崔山佳，2012，《也说"人称代词受修饰"现象》，《语言与翻译》2012 年第 2 期。

邓莹洁，2015，《近十五年来汉语话题标记研究综述》，《邵阳学院学报》2015 年第 4 期。

董希谦，1985，《古汉语系词"是"的产生和发展》，《河南大学学报（社会科学版）》1985 年第 2 期。

郜元宝，2012，《鲁迅与当代中国的语言问题》，《南方文坛》2012 年第 6 期。

贺阳，2004，《从现代汉语介词中的欧化现象看间接语言接触》，《语言文字应用》2004 年第 11 期。

江蓝生，1990，《疑问副词"可"探源》，《古汉语研究》1990 年第 3 期。

李冬木，2013，《"国民性"一词在日本》，《山东师范大学学报（人文社会科学版）》2013 年第 4 期。

李冬木，2013，《"国民性"一词在中国》，《山东师范大学学报（人文社会科学版）》2013 年第 4 期。

李继凯，2000，《文体史视域中的鲁迅文体（上）》，《鲁迅研究月刊》2000 年第 9 期。

李书超，2001，《也谈人称代词受修饰的问题》，《孝感学院学报（哲学社会科学版）》2001 年第 1 期。

刘晓林、王扬，2012，《略论为什么现代汉语发展成为话题优先型语言》，《语言研究》2012 年第 1 期。

倪立民，1982，《并列连词"和"的用法及其新发展》，《语言学年刊》1982 年刊。

倪立民，1981，《论鲁迅著作中的日语借词》，《杭州大学学报（哲学社会科学版）》1981 年增刊。

潘文国，2009，《译学研究的哲学思考》，《中国外语》2009 年第 5 期。

孙郁，2006，《译介之魂》，《中国图书评论》2006 年第 4 期。

王东明，2000，《人称代词受别类词修饰古已有之》，《西安外国语学院学报》2000 年第 2 期。

王宏，1987，《「のだ」句与"是……的"是对应的吗》，《日语学习与研究》1987 年第 3 期。

王俊毅，2009，《连词"从而"的功能探讨》，《鲁东大学学报（哲学社会科学版）》2009 年第 2 期。

王立达，1958a，《现代汉语中从日语借来的词汇》，《中国语文》1958 年第 2 期。

王立达，1958b，《从构词法上辨别不了日语借词》，《中国语文》1958 年第 9 期。

王奇生，2008，《民国时期的日书汉译》，《近代史研究》2008 年第 6 期。

王向远，2001，《五四前后中国的日本文学翻译的现代转型》，《四川外国语学院学报》2001 年第 1 期。

魏志成，2005，《汉英语言关系研究》，《曲靖师范学院学报》2005 年第 2 期。

魏志成，2007，《论"定语+人称代词"结构的来源》，《中国语文》2007 年第 5 期。

吴福祥，2007，《关于语言接触引发的演变》，《民族语文》2007 年第 2 期。

吴玉芝，2016，《介词"关于"源于日语说》，《语言教学与研究》2016 年第 6 期。

肖霞，2009 a，《〈小说画报〉语言的"日化"现象》，《苏州教育学院学报》2009 年第 3 期。

肖霞，2009 b，《论清末民初语言的"日化"现象，以鲁迅作品为例》，《外国问题研究》2009 年第 1 期。

徐佳梅，2012，《鲁迅小说语言中的"日语元素"解析》，《鲁迅研究月刊》2012 年第 2 期。

于九涛、王吉鹏，2003，《被遗忘的筚路蓝缕者，兼论二叶亭四迷对鲁迅的影响》，《甘肃社会科学》2003 年第 4 期。

袁进，2007，《重新审视欧化白话文的起源，试论近代西方传教士对中国文学的影响》，《文学评论》2007 年第 1 期。

张成进，2014，《介词"关于"的词汇化》，《语言教学与研究》2014 年第 4 期。

张凤琴、冯鸣，2004，《关于"定语+人称代词"》，《修辞学习》2004 年第 6 期。

张玮，2002，《时间副词"永远"的区别意义及其语法功能》，《语言研究》2002 年特刊。

郑振隆，2009，《基于语料库的〈红楼梦〉两个译本对比研究》，《文教资料》2009 年第 19 期。

周生亚，1989，《并列连词"与、及"用法辨析》，《中国语文》1989 年第 2 期。

朱冠明，2006，《情态动词"该"的来源，付论"可能"》，《汉语史学报》2006 年年刊。

朱京伟，1993，《现代汉语中日语借词的辨别和整理》，《日本学研究》1993 年第 3 期。

外文

［日］稲垣智惠，2010，「近代日中における接尾辞『的』の受容」，『東アジア文化交渉研究』第 3 号。

［日］木坂基，1982，「近代文章の成立に欧文脈はどんな役割を果たしたか」，『国文学；解釈と教材の研究』第 27 巻第 16 号。

［日］木坂基，1987，「現代欧文脈のひろがり」，『国文学；解釈と教材の研究』第 32 巻第 14 号。

［韓］朴宣映，2013，「近代日本文献における複合辞「~に関して」に関して」，『日本近代学研究』第 41 輯第 8 号。

［日］山口佳也，1983，「"のだ"の文の本質をめぐって」，《日语学习与研究》1983 年第 5 期。

［日］新屋映子，2003，「日本語の述部における名詞の機能」，*JournalCAJLE* 2003 年第 5 期。

［日］佐治圭三，1981，「"のだ"の本質」，《日语学习与研究》1981 年第 3 期。

D. 学位论文

中文

张霞，2009，《鲁迅杂文里使用日语借用语的研究》，博士学位论文，宁波大学。

外文

［美］ラナディレクサ・ディンダ・ガヤトリ（Dinda Gayatri Rana-direksa），『複合辞に関する研究』，博士学位論文，立教大学，2014 年。

E. 词典类

中文

《现代汉语频率词典》，1986，北京语言学院语言教学研究所编，北京语言学院出版社。

《中国译学大辞典》，2011，方梦之编，上海外语教育出版社。

《近现代辞源》，2010，黄河清主编，上海辞书出版社。

《汉语外来词词典》，1984，刘正埮编，上海辞书出版社。

《汉语大词典》，1990，罗竹风主编，上海辞书出版社。

《新华外来词词典》，2019，史有为主编，商务印书馆。

《100 年汉语新词新语大辞典》，2014，宋子然主编，上海辞书出版社。

《语言学名词》，2011，语言学名词审定委员会编，商务印书馆。

外文

『日本国語大辞典（第二版）』，2003，北原保雄主編，東京；小学館。

『児童文学事典』，1988，日本児童文学研究会編，東京；東京書籍。

『広辞苑（第六版）』，2008，新村出主編，東京；岩波書店。

『日本語表現文型辞典』，2008，目黒真実主編，アスク出版。

F. 报刊文章

陈独秀，1919，《论"的"字底用法》，《晨报》1919 年 11 月 22 日第 7 版。

止水，1919，《答適之君"的"字》，《晨报》1919 年 11 月 13 日第
7 版。

G. 电子文献

爱如生中国基本古籍库：http：//www.er07.com/home/pro_ 3.html

爱如生中国近代报刊库：http：//www.er07.com/home/pro_ 89.html

北京大学 CCL 语料库：http：//ccl.pku.edu.cn：8080/ccl_ corpus/

北京语言大学 BCC 语料库：http：//bcc.blcu.edu.cn/hc

朝日新聞記事データベース8 聞蔵ⅡA Ｈ９ｓ：//database.asahi.com/
index.shtml

"中研院"近代史研究所《英华字典》数据库：http：//mhdb.
mh.sinica.edu.tw/dictionary/index.php

北京鲁迅博物馆资料查询在线检索系统：http：//www.luxunmuseum.
com.cn/cx/

日本国立国語研究所近代語のコーパス：https：//clrd. ninjal.
ac.jp/cmj/

日本国立国语研究所中納言コーパス：https：//chunagon.ninjal.ac.jp

后　记

　　日语在我国的外语教育中，似乎早就不能称为"小语种"了，全国大大小小的高校，几乎都会开设日语系。然而，日语研究在我国语言学界却处在"锦上添花"的地位，相较而言，并不处在我国语言研究的核心位置。笔者在求学阶段，曾参加母校华东师大开设的各种通识课程，无论在理论研究及实践研究方面，都强烈感受到了一种作为日语专业学生的"边缘感"。但也正是缘于这种"边缘感"，使得笔者特别留心一些貌似"早有定论"的研究领域，如现代汉语欧化现象研究。在感受到现代汉语的演变这一话题存在从日语视角切入、进行重新论证的可能性后，笔者把试图研究"日化"现象、特别是研究句法层面的"日化"现象的设想告诉我的导师高宁老师，得到了莫大的鼓励。从此，我就踏上了探索现代汉语"日化"现象、特别是"日化"句法现象的征程。

　　但研究初期的进展并不顺利。由于在研究材料、研究手段等等方面都存在不小的掣肘，书稿的写作工作陷入停滞，战线也越来越长，头绪纷乱，难以下笔。所幸经过各位专家学者的指导与帮助，笔者适当缩小了研究范围，把研究对象锁定在鲁迅先生的译著上，同时又尝试利用了中日双方的语料库资源，写作终于顺畅起来，于是有了这本尝试性的浅论。

　　笔者认为，提出现代汉语"日化"现象的概念并着重研究语法层面的"日化"现象，意义不仅在于拓展了汉日语交涉研究的边界，更在于有助于改变现代汉语"欧化"研究界、汉日语交涉研究界囿于语种的不同而各自为政的情况，实现一定程度的学术视域融合，从而更加客观全面地解决现代汉语"从哪里来"及思考"往何处去"的问题。同时，现代汉语"日化"现象研究必然会涉及清末民初的翻译家个案研究，通过基于文本的实证性研究，很多流于印象的、无意中被忽略的有价值的译者、译作，都会获得重放光芒的机会。

当然，现代汉语"日化"现象研究还面临各种现实上的困难。首先，日方的"欧化"研究成果虽然并不算贫瘠，但数量并不如中方的"欧化"研究成果丰富，在研究方法上亦不如中方多样与深入，整体上并未同现代汉语"欧化"现象那样受到足够且持久的重视，这对我们进行汉日两语之间的"欧化"现象对比有一定的不利影响；其次，在可利用的电子资源方面，虽然中日双方都建成了一些数据库资源，但要么是文本的收录量仍相对不够（如日本国立国语研究所的"近代语语料库"虽然收录了数种重要的近代杂志，但和日本翻译西书的实际数量相比量依然太少，迫切需要补录大量文本），要么面临专业匹配度不高的问题（如中方的"爱如生中国基本古籍库""爱如生近代报刊库"虽然收书收刊数量庞大，但首要的服务对象为文史哲领域的研究者，并未从语言研究角度对收录文本进行针对性的分期、分类，同时也没有专门开发适合语言学、翻译学研究的搜索模式，导致较为复杂的搜索无法实现）；甚至还存在部分错误收录影响检索结果的问题（如北大"CCL语料库"将部分古代作品的现代白话文版收录到了古籍库中，导致对搜索结果造成一定程度的干扰），等等。但随着更多研究者的加入及技术的进步，相信以上问题会尽快得到解决，近代以来的汉日语言接触研究、特别是现代汉语"日化"现象研究必将面临更加光明的研究前景。

在本书的末尾，我要特别感谢我的导师高宁老师。不管我面临何种困境，高宁老师都给了我最大的信任与帮助。他的谆谆教诲与督促，让我受益一生；愿我的这部小著，能给尚在病榻上的恩师稍许安慰。

同样感谢华东师大的潘文国老师、潘世圣老师、唐权老师、张春柏老师，复旦大学的李征老师、上海外国语大学的毛文伟老师，以上各位老师对本书提了大量宝贵意见，在此向各位老师致以我诚挚的谢意。

还要感谢在东京大学留学期间给予我照顾的林少阳老师、石井刚老师。在两位老师的帮助下，我的学术视野有所扩展，至今感激于心。

另外还要感谢日本成城大学的陈力卫老师。作为中日语言接触领域的著名学者，陈老师给我的研究提了不少中肯的意见，提供了不少的资料查找手段。

　　本书在出版过程中，还获得了兰州大学"中央高校基本科研业务费专项资金"项目（编号2022018skzy099）、兰州大学"双一流"建设资金人文社科类图书出版经费资助，兰州大学外国语学院的各位老师亦给予了很大的支持，在此一并表示感谢。

陈彪
2022年6月于兰州大学